水到渠成

卡森科技 **20** 周年感悟

常捷◎编著

SCT 20 YEARS' DEVELOPMENT HISTORY

化学工业出版社

·北京·

图书在版编目（CIP）数据

水到渠成：卡森科技 20 周年感悟 / 常捷编著 . —北京：化学工业出版社，2022.7

ISBN 978-7-122-41836-4

Ⅰ.①水… Ⅱ.①常… Ⅲ.①工程设计 - 企业管理 - 概况 - 四川 Ⅳ.① F279.277.1

中国版本图书馆 CIP 数据核字（2022）第 128024 号

责任编辑：吕佳丽　　　　　　　　　　装帧设计：王晓宇
责任校对：宋　玮

出版发行：化学工业出版社（北京市东城区青年湖南街13号　邮政编码100011）
印　　装：北京捷迅佳彩印刷有限公司
787mm×1092mm　1/16　印张14¾　字数233千字　2023年1月北京第1版第1次印刷

购书咨询：010-64518888　　　　　　　售后服务：010-64518899
网　　址：http://www.cip.com.cn
凡购买本书，如有缺损质量问题，本社销售中心负责调换。

定　　价：98.00元

序 1

　　常捷是我的山西老乡，我们在民主建国会和四川省山西商会相识十年有余。在我的印象中，他是一个善思健行的人，一个有恒心的技术创新者，一个当代儒商。他清癯的面孔和瘦劲的身材，呈现出如铁如柱的硬汉形象。而他兼济天下的抱负和侠义心肠又令人想到晋商先辈们的风貌。

　　回望历史，改革开放的大潮造就了不少技术奇才和商业精英，其中"知识分子中的商人或商人中的知识分子"可算是一枝独秀。常捷出身于知识分子家庭，于 20 世纪 80 年代大学毕业，在国企有十多年的历练，又读了硕士和博士研究生，于 40 岁下海独闯，可谓业精于勤，有胆有识。在那风起云涌的八九十年代，遍地房地产开发，满山水电建设，带来了对水泥的海量需求，机遇与挑战并存。不思进取、价昂质差的企业终被淘汰。常捷下海，连连报捷，不仅是把握了机遇，抓住了市场脉搏，更重要的是他走了一条有远见的技术开发、创新发展之路。同时他在水泥、锂盐事业上的成功还在于有世界眼光，实施了人才战略。发现人才、培养人才、制度留人，件件都落实了。如果只在纸上，最终就会"曲终人散"。

　　常捷的世界眼光，首先在于盯住世界科技前沿并努力践行。他带领卡森科技公司学习先进技术，了解世界市场，然后走出国门。这是企业做强做大的必由之路。现在，在"一带一路"倡议指引下，"卡森"设计和管理的水泥项目遍及世界，为国际产能合作做出了贡献。我想，很多被产能过剩问题困扰的企业，都应当走国际产能合作之路。

　　常捷从水泥到锂盐是"惊险的一跃"。"隔行如隔山""隔行不贪利"，这是古训。但事在人为，科学是相通的，通过学习也可成为内行。只要有科学精神和科学方法，就不难办到。当然，也得"天助"。受新能源汽车需求的拉动和生态环境保护政策的保障，中国开发锂盐的投资在五六年前启动，至今方兴未艾。常捷不失时机地敢为天下先，带领公司从事锂盐的技术攻关、项目设计，几年工夫就实现了企业产品结构的调整，硬把主业（水泥）做成了副业，完成了第二次创业。"驾锂驭钙斩疫情，逆流而上创新高"。他在疫情中的奋斗，让我肃然起敬。

在中国，做实体产业是受人尊敬的。

做实体产业难。做强实体产业更难。

二十年扎根实体产业，做出了名堂真不容易。常捷的工匠精神令人佩服，"卡森"的成功之道应当好好总结。

有幸成为《水到渠成》的初读者，写下以上感言，权充序言。

四川省人民政府原副省长、民建四川省委原主委

王恒丰

二〇二一年元旦前于灯下

序 2

二十世纪八十年代，一个来自山西闻喜常家的后代，只因在济南大学读书，便一生与水泥窑炉结下了不解情缘。

本书是水泥行业第一本以研究设计院为初始背景，写科技人员下海创业的人物传记，让同样是出自研究院的我倍感亲切。国内几大水泥设计研究院本身就是一个特定的"水泥圈子"，熟人熟事你会感同身受，书中提到的项目还牵连出许多同学同事的记忆与感慨。

常捷先生的个人事业奋斗经历，就是一个从技术专家到企业经营者，从国家级设计院领导到普通民企老板，从国内工程设计走向国外工程承包，从传统钙基材料研发到新能源的锂电材料创新的转型、成长、发展之路。他创办的四川卡森科技有限公司的蓬勃发展，是他对科研、对事业满腔热忱的体现，也是他的一生夙愿。

成功者写自传，目的主要是给后人留下精神财富。创业中的坎坷经历、成功后的喜悦，无不在叙述着作者的一腔科技报国情怀，展示出丰富的个人精神世界，对过往人是一种欣赏品味，对后来人是可借鉴与感悟的。

成功是要有艰辛付出的，但付出并不一定能成功。应该庆幸你我同处在这个美好的时代，经历着中国经济高速发展的过程，使每一个有志者的人生能够如此光彩，付出与成功便有了"水到渠成"。

中国水泥协会正在打造先进行业文化工程，讲好水泥故事，书写水泥人生，发展水泥文化，也是行业高质量发展的重要内容，《水到渠成》也就成为了水泥行业的一笔精神财富。

中国水泥协会执行会长

孔祥忠

2022 年元月于北京

序 3

　　在中国有色金属工业协会锂业分会工作期间，有幸和卡森科技结识，并到公司办公地调研，董事长常捷赠送了一本《水泥窑烟气脱硝技术》给我，读过该书后，我才知道常总是焙烧窑炉的行家。

　　卡森科技创造性地把水泥技术运用到锂辉石提锂行业，业务范围已逐步从水泥行业向活性石灰、陶粒、锂辉石焙烧、红土镍铁冶炼、滑石煅烧、稀土冶炼、磷化工、金属钙和金属镁等行业扩张，供货设备也逐步呈现多样性。设计成果早已遍布中国，东到山东日照，南达广东清远，西及新疆库尔勒，北至黑龙江佳木斯。

　　卡森科技已从锂辉石焙烧设计延伸到酸化、浸出等工序的设计，拓展到锂电正极材料磷酸铁锂生产线的设计。在几年的时间内，卡森对全球多个锂矿的锂辉石精矿产品都完整地做了基础研究试验。在卡森的展览室，你可以看到琳琅满目、来自世界各地的锂辉石。卡森的锂盐设计经验是靠这样一点一滴积累起来的，并且针对每个设计项目，都是先从锂辉石精矿开始研究，力争每个设计项目都要有创新。

　　从 2011 年天齐锂业射洪工厂两万吨锂盐项目开始，近几年，卡森为江西赣锋锂业、致远锂业，四川能投鼎盛锂业、雅化锂业、融捷锂业、河北吉诚锂业，湖南永杉锂业等企业设计了三十余条锂盐生产线。项目先后采用过十几个矿山的锂辉石，不同锂辉石的物理性质和焙烧过程都各有不同，通过调试和后期的技术服务，卡森取得了大量的一手数据，积累了良好的工程经验。每一条生产线投产后获得的经验，又可以用于下一条生产线的设计。卡森一直在不断总结、不断提高，占领技术的制高点，真正地做到精益求精、勇创新高。

　　如今，锂是全球需求增长最快的有色金属品种之一。锂离子电池的广泛应用，正在改变人们的生活方式。移动式电动工具、便携式电子设备、电动自行车尤其是电动汽车正在日益普及，锂离子电池在船舶、轨道列车等领域的应用也脱颖而出，在储能领域也已逐渐得到推广应用。预计全球2021年对锂盐的需求将超过 50 万吨碳酸锂当量，2024 年有可能突破百万吨碳酸锂当量。未来五年，锂产业市场将迎来井喷期，锂行业长期发展值得期盼。

期待卡森科技更多地参与锂行业生产线设计，为锂行业的美好未来做出更大的贡献。

中国有色金属工业协会锂业分会副会长
ISO/TC333 锂技术委员会主席

张三峰
2021 年 12 月 20 日

　　时间过得好快，当年给央企领导递交辞呈的时候，他忠告我，你四十岁离职下海是对家庭的不负责任，我说为了对家庭负责才会走出去！转眼公司已经成立了20年，这些年经历了太多的事情，总想把它记录下来，给创业者一个参考，让他们知道如何创业、发展，如何不忘初心、牢记使命。

　　有人做过统计，中国民营企业的寿命就是3年，存活10年的不到5%。在中国做企业非常难，民营企业更难。一个企业要发展、生存，必然要竞争。竞争靠什么？靠的就是人！每年大学毕业许多大学生，没有多少人愿意去民企。尽管民企的生存环境不断在改善，但受到市场认可还需很长的时间。所以说，一个民企可以生存20年，而且生生不息、健健康康的20年，靠的就是一种精神。卡森能够在20年的岁月里，逐渐"长大成人"，实属不易，经常看着满堂的员工，我心里就有一种成就感。公司里的许多员工，基本上都是独身一人到的成都，在卡森工作了数年后，都是有房、有车、有家、有儿女，这就是一个企业的成就。每年的"六一"儿童节，公司都会给员工的孩子们发礼物。2020年全公司有44名儿童，几乎都是他们父母在卡森工作期间出生的，这些孩子也伴随着卡森的成长。曾经有一位员工在生了孩子后喜悦地告诉我，我的儿子以后也到卡森工作，和常卡尔一起奋斗，这就是一个公司的凝聚力，生生不息、后继有人。

　　一个公司就像人生一样，在成长的路上会遇到许多事情，有的可歌可泣，有的难以忘却。在困难的时候，一个月都没有进账，面对一屋子的员工，每天的水电气物管费、每月的工资，这个时候没有人会帮你，只能自己一点点地思考，如何拿到订单，获得应有的收入，这样公司才能发展。除了开拓项目，还要管理日常的工作，一个老板是销售员、是设计师、是管理者，其中的甜酸苦辣，做了公司才体会到创业不易。

曾国藩说过，凡全副精神专注一事，终身必有成就！我们就是终身只做窑磨，样本上宣传的就是窑磨专家，前十年做水泥设计，后十年做锂电材料设计。公司以水泥为主业，随着水泥行业产能过剩，我们又开始跨行业求发展，把主业做成了副业，把锂电材料的设计做成了业内翘楚，占有国内 80% 的市场份额，真正做到了专精特新企业。2006 年老父亲出版了《我的五世家史》一书，我写了一篇《水泥情缘》的文章，小专业、大作为，结缘于水泥、成功于水泥。

卡森公司于 2002 年 8 月 1 日成立，2014 年 1 月 27 日获得建材行业（水泥工程）专业乙级（编号：A251019484）设计资质，2014 年 10 月 11 日荣获国家高新技术企业，2015 年 10 月 12 日获得化工石化医药行业（化工工程）专业乙级设计资质。成立 20 年，公司取得了辉煌的成就，完成 100 多项工程设计项目，与 100 多个国家建立业务合作，完成 20 多个国家的工程设计或总承包项目，从富临大厦的 160m² 开始创办公司，到购买 850m² 的商鼎国际写字楼，2011 年又购买落户到 1600m² 的新希望国际，荣获 4 项国家发明专利、30 多项实用新型专利。

公司发展离不开家人的关心和父辈的支持。2008 年公司乔迁到商鼎国际，父母亲就从山西老家赶到成都来庆贺，并在白板上写下"卡森科技开业大典"的书法。老父亲在公司 10 周年庆典上写了贺词，"靠创新赢市场誉驰四海，凭诚信跃国门业立千秋"，在 15 周年庆典上又写了一副对联，上联——打拼十五载誉播水泥世界；下联——布局八十国乐为现代儒商；横批——更上一层楼。创业初期，我一个人在成都打拼，夫人带着儿子常乐在新加坡读高中。现在常乐一家四口生活在澳洲，他负责的卡森澳洲分公司在锂盐行业把卡森科技名扬四海，全球新上锂盐项目都会第一时间联系常乐。

感谢支持和信任我们的客户，给了我们订单，给了我们发展的空间；感谢我们的员工，伴随着公司一步步成长，20 年的路程，就是这样慢慢走过来的。

编著者
2022 年 3 月

目 录
CONTENTS

第一篇
栉风沐雨

水到渠成

第一章

十年一剑，历练创业技能

　　我于 1983 年大学毕业，分配到了位于四川省江油县二郎庙镇的国家级设计院，开启了水泥工艺设计的职业生涯。那个年代，正值设计院回城潮，没有人能静下心去做设计，都在吵吵闹闹地要回大城市工作，江浙一带的人统统回南京水泥设计院工作，北京和天津的个别人调到天津设计院，剩下的人都搬迁到成都。老家不在四川的人都不想去成都，因此原国家建材部来人三番五次地做工作。那个年代的设计院连一个像样的会议室都没有，所以部里来人经常在楼道里开会，劝说大家搬迁到成都。老一辈的人由于没有多少设计工作，许多人都练成了木匠，多数同事家里的家具，都是自己一刨一锯打造的。刚刚到设计院，就面对这样的一个状态，一年时间没有画过一张图纸，老同志就劝我有时间就把《水泥设计手册》背下来，练好基本功才会有用武之地。满腔热忱来设计院，就想干一番事业，结果理想破灭，看来这里不是我的长久居住之地。我天天在办公室除了背设计手册，就是刻苦读书，每天晚上都在办公室复习物理化学、英语，准备下一年的研究生考试。作为设计院的新生力量，抽空还出了几趟公差。为甘肃武山水泥厂引进民主德国的立筒预热器窑系统去了北京和甘肃鸳鸯镇，为了了解上海新建机器厂的液压机立窑去了上海和江苏扬州等地。这个阶段的许多水泥项目都拿给了南京和天津院设计，原来部里内定的引进丹麦 FLS 技术的柳州水泥厂由四川水泥设计院（后来与温江矿山设计院合并后改叫成都建材设计院）设计，但由于大家忙于搬迁没有承接，因此成都院失去了许多机会，在干法水泥生产线的设计领域，远远落后于其他两个设计院。

　　三线建设的背景使许多设计院都搬迁到了山沟沟，我所分配的设计院原来在成都，属于西南建筑设计院的建材室，为了与水泥厂结合，1965年搬迁到了江油县的二郎庙镇，镇上有国家建材部的"四兄弟"——江油水泥工艺研究所、江油水泥设计院、江油水泥厂、江油建材技工学校。1983年研究所搬迁到了合肥，成了合肥水泥研究院；我们的设计院1984年搬迁到了成都，改成了成都建材设计院；技校在2000年后搬迁到了江油县城；水泥厂后来被法国拉法基公司收购。曾经生活在一个"庙"里的"四兄弟"都搬离了二郎庙。二郎庙是我第一次踏入四川土地的地方，在那里生活了一年的时间，顺利考上了南京化工学院的研究生，还收获了办公室爱情，与爱人黄庆蓉从1984年走到了儿孙满堂。那山那水，迄今还在我的脑海里回味。江油就是我的福地，后来自己做公司的时候，曾经一年就在那里做了十几个设计项目。

1987年4月研究生毕业在南京化工学院大门口留影

1987年5月我研究生毕业又回到了曾经的设计院。设计院早在1984年底就搬到了成都市，当时办公楼还没有着落，在租赁的万年场河道管理处办公。那时的设计院已经忙碌起来，但大多数项目还是湿法窑和立窑，只有一条渝江水泥厂700t/d干法水泥生产线，预分解系统还是照抄天津院的川沙水泥厂项目，设备也是来自部属的延河水泥机械厂。

研究生毕业后，我没有被直接分配到工艺室，而被安排到技术室工作，负责的第一个项目就是跟踪北京有色研究总院的一个快速煅烧法，去北京与一位工程师交流。她把立波尔的预烘干系统用在了立窑，在窑操作平面加一台干燥机，用窑废气来加热料球，加热后料球的强度得以提高，料球在立窑中不会变形和破损，提高了料层的通气性。理论上非常好，当初院里就是看我的意见，看技术上是否成熟，是否有必要与他们进行技术合作。

理论上说得通，但理想化的东西太多，没有得到小试或者中试的检验，我还是谨慎地拒绝了。几个月后，他们在内蒙古西卓子山的项目果然失败了。这件事让我给院领导留下了良好的印象，后来他们让我主帅开发组（直属技术室领导），担任第一任组长，负责全院的技术开发工作。开发组只有三个人，第一个项目就是冷却机弧形扬料板的开发。当时的筒式冷却机（单筒或多筒）的冷却效率很低，熟料出料温度很高，寻找高效的扬料板就成为提高冷却效率的关键。1987 年 9 月我去了趟甘肃永登水泥厂和陕西耀县水泥厂，实地考察各种扬料板的使用情况。我负责开发的高效扬料板技术，次年就用于滇西水泥厂 1000t/d 新型干法水泥生产线的单筒冷却机中，获得了很好的效果。1987 年 9 月底我赶回了闻喜老家，在 10 月 4 日举行了婚礼。

那个年代，没有多少工程设计，也没有多少技术可以研发，我们组里一位同事的老丈人是四川省乡镇企业局的局长，他曾邀请我们给乡镇水泥厂做安全培训，之后还做了许多期的培训工作。由于我们讲课得到认可，又被邀请到四川省建材局，给国有企业做培训。此举一方面增加了收入，当初自己的工资还不到 100 元，而我们每天的讲课费就有 20 元。有一天讲课回来碰到给我带孩子（常乐当初还不到 1 岁）的小保姆，心里乐滋滋地想，小保姆一个月才 18 元的工资，我一天讲课就有 20 元，自满之心溢于言表。另一方面，通过讲课认识了许多水泥界的人，包括省建材研究所的专家和很多水泥厂的厂长。由于院里的工作不饱满，省建材研究所承接了新都县水泥厂的设计，但他们一不会设计，二不愿意与成都院合作，就私下找到了我，让我负责这个水泥厂的工艺、总图、土建的设计，这是我的第一个"打野项目"。我组织了十几位同事参与设计，立窑车间和包装车间的设计给了其他人，剩余的由我们两口子完成。经常在哄孩子睡着后，我们两个就支起两块图板，画图到深更半夜，有时候十二点还翻墙出去吃一碗火锅粉。这个项目的工期非常紧，按照常规设计方法根本不可能完成，因为拿到设计时都 2 月份了，而成都平原过了年很快就会遇到都江堰放水，清明后的开闸放水意味着整个成都平原的地下水位会提高很多，根本无法施工。为了赶进度，工艺设计师一般都是用手画不包括设备的草图，只在图纸上画上建（构）筑物的柱网和楼板，再把荷载标注上就交付给土建专业设计了。从工艺专业开始设计到交付给业主桩基图，一共不到 10 天时间，这个进度即使在现在使用计算机设计，都是办不到的事情。期间还要确定总图和工艺方案，工艺如果是正规画图，根本无法满足施工要求。最终我们在业主的时间要求范围内完成了桩基设计，但在使用石灰石破碎机开凿地坑的施工中因遇到了都江堰开闸放水，使用了三台抽水泵都不能把地坑中的水抽干净。

在四川省硅酸盐学会年会上发言

　　新都水泥厂的业余设计，锻炼了我的设计能力和领导才能。虽然从1983年的毕业设计到新都水泥厂的第一个业余设计，中间几乎没有摸过图板，但这个项目确实锻炼了我的工艺设计能力和水平。承接了设计，就需要到处找人来分包，土建专业分包给了成都院两位、西南电力设计院两位，但由于没有统一的标准，也给业主留下了不好的印象。如一个皮带机走廊，三个一模一样的大小和载荷，柱子和梁五花八门，梁的尺寸最小300mm、最大600mm。这些设计过程中的专业协调，也锻炼了自己的设计领导能力，给后来自己做总设计师打下了坚实的基础。第一个设计项目，由于时间太紧迫，经历了各个专业的磕磕碰碰，但也在短时间内完成了设计工作，项目顺利投产，赶上了"邓小平南方谈话"后水泥市场的火爆，业主在很短的时间内获得了很好的收益。每次坐火车路过新都水泥厂的时候，都会提前站在窗前遥望我们的作品，一栋栋熟悉的建筑、一个个建设过程中的经历，都浮现在我的脑海里。2005年成都市拆迁所有的立窑水泥厂，曾经的新都水泥厂也变成了商品楼，沧海桑田的感觉涌上心头。

　　由于业余设计的经历，我在设计院也变得大名鼎鼎，许多人都叫我"常老板"，的确私下给我干活的人很多，也为大家创造了价值。那个年代，在家里装电话、腰挎BB机、拥有家用电脑，我都是全院第一个，那时我们住的万年场小区甚至还没有电话线，是电信局专线给我家接入的。有一次在设计院的电梯内，我的BB机突然响了，大家左顾右盼地寻找，都不知道声音来自哪个人，而我则暗自得意地捂住了自己小小的BB机。

　　新型干法水泥生产线的重要标志就是预分解系统。当初成都院在新型干法领域是一片空白，为了跟上时代的步伐，院里要求开发组对国内的预热器系统进行调研，开发具有成都院特色的预分解系统。国内预热器的研发，始于北京建材院的四平水泥厂和新疆水泥厂的700吨预分解系统，但引起行业高度关注的则是引进日本水泥公司的扬州邗江水泥厂的 300 吨预热器系统。1989 年我去西安冶金学院考察立筒预热器后，就去了扬州。号称邗江型的预热器系统，是南京院当初的看家项目，南京院前前后后承接了许多类似项目的设计。我是第一次踏上高耸的预热器塔，对该系统灵活自如的翻板阀、均匀布料的撒料盒赞叹不已，为我们后来开发这两个关键部件打下了基础。后续的 600 吨宝山型，是上海宝山水泥厂引进日本水泥公司的预热器系统，只不过设计单位换成了北京建材院。1987 年成都院的渝江水泥厂 700 吨预分解系统，是照搬天津院的川沙水泥厂 700 吨预分解系统，也是由设备厂直接供货。后来成都院设计的 1000t/d 滇西水泥厂预分解系统则来自于北京建材研究院的直接设计和设备供货。另外，成都院设计的第一条 2000t/d 生产线是山西水泥厂，预分解系统引进了美国富勒公司的技术，号称分解炉的外循环为其特色，即从五级旋风筒出来的物料又返回分解炉再分解，目的就是提高系统的分解率。但投运以来，由于出五级筒的物料温度很高，选用的高温斜槽根本无法使用。山西水泥厂的回转窑应用到现在还被称为先进的两挡窑，但需要高分解率来保证系统的产量，外循环的失败导致该系统也与同时期的干法窑一样，达不到生产能力。重庆水泥厂的 2000t/d 生产线采用加拿大政府贷款，谈判时采用与山西水泥厂一样的预分解系统，后来外汇额度不够，由国家建材局协调给了天津院。即预分解系统采用天津院的 DD 炉，工艺设计和预分解系统的供货都来自于天津院。按照行规，工艺设计就要免费提供耐火材料的设计，但天津院当时不仅仅不用提供耐火材料设计，还提出了额外的条件，即耐火材料也必须从天津院购买。

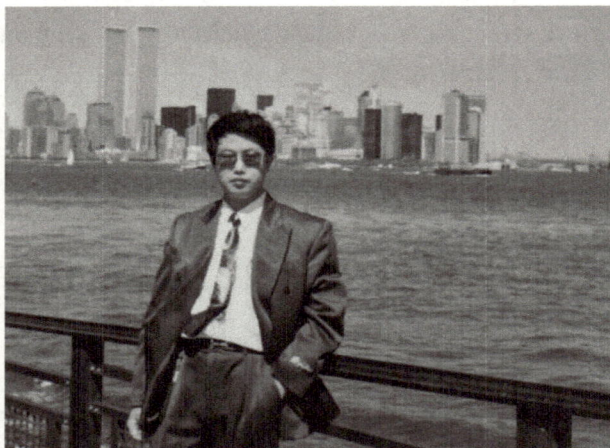

重庆项目设计联络会期间游览纽约，后面的世贸中心现已被夷为平地

　　重庆水泥厂这个项目彻底刺痛了成都院的神经，使之意识到不能掌握水泥厂的核心技术，在市场上就要经受各种折磨。为了开发自己的预分解系统，院里成立了预分解系统开发组，由我担任组长，从基础原理开始研究，首先研究山西水泥厂的富勒预分解系统，把预热器做成了镀锌铁皮模型、分解炉做成了玻璃钢模型，在西南科技大学进行粉体试验，先后完成了预热器和分解炉的冷模试验，撰写了多篇研究论文，也获得成都院历史上的第一个国家专利。预热器和分解炉的形式集多家的经验于一体，开发了成都院历史上的第一套预分解技术。第一个预热器项目就应用于广西南宁水泥厂的 600t/d 项目，采用了纯预热器系统。该系统利用自己开发的预热器，一投产就验证了我们的成果，很快就达产达标。后来又承接了多个预热器设计项目，包括昆明海口水泥厂等。第一套预分解系统则是 2000t/d 的川东水泥厂，这是成都院第一次开发的预分解系统，也把制造图卖给了位于昆山的苏州安装公司，尽管项目没有顺利实施，但为成都院获得了第一个预分解系统订单。真正意义上的技术输出，是来自于武汉建材院的山东肥城水泥厂 1000t/d 项目。当时的院长给开发组许诺，如果把第一套预分解系统卖出去，就给研发人员奖励若干万元，经过与投资商和武汉院的多次沟通、交流，终于顺利签订合同并收到设备款。但后来奖励并没有发，这也是导致我辞职下海的一个原因。后来我自己做公司的时候，给了员工承诺，就一定会践行，所以我的员工也给了我极大的信任。后来的泰国水泥厂 700 吨项目，是四川省当年重要的出口项目，预分解系统也是我们开发的，这个项目的预热器开发和窑尾子项的设计都出自我的手。

　　1987 年到 1997 年，我在院里主导技术开发，担任开发组组长，负责水泥新工艺、新设备的技术开发，负责开发了国内最大规格的单筒冷却机（$\phi3.8m/\phi4.3m/\phi3.8m \times 42m$），优化了扬料板的形式和组合，成功地应用在云南滇西水泥厂的 1000t/d 项目中，该机运转可靠、热效率高，是滇西水泥厂能在较短时间内达产达标的关键设备，标志着成都院走在了高效单筒冷却机的技术前列。担任 CDC 预分解系统开发课题组长时，通过消化、吸收引进的预分解系统技术，开发了 600t/d CNC 型 5 级旋风预热器和 700t/d、1000t/d、1500t/d 和 2000t/d CDC 预分解系统，成功地应用于云南华宁县珠山水泥厂、云南水泥厂、剑川水泥厂三条生产线（600t/d CNC 型）和伊朗克尔曼水泥厂（700t/d CDC 型）、云南滇西水泥厂 3 号窑 RSP 预分解系统（1000t/d）、壮山水泥厂等十几条 CDC 预分解系统（1000t/d）、双马水泥厂（1500t/d）以及青海水泥厂（2000t/d）、金顶峨眉水泥厂（2500t/d）。其中第一套南宁预热器系统，投产一个月就能超过设计能力 20%，表现出良好的技术性能。

1997 年，时年 34 岁的我开始担任工艺所副所长（任命书上专门注明是副处级干部），领衔新型干法生产线的工程设计，多次带队在国内多条水泥生产线上考察学习，撰写了多篇技术论文，弥补了成都院在新型干法生产线的短板，并担任国家建材局"上大改小"示范线——河南确山水泥厂（2000t/d）的工程总设计师，重庆市华建公司 70 万吨水泥生产线、山西鑫光水泥厂 1200t/d 生产线的总设计师。在担任工艺所副所长期间，我提出工艺设计人员走专家化的路子，全厂的工艺设计按照窑、磨、储存、破碎、包装等子项划分，几个人一组集中精力来划片设计，磨机设计师就画磨机，烧成系统设计师就画窑头到窑尾的子项，这样的改革为设计院在设计高峰带来高效率的设计，节约了大量的时间，在短时间内完成了诸多的设计任务，而且培养了各个工段的专家。

担任成都院工艺所副所长时的工作照

确山水泥厂是 20 世纪 90 年代天津院设计的一条 700t/d 新型干法生产线和几台机立窑组成的水泥企业，1996 年前后联系成都院，要做 2000t/d 水泥生产线的可行性研究报告，我被任命为项目的总设计师。那个年代上新项目的很少，对于确山水泥厂这种在老厂基础上建设新线，在国内具有很大的示范效应。当时的国家建材总局非常重视这个项目，我们项目组也三番五次去北京给局里汇报，最终把这条线确定为全国的"上大改小"示范线，通过上新线，来完善老线的技术和装备，起到以老带新的作用。1997 年国家建材总局在确山县召开全国性的示范线推广大会，国家建材总局的乔龙德副局长参会并发表重要讲话，会议上由我代表甲方和设计院对项目进行总体汇报。通过这次会议，成都院的名气也传遍了全国的水泥行业，明显感觉成都院的技术水平上了一个台阶，服务意识也非常好。

重庆华建水泥公司位于合川县三汇镇，我担任项目的总设计师，在选择新型干法还是湿法窑的问题上，做了大量的比较工作，从可研阶段就对业主提出的课题进行研究，最终接受了重庆市建材局提出的湿法窑方案。原因是重庆的唯一一个新型干法窑（重庆水泥厂）花费巨大，但经济效益却不怎么好，而合川县另外一个湿法窑生产线腾辉水泥厂，却投资极低，只有重庆水泥厂投资的三分之一，经济效益明显要好得多。还有邻近的江津水泥厂也拥有四条湿法窑生产线，生产稳定、经济效益好。这个项目最终就选择了湿法窑，规模确定为两条1000t/d湿法窑，是迄今为止中国最大的湿法窑生产线，也是成都院最后一条湿法生产线。这条生产线从初步设计到施工图都由我来总体负责，还配合机械所开发了成都院历史上最大的一条回转窑。除了工程设计，我还配合业主完成项目管理工作，负责所有设备的招标工作，陪同他们到全国各地考察设备制造厂，为了赶进度，一天的时间就横跨三个省份。项目完成了几乎所有的土建工作后，业主遇到了资金压力，被迫中断项目，导致做回转窑的二重集团积压了两条大规格回转窑。二重花费了近十年的时间才把存货给处理完毕，这就是工程的风险，一旦资金链断裂，所有的分包商都要受到损失。

山西海鑫钢铁集团鑫光水泥公司1200t/d水泥生产线，是我在成都院做设计总负责人的最后一个项目。项目所在地就在我的老家山西省闻喜县，是山西最大民营企业海鑫钢铁集团投资的一个现代化水泥厂。当时我已经做了工艺所的副所长，所里的工作非常繁忙，还要花很大的精力来负责这个项目，因为张英生副县长和经委崔志敏主任给我们的院长明确表态，这个项目只有安排常捷做设计总工程师，我们才会把设计委托给成都院。2000年前后做了许多条类似的1200t/d规模生产线，我们就把这条生产线作为成都院1200t/d规模的提高性示范线，在工艺方案的选择、设备选型上，都是在近几年的项目中优化出来的。在项目上也是积极配合业主对各种设备进行比选，天天在县招待所没白天没黑夜地评标，连美国"9·11"这么大的事件，我们都是在发生后的第三天才知道的。这个项目由于是家乡的项目，工程的总指挥崔总也把我当作半个业主（算作副总指挥），很多事情都是由我们两个确定，包括设备招标、土建和安装对外的比选、施工管理方案等。当时工厂从山西省建材局聘请了几位专家，为项目把关。项目尽管小，但参加的人员许多都是国内的顶尖专家，项目建设的速度非常快，效果也非常好，点火投产一周时间就达到1400t/d的高水平，超越同期许多工程的技术指标。

　　刚担任副所长就面临市场的压力，所里一百多人，有实际设计经验的人不到一半。那个年代还没有网络，也没有大规模的市场宣传，正好借水泥标准的更换，我就向院里申请办一个贯标培训班，一方面可以宣传设计院，扩大市场影响，另外一方面可以给所里赚一点费用。我和范琼璋所长一起找到主管院长田桢，田院长明确表示支持工艺所这个建议，强调这是有利于院里的业务，即使亏本也要坚持办这个培训班。范所长则表态我们保证以会养会，保证持平就可以办；我则明确表态不辜负院里的支持，保证培训班盈利，不让院里出一分钱。得到院里的支持后，我们就加班加点编写教材，给各个水泥厂发通知，一周内就报名 100 多人。这个培训班不仅讲解水泥新标准，还讲述新型干法水泥厂的特点，使立窑为主体的水泥企业获益匪浅，得到很高的评价。培训班最后盈利 4000 元，不仅没有花院里一分钱，还给院财务上交 2000 元。通过这件事，我的商业才能得到大家的认同，后来，许多业内人士都把我看成学者型商人。2021 年春节老同志聚会，范所长还对我当年策划这个培训班赞叹不已，评价我具有超前的市场意识和市场头脑，难怪做公司做得那么好。

　　那个年代成都院没有太多的设计任务，手头就两三个项目在设计，大多数人都是闲着，过着一张报纸一杯茶的日子。不甘寂寞的我就利用工作之余，积极做星期天工程师，给附近的水泥厂带去新技术，也锻炼了自己的业务能力。乐山水泥厂是一个干法中空回转窑的水泥企业，1995 年我带队去给他们撰写技术改造的可研报告，认识了南化校友张开富厂长和技术部雷励部长，给该公司做了双通道燃烧器、多筒冷却机、均化库等项目的改造，测绘了他们的袋式收尘器分配阀，又给环保公司提供了阀门制造新工艺。

　　仁寿县汪洋水泥厂的多筒冷却机改造，是我所做第一个总承包项目。该项目突出的问题是出冷却机熟料温度非常高，经过多次的谈判，双方都觉得应采用总承包的形式，对于业主而言看到效果才会付款，对我们而言则提高了项目的附加值。在没有一分钱预付款的情况下，我们在成都飞机发动机公司制作了弧形扬料板，坐着运货的卡车把设备运到现场，当时的路况非常差，从成都到汪洋镇坐卡车整整坐了一整天。到工厂后，指导工人安装了新型扬料装置，当天晚上就开窑运转，等冷却机的熟料出来后，效果非常好，曾经 300 多摄氏度的熟料在使用新装置后，厂长用手就可以触摸，厂长当即表示第二天就把现金给我们，我们悬着的心才落下。如果没有必胜的信心，谁也不敢垫着钱来做这个技改。

都江堰岷江水泥厂属于四川省建材科学研究院的下属企业，南京化工学院时的同学王文林承包了该工厂，这是一个典型的机立窑企业。他接手的时候，工厂生产不正常、年年亏损。我第一次去的时候，还是和夫人、乐儿一起，王文林骑着摩托车把我们分批接到城里。那个年代几乎每个周末都在都江堰度过，给该工厂做了大量的技改和设计，使该工厂在王文林接收的第二年就转亏为盈，他也获得了都江堰政府和院里的奖励。

荥经县水泥厂是地方国营机立窑水泥厂，是外行设计的，全厂都设计在一个大的厂房内，是一个全封闭式结构的工厂，技改的难度非常大。经过我们多次的现场考察和实地测量，顺利实现多个项目的技改，当年就获得了良好的收益。后来的什邡水泥技改、彭山县水泥厂技改，都出自我的技术和设计。作为星期天工程师，我不仅得到了一些经济上的收益，还锻炼和提升了自己的业务水平、管理能力，为后来自己开公司打下了良好的基础。

技改后的荥经县水泥厂

在成都院工作的 20 年，我完成了自己专业上的知识积累，也为成都院在新型干法领域创出一片天地。在担任开发组组长期间，完成预分解系统和单冷机系统的研发，摆脱了该系统对外单位的依赖，可以独立承接新型干法生产线的全套设计，预分解系统作为关键的设备，也为设计院创造了极大的价值。后来成都院的 5000 ～ 10000t/d 生产线也得利于我们当初的开发工作，使成都院跻身于全国三大院之列。在成都院工作期间，自己撰写了大量的技术论文，别人在评职称的时候很难有两篇发表过的论文，而我评审工程师、高级工程师的时候，递交了 20 篇论文。有了论文的基础，也就有了多次参加技术会议的机会，成都院对外派遣参加论坛、会议的代表几乎都是我。有了参会的机会，也就认识了许多业内人士，为自己后来的创业建立了广泛的人脉关系。非常感谢在成都院工作期间领导给予的机会，使我能够成长为国内顶尖的水泥专家。后来我做公司的时候，与原单位还是合作的关系。后来辽宁交通水泥公司的 5000t/d 生产线设计招标时，我作为管理公司的评标专家，力推成都院入围，该项目也成为成都院设计的第二条 5000t/d 生产线。

　　凭借研究生时的写作功底，在院里工作期间写了许多论文，在工资只有几十块钱的年代，每年的稿费都是一个不小的收入。1987 年发表于《水泥》杂志的《NaF 和 $BaSO_4$ 对 $CaCO_3$ 分解和 C_2S 形成的影响》，稿费 55.3元；1987 年发表在《水泥工业技术》的《NaF 对 $CaCO_3$ 分解的影响》，稿费 30 元；1988 年发表在《南京化工学院学报》的《非化学计量 C_2S 的研究》，稿费 60 元；1988 年刊登在《水泥工业技术》的《提高多筒冷却机热效率的方法》，稿费 60 元；1988 年刊登在《云南建材》的译文《计算机技术在水泥厂的应用》，稿费 27 元……在成都院工作期间，在各类期刊上发表了 23篇论文、5 篇译文，并编著两本专业著作。在工作初期，每接到一个项目的设计工作，都是先翻阅资料和图纸，搞明白原有的设备、工艺流程，才下手设计。记得仅一个煤粉车间的设计就写了一本读书笔记，并做了大量的计算反求工作，弄清楚参考图纸中的各种设备的能力、流量，确认所有设备及管道的规格，项目投产后又获得一手的生产数据，验证原有的设计是否合理，以便做下一个工程时调整。可说是，一个车间设计就是一篇论文。然而这个好的工作习惯在现在的计算机设计年代早就荡然无存，大部分设计都是在复用原有的图纸，知其然而不知其所以然。

　　小时候，在老家和母亲给自留地浇水。全村只有两口水井，浇地之前都需要排队等候，在等候的过程中，首先就是修理渠道，清除水道的障碍物、加固薄弱环节，再把自留地的土坎用新土垄上，接到通知后，就到水井处看着水自流到我们自己的地里，这就是北方人浇地的过程。不像四川农村的土地，由于雨水充足，完全不需要自己浇地，而是担心过多的水会把庄稼淹死，要在地里修建许多排水道，下雨的时候把多余的雨水排到外边。《水到渠成》就是我在成都院工作和自我创业的一个总结，国企工作就是修渠建道的过程，渠建好了，水才会沿着渠道流入需要灌溉的土地。在成都院工作的十几年就是修渠的过程，专业上打下了深厚的基础，人脉上根植了四通八达的网络（渠道）。专业上就是领衔成都院的技术开发，从试验开始到设计实践，成都院在做预热器的冷模试验初期，其他院的技术早就成熟了，而我们就像小学生一样，通过冷模试验来反求已有的山西水泥厂预热器系统，才建立起成都院的 CDC 预分解系统。这些经历，既锻炼了我的技术能力，也锻炼了自己经商的能力，无论设计还是小的总承包，都给后来创业积累了丰富的经验。

　　我的高祖父常八爷在四川经商，曾经富甲一方；我的曾祖父常元龙是高中的教师；我的爷爷常聚川在甘肃经商；我的父亲又是家族的第二代教师。家族的血脉就是商人和教师的角色循环，骨子里的这种传承也影响了我的人生。多少年以后，许多朋友调侃我，说我是知识分子中的商人、商人中的知识分子，这就是通俗所说的"儒商"，学而优则商，用自己的头脑和知识来经商，用自己的微薄之力来为社会作贡献。

第二章

初试牛刀，创建德嘉公司

2020 年 8 月 7 日查询相关信息，发现成都德嘉科技发展有限公司还在，但已经吊销执照。该公司成立于 2001 年 7 月 12 日，注册资金 50 万元，常捷占 60% 的股份，黄祝生占 40%，地址还是成华区一环路东二段 A 栋 2 单元 5 号。该房子是我在成都购买的第一套商品房。1998 年倾全家所有，花了 18 万元购买了 105 平方米的住宅，把此套房子作为了德嘉的办公地点。名曰"德嘉"是源于对"嘉"字的喜爱。嘉是喜上加喜、双喜临门的褒义词，亨嘉之会就是美好的事物聚会在一起，比喻优秀人物济济一堂；嘉言懿行，意喻有教育意义的好言语和好行为。当初想叫"嘉德"，是英文 jade（玉）的音译，后来之所以未使用，是因为一方面该名字与武汉建材院的监理公司重名，另一方面该名字与"假的"同音，因而起名的时候就把两个字调了顺序，公司叫了"德嘉"。由于当初还在成都院上班，经营范围就围绕技改方面来进行，尽可能不与原单位发生冲突，卖点小设备，做点小技改，也就是星期天工程师的工作。单位领导后来知道了我开公司，三番五次找我谈话，明确说开公司就是违纪违法，你可以在八小时之外卖烧烤、卖馄饨，就是不能搞设计，不能与原单位做一样的工作，这就是后来所谓的竞业限制，但那个年代没有签署任何保密协议，也没有明确竞业限制等。实事求是地说，你花费了精力在自己的公司，搞你的自留地，自己单位的工作自然就会分心，本着这个原因，就答应院领导关闭公司，不再承接新的项目，营业执照、税务登记证等都交到院里，安心上班。

由于有德嘉公司的经历，在成都院我被调离了工艺所，担任院长助理，兼任技术中心主任。院长助理名义上是很大的官职，但这个职务可左可右，我这个助理并不是严格意义上的协助院长工作，完全就是一个闲职，每天上班到技术中心转一圈，平安无事，就回到三楼的办公室喝茶、看报，过着如同退休的生活。根据一般的晋升流程，院长助理的下一步就是升职到副院长，但开了两次班子会议，我都被否决了，原因还是自己有创建公司的"前科"。那段时间经常到北京与中非（中材的前身）集团领导沟通，看看能否调到北京，领导建议去中国建材对外公司，当时的对外公司总经理就是成都院的原党委副书记贺岚曦，老贺语重心长地劝我留在成都工作，毕竟设计是我的强项，到对外公司也就是一个部门的副职，而我的理想职务远不止这个。留成都，就是一张报纸、一杯茶；到北京，面临一个比自己职位还低的工作。我权衡利弊，决定走人，所以才有了本书前言的第一段话。

　　不能调任到北京继续在央企工作，辞职院里又不同意，我就想到两个办法，其一就是调到绵阳的西南科技大学，其二就是想办法考博士，名正言顺地离开成都院，只有这样才能保留我的档案，那个年代档案可是非常宝贵的，我还真没有勇气就丢掉所有的东西去干个体。一个周末，带着老母亲和从新加坡回来度假的夫人、儿子开车去了绵阳的西南科技大学。学校非常客气，也非常欢迎我到学校任职，还承诺只要我出 12 万元就给我一套 180m^2 的房子，那天我就是带着家人去看房子。1984 年 2 月由于在江油县工作的缘故，我考研的地方就是在西南科技大学（当时叫四川建材学院），想起来与这个学校还是很有缘分。西南科技大学建在一座缓坡丘陵上，新盖的教师宿舍也是在半山腰上，景色非常优美。那个时候，卡森公司已经组建起来了，我不可能为了到学校任职就把公司给关了，所以就给学校提了一个建议，我的所有关系转到学校，可以给硕士生和本科生授课，但每个月只能来一次，每次可以待上三五天，工资我可以不要。上报到学校领导，给我的答复是，工资必须要，可以拿教授的最低一档工资（一个月 4500 元），但每周必须来，哪怕是一天，这就让我左右为难。每周都要来一趟学校，这对于我来说，真有点困难，因为卡森公司刚刚组建，项目上会频繁出差，哪里还有时间去学校。最终，和家人协商，就推了这份工作，答应学校给他们做兼职教授，免费带研究生，这样既不辜负学校对我的厚爱，也给自己留一条后路。

济南大学王卫东副校长给我颁发兼职教授聘书

　　第一选择不可行，就来走第二条路，想办法考博士。我的本科和硕士学校都是普通院校，这次考博士一定选择一个国内顶尖的学府，所以就决定考清华大学的博士。我在大学四年级的时候，翻译了一篇水泥包装机的文章，当初找了带我们工艺实验的盖国胜老师给我修改，最终在期刊上顺利发表，这是我第一次发表文章，所以一直和盖老师保持良好的关系。而盖国胜老师 1984 年就去清华大学读硕士和博士，毕业后也就留在了清华，这次考博士就专程去清华找盖老师帮忙。

　　盖老师介绍了同一个教研组的孙恒虎教授，建议我考孙教授的博士。当初孙教授发明了凝石材料等固结材料，创建了高水固结充填理论与工艺模式，创立了凝石技术体系。孙教授看我有如此丰富的设计经验，就热情邀请我加入他的团队，一边读博士，一边可以推广他的凝石技术，希望我组建一个清华大学凝石技术设计院来为他推广凝石技术。当时，博士在中国没有类似于工程硕士一样的路径，需要通过考试才可以录取，孙教授可以敞开大门来欢迎我入职和当他的博士生，但前提是必须通过清华大学的正规考试，这对于近 20 年都没有摸过基础学科的我而言，几乎是不可能的，所以也就放弃了清华大学。

　　去不了清华，就去南京工业大学找我的硕士生导师杨南如先生，这可是水泥界的顶级专家，是中国水泥界的泰斗人物。我向杨老师说了读她博士的缘由，她也非常高兴我工作这么多年又返回来读她的博士，还张罗着让其他老师给我辅导专业课。杨老师博士的几门课，我大多都没有接触过，而且工作上与这些课程也是基本不相关，要花费三四个月来准备考博，那可是比上天还要难的事情。考博士就是硬碰硬，没有捷径，这对于我这个已经离开学校近 20 年的老学生而言，几乎就是难于上青天，不得已，也就放弃了南工大的考博之路。

最后只有一个学校可以选择了，那就是西安建筑科技大学。这个学校原名是西安冶金建筑学院，这可是我 1979 年考大学的第一志愿，当初录取到了山东建材学院，与这个学校失之交臂，这一次说不定就可以如愿以偿。1987 年刚刚研究生毕业的时候，就多次去该学校，与材料学院的徐德龙老师（南工大胡道和教授的研究生，比我早两三届）就立筒预热器技术进行交流，分享他的撒料盒技术，那个看似简单的撒料盒给他的教研室赚了很多真金白银，后来的材料大楼就是靠这些钱盖起来的，徐老师确实是一个又商又学的代表。这次找他的时候，徐老师已经是西安建筑科技大学的校长、中国工程院院士，能够做他的博士也是无上光荣。到了学校，徐校长热情招待，把相关的老师叫在一起，商量如何帮助我来考博。英文就不说了，是我的强项，这几年几乎天天都在用，估计不复习也可以通过。有个专业课，就是工程管理，可以结合工程实践来发挥，问答题较多，自由发挥题也很多，如果是经常做工程设计和工程管理，这门课估计也是非常轻松。最后一个选择科目，我选择的是理论性很强的流体力学，翻阅了一下这几年的考题，基本上就是本科时候的知识就可以通过，他们给了基本参考书，加上我在大学期间的硬功夫，很快就可以恢复大学时候的记忆，毕竟流体力学也是我搞设计时天天使用的一门功课。通过大家的分析，我也感觉到考上西建大的博士不会有太大的问题，后来还真的没有辜负我几个月的努力，顺利拿到西建大的博士录取通知书。

大学期间苦读书

拿到录取通知书就得离开成都，去西安读博，但我的公司怎么办啊？我那么多的项目、员工怎么办哦？经过申请，我的基础理论课可以在家对面的四川大学来读，所以政治、数学、英语都是在川大读的，拿到川大的单科成绩单就可以通过西建大的基础课学分。说实在的，我与川大也是非常有缘的，1988 年就脱产半年时间参加了成都科技大学（后来与川大合并）的出国人员培训班。那年的 5 月 24 日常乐出生，还天天在产房陪着夫人，来自美国芝加哥的英文老师安·乔依娜还给乐儿起了 JEREMY 的英文名。我后来又被川大商学院聘为 MBA 面试官，每年都要在川大待上几天，给他们面试考生。

拿到基础课的学分，就进入了专业课和论文写作阶段，我的论文就是第四代篦冷机的研究。那个时候西建大有自己的交叉流预热器系统，大部分的博士论文都是围绕预热器来进行的，我的选题开辟了另外一个路径，如果和交叉流预热器结合起来，就可以补齐西建大的技术短板。一年一度的选题报告会上却出现了意外，我的选题未被通过，而且我与徐校长之间也产生了嫌隙。从此以后，我就再没有继续博士的论文写作，专心做我的公司去了。由于徐校长的特殊贡献，他也荣调到北京担任中国工程院副院长，可惜徐老师 2018 年 9 月去世，中国水泥界失去了一位令人尊敬的专家院士。2017 年 11 月，还是在博士选题报告的那间教室，我给西建大的师生做了一个"走出去"的讲座，十年前的那个开题报告会的场景又浮现出来。在做土耳其项目的时候，正是我读博士的时候，所有的土耳其人都亲切叫我 Dr.Chang，现在看来这个 Dr. 还真是一个假的，当初也就是一个在读博士生。当初在学校的时候，师兄弟之间都亲切地叫李博、王博，而徐老师则教训各位，你们真还以为是博士，你们就是一个博士生而已，距离博士的头衔还有十万八千里。当然老师的意思很明确，就是革命尚未成功，大家还须努力。

2004 年的某一天，突然想起来我的离职手续还没有办妥，马上给成都院人事部打电话过问辞职的手续，结果他们告诉我院长易人，可能要重新走一遍程序。得知这个消息，第二天就去了老单位，找到时任的焦烽院长，由于是工艺所的老同事和济南大学的师兄弟，焦院长很关照，给各个部门打招呼，我的手续一天之内就办完了。等递交到人事部时，部长就建议把夫人的手续一起办了，当时夫人陪同儿子在新加坡读书，早在 2002 年 12 月就请假离开了院里，如同停薪留职，既然我都不在院里上班了，怎么会留下另外一个人在院里，合情合理。一天之内把两个人的手续都顺利办妥，并陪同人事部的主管一起把我们的人事档案存放到了成都市人才交流中心。

辞职后，买的第一台车就是桑塔纳，算是圆了一个梦。我辞职时所有的东西都不要了，没有胆量是做不到的，40 岁才去创业，没有"瓷器活儿"，真说不准有什么后果，说不准就是院长说的那样，对家庭不负责任。现在想一想，如果不是 2011 年公司由水泥设计华丽转型到锂盐设计，还真说不准卡森活成什么样儿。

　　创建成都德嘉，还是源于 2001 年春季的北京新型干法水泥研讨会，我作为专家与会做了《中小型水泥厂的技术改造与发展》专题报告。在中午休息时间，沈阳矿务局水泥厂的王友春厂长和邵维忠总工到宿舍拜访，急切希望了解水泥厂改造的事情，他们采用的是 $\phi2.5m \times 45m$ 的立筒预热器回转窑系统，总是达不到设计产量，加上他们两人都是采煤专业出身，对水泥也是一知半解，急切想知道生产线增产的可能性。一番谈话后，大概给他们讲了技改措施，并受邀一起去沈阳工厂现场会诊。该生产线是传统的泾阳型立筒预热器系统，投产以来一直在 7～8t/h 的低产量下徘徊，能耗也出奇地高。经过现场考察，发现该生产线到处漏风，系统废气量很大，生料在预热器中没有得到充分的分散，翻板阀不灵活等等。找到了毛病，就给他们开了药方，解决生料在预热器中的分散就可以大幅度提高系统的产能，这种小规格的生产线，成都院是不会承接的，私下承接又不可能通过国营企业的资格审查，必须以一个实体的名义承担系统的技改。王厂长就建议我们自己注册一个公司。回成都后就马上着手组建公司，核名、递交工商注册资料。公司注册有一个很长的过程，为了加快实施技改方案，就借用了朋友老方的方大公司来签这个合同，用这个合同赚的钱来缴纳德嘉的注册资金，对于创业者而言，完全没有自己现金投入的风险。第一个合同包括了设计、设备（翻板阀、撒料盒、分料器）供货，利用窑尾废气对生料磨和煤磨进行供热烘干物料，并在煤粉制备系统增加了选粉机。煤粉系统的技改在当初也是非常先进的理念，当时水泥厂的煤粉制备系统都是粗粉分离器和细粉分离器为主导的流程，我们开拓性地把生料系统的选粉机应用到了煤粉制备，技改投产后很快系统就达到了 14t/h，从合同签署到投产达标一共才两个多月的时间。项目技改的成功，项目受到矿务局领导的高度评价，为我们与沈阳矿务局的合作打下了良好的基础。这个创业故事，每次王厂长（现任的辽宁省水泥协会会长）与朋友聚会的时候都会讲一遍。一次会议交了两个朋友、成就了一项事业，人生不可多得的一段偶遇，遇见了，人生也就完美了，因而王友春厂长就是卡森的福星、人生的伯乐。王厂长同时又提醒我，两个人开公司十有八九都会为了利益而分道扬镳，很多夫妻店都会因为权力和金钱而不会长久。但我和老黄始终如一，大家对金钱看得很轻，并肩一路走了二十几年，实在不易。

德嘉公司的第一个技改项目——沈阳矿务局水泥厂立筒预热器改造

　　新组建一个公司，重要的就是如何把握市场，我们有什么强项、有什么技术，从哪里入手来寻找客户，还要分析竞争对手，以及我们的市场定位。这是一个新公司所面临的问题，你得让人知道你是干什么的，你能够做什么。好在我在这个行业耕耘二十年，积累了大量的人脉关系，通过传帮带就可以找到相关的客户。同时，我们又开发了一个水泥专家门诊系统，就是想通过网络这个大平台来宣传我们的技术。当初就想，人生病了就去医院，但生产线病了，许多人都不知道去找设计院或者研究院，基本就是在同行寻找熟人来解决问题，如果建这么一个门诊系统，不就是一个工业医院吗？

　　德嘉水泥专家系统当时的宣传稿为：随着水泥新标准的实施和新型干法生产线的不断建设，中小型水泥企业特别是立窑水泥企业面临着巨大的市场挑战，如何在残酷的竞争中不被淘汰，只有面对现实，挖掘设备的潜力和企业的优势、利用新技术来提高产品的质量，使企业得以发展。正是基于以上的考虑，成都德嘉科技发展有限公司（简称 DAGA）聘请国内驰名的五大水泥设计研究院的专家组建"水泥专家咨询服务网络"，帮助中小水泥企业解决生产中出现的问题。本公司承诺——贵厂在生产中出现的一切问题，都能及时、完善地解答。咨询服务包括从原燃料到成品出厂的生产技术、管理全过程的技术服务，以及工厂长远规划、改扩建工程等技术咨询。德嘉科技公司热忱欢迎全国各水泥生产企业参与我公司建立的"水泥专家咨询服务网络"，共同为我国水泥事业的发展做出贡献。公司对加入本网络的水泥企业承诺："我的技术＋您的效益＝水泥技术的进步"。公司立足西南、面向全国，为水泥厂提供设备成套、工程咨询（包括技术改造、达产达标、技术承包）等服务。同时，公司还制造熟料链斗输送机、脉冲袋收尘器、各类高效选粉机、多通道旋窑燃烧器等产品。

公司通过这个网络，寻找了许多需要技术协作或技术改造的工厂，为公司的市场沉淀了许多资源。可惜没有继续网络化发展，也没有做成现在的"中国水泥网"之类的大平台，但那个年代还是具有超前的互联网意识的。

后经人介绍，认识了广东省清新县的两位投资商，一位是国营水泥厂的销售经理，一位是附近县市的乡镇书记，两个人合计投资一个水泥厂。没有雄厚的资金，就给了我们一个课题，先按照 600t/d 设计，投资赚钱后，再技改为 1000t/d 以上的规模。按照这个思路，就给他们提出了干法五级悬浮预热器方案，等第二步技改时仅增加一个分解炉就可以了。由于要节省投资，原料系统就采用类似于立窑水泥的设计，没有预均化堆场，所有的原料直接进入堆棚中储存，石灰石破碎后进入混凝土圆库，其他辅助原料则进入三个钢仓。为了节省用地，配料后的综合原料也采用了提升机方案，烧成系统特别是回转窑则留有余地，规格选择要大一些，水泥磨则采用辊压机加球磨机的预粉磨流程。在能力配套上，生料磨之前都按照 1000t/d 回转窑能力来配套，避免后来的技改无法实施。水泥磨和包装系统也按照 1000t/d 窑系统配套，在生产中可以购买一部分熟料，在出窑的链斗输送机上增加一个外购熟料卸料系统，来满足水泥磨系统的生产。这样的设计思路，就是建设初期做到尽可能的低投资，又给后来的技改留下伏笔。经过多次的技术交流，2001 年 12 月 8 日签署德嘉公司最大的设计项目——广东清远广英水泥有限公司 600t/d 扩建工程，设计范围从石灰石破碎到水泥成品出厂完整一条 600t/d 生产线，包括总平面、工艺、土建、电气、给排水等专业的工程设计。该阶段的设计还是以打野模式为主，聘用的两个员工主要是整理资料和现场服务，土建设计以西南电力设计院为主体。该项目所在地为喀斯特地貌，地下溶洞非常多，地下结构很复杂。设计中采用了"一柱一钻"的勘探模式，避开复杂的地质条件，现场都是密密麻麻的人工挖孔桩。水泥厂附近的一个桥梁，在勘探的时候没有任何问题，但混凝土灌装的时候，近几十车的混凝土都没有填满，最终导致桥梁移位、公路改线，项目投入了很多钱。经过一年的建设，该生产线很快达到设计能力，

2003 年 8 月 17 日通过当地政府组织的项目验收，也为两个投资商赚到了第一桶金。后来的 600t/d 技改到 1000t/d 则是卡森公司负责实施的，在原有的预热器框架外增加了独特的管道式离线分解炉，点火一周内就实现了达产的目标。

广英水泥有限公司预热器系统

　　广英水泥项目的知识产权问题，首先就是避开成都院的 CNC 预热器的结构形式，成都院采用的是等角度变高度的结构，我们采用的是更加合理的多心、等高度、变角度旋风蜗壳进口形式，多心结构保证进入预热器的气流更加自然流畅，阻力会大大降低。广英项目的预热器后来在卡森阶段被命名为 KLP，即卡森科技的低阻力预热器系统（K= 卡森、L=Low、P=Pressure），奠定了卡森预热器的基础。后来的日照荣安项目，则是结合几个公司的分解炉，开发了卡森特有的 KSF 分解炉系统（K= 卡森、S=Suspension、F=Furnace）。

　　2001 年 10 月德嘉承接的第一个海外项目，就是缅甸曼德勒水泥工业公司 250t/d 水泥生产线的预热器系统土建设计，以及主要设备的供货。这是老黄的同学在缅甸承接的一个总承包项目，投资商是泰国的一个华侨。当时缅甸基本都是湿法生产线，这条线也是缅甸最早的干法水泥厂。当地潮湿多雨的天气导致原料的高水分，褐煤内水多、热值低，这都是缅甸采用湿法生产线的原因。我们在此生产线的设计过程中，就是充分考虑这些特点，因地制宜，最终达到了非常好的效果，也算为缅甸的新型干法生产线推广做了一点贡献。

在广英项目执行过程中，成都院领导找到我，希望注销德嘉，并由成都院的集信公司来善后这个项目的设备供货及售后服务。2002年8月1日德嘉公司与集信公司签署协议，由集信公司代表成都院来处置德嘉公司的善后工作，协议要求该项目的设备制造毛利分配院里提走55%，剩余45%由德嘉处置，现场设备监制费和以后发生的招待费、差旅费在集信公司报销。并承诺在本协议签订之日起，德嘉不再新签订有关商业合同，并注销德嘉公司或让其自然消亡；院里也承诺不再追究我们的任何责任。在广英项目善后工作履行期间，把德嘉公司的营业执照、广英项目合同书、合同专用章存放在院里指定的场所。短短的一年时间，德嘉公司也就寿终正寝。德嘉公司就是卡森科技的"试金石"，我们的短处，就是一个在职人员明目张胆地当法人代表，还承接了许多设计项目，这已经不是传统意义上的打野，而是正规军在操作了，但法律不保护这种行为，因此遭到了多方围剿，我们也顺水推舟就停止了德嘉的运营。德嘉的教训给我们上了一堂课，凡是触犯法律的东西，一定不要碰，尽管这是一个灰色地带，但没有法律条文来保护你。停止运营德嘉也算给了单位领导一个交代，退一步海阔天空。一年寿命的德嘉公司，给了我们太多的经验教训，公司制度、市场运作、技术研发都是在这个阶段建立起来的，给后来的卡森太多的帮助，只要有过硬的技术和诚信的理念，就可以在市场上立于不败之地。

第三章

下海网鱼，组建卡森科技

中国历朝历代都是官本位，一旦"下海"了你就是一个商人，无论从事什么行业，都会被戏称为个体户。做一个商人就要面对市场，面对风风雨雨，难怪李白的《长干行》有"那作商人妇，愁水复愁风"的诗句，白居易的《琵琶行》有"商人重利轻别离，前月浮梁买茶去"。创业就是自找饭碗，去做一个愁风又愁雨的商人。本章的第一版题目是"下海摸鱼"，感觉到"下海"不仅仅是摸一下鱼而已，目的很明确就是去钓鱼，钓鱼的格调太小了，最后修订的时候，就改为下海网鱼。一网下去万斤鱼，何苦垂钓费工夫？

"卡森"名字的缘由

"德嘉"源于对"嘉"字的厚爱，"卡森"的名字则来源于我长期研发的重要设备。我在成都院从事新型干法预分解系统的研发工作，预热器和分解炉就是其中非常关键的设备。用预热器作为名字就叫"波黑"（preheater 的音译），但与波黑这个国家重名；用分解炉作为名字就叫"卡森"（calciner 的音译），因此最终选择了"卡森"这个名字，英文也就叫作 Calciner。"卡森"英文的原意既是水泥行业的分解炉，也是所有工业的焙烧系统，Calciner 就代表了焙烧技术的专业公司，在国外介绍的时候，体现出专业焙烧公司的特点。后来公司的样本不突出宣传水泥设计，而是突出焙烧专家，正是源于水泥行业的 calciner，才拓展了锂辉石、稀土、红土镍矿、白云石、石灰石等专业领域的焙烧，真正做到了焙烧专家。

2018 年澳洲的国际锂盐会议上，会议组织者把我们简称为 SCT（Sichuan Calciner Technology）。我们从此有了自己的专有缩写，公司徽标上也增加了"SCT"，这个名字在国际锂盐行业的名气是非常大的。只要有锂盐项目，都会找 SCT 合作来做锂辉石的焙烧系统设计。

　　2016 年在成都锦江宾馆儿子的婚宴上，给大家介绍下一代的命名规则，第一个孙子就叫常卡，第二个叫常森，"四川卡森科技有限公司"共有十个字可以给孙子辈取名，当然"技"和"司"不雅，那还有 8 个可以备选。后来，第一个孙子大名就叫常卡尔，第二个是个女孩，儿子和儿媳妇给起名叫常米尔，我们家有"卡"有"米"看似普通，却显富贵，谁离得了银行"卡"？谁又离得了大"米"和小"米"？乖孙卡卡常常念叨，我妹妹叫米尔，我弟弟就叫森尔，我弟弟还没有出生。名字虽然只是一个代号，但孙辈的名字纪念了爷爷创业的卡森科技。

如何解决设计资质

　　创业初期，公司没有自己的资质，但要承接设计任务和完成政府的工程申报，必须有设计资质。这只能和业内的设计院进行合作，当然这种合作也是非常痛苦的，我们做了大量的设计工作，但大部分利润都被这些设计院给收走了。从 2008 年开始，我们整个团队加入四川晨光工程设计院，作为晨光院的建材分院，对外承接任务，但晨光只有化工设计资质，没有建材设计资质。我们就利用我们的工艺工程师证书和晨光院联合起来，到政府部门申请水泥设计资质，最终拿到了水泥设计证书，这就是在晨光院的基础上延伸获得的，其他公用专业完全可以覆盖到水泥项目中。作为一个设计分院，是不能单独签署设计合同的，所有的项目都必须由晨光院签署，我们来具体执行，所有的款项都须进入晨光院的账户，我们再根据工作进度来内部结算。由于国企的烦琐流程，导致设计费不能及时到我们的账上，在项目少的时候公司没有多余的资金来扩大再生产。2014 年 1 月 27 日，公司终于拿到了自己的水泥设计资质证书，彻底摆脱资质上的限制。有了证书，就可以大展宏图。2015 年 1 月 12 日又增补了化工设计资质。我们既有水泥设计资质，又有化工设计资质，而锂盐的工艺过程正是这两个工艺的密切结合，因此在锂盐大发展的过程中，两个跨行业的资质发挥了巨大的作用。说来也巧，我的本科院校是建材学院，我的硕士研究生院校是化工学院，我的博士研究生院校又是冶金为主的大学，这就是冥冥之中一个人的缘分。靠着建材和化工两个专业，我们在属于有色冶金的锂盐行业做得风生水起。

走出大院，面对市场

进入水泥设计行业，就要面对激烈竞争的市场，国家级设计院有天津水泥设计院、南京水泥设计院和成都建材设计院，国家级研究院自身附带的设计所（院）有北京建材研究院和合肥水泥研究院。几乎所有的省份都有自己的省级水泥设计院，四川省有两个设计研究院，其一是四川省建材设计院，还有一个就是四川省建材研究院下属的设计所。从这些大院辞职出来的还有许多零零散散的设计院，成都院出来有两个，南京院出来有五个以上，天津院也有两三个。大院出来比较有名气的就是南京凯盛。有人戏称中国的水泥设计和研究人员比全世界的本专业人员都要多，一个行业可以养活这么多的专业技术公司，一方面得益于计划经济体制下的专业分工，一方面得益于中国水泥行业的大发展。如果还是 2000 年以前的市场，几个大院都吃不饱，哪里还有这么多的像雨后春笋一样的设计公司？南京凯盛成立的时候，从南京院挖走了三十几个人，以原副院长冯建华为代表，为了避免被起诉，他们挂在了中建材旗下的上海凯盛国际工程公司，但南京院还是以侵权等名义查了冯建华许多次。经过两材（中建材和中材）的协商，南京凯盛也就合法化了，后来做得风生水起，规模和业务量甚至超过了许多大院。而 2002 年从南京院出来的西普公司就没那么幸运了，董事长杨世宏曾担任南京院机械所所长，几乎所有的机械图纸都在他的电脑中，用电脑中的图纸就可以给他定罪，经过多次磨难，西普也慢慢合法化，可惜杨世宏在广西车祸中不幸逝世，给水泥界留下了遗憾。我们建立德嘉科技时，由于我还具有国有企业员工的身份，国家不允许国企员工在职创业。因此，我辞职创建卡森科技时，就向冯建华师弟讨教，他倒是建议与一家大型国企合作成立公司，就像南京凯盛一样，大树下面好乘凉，大企业也可以与中材抗衡。我们没有选择这条路，我们也没有路子找一个大的央企。最终，只能选择辞职来摆脱国企身份，就可以正大光明地办公司了。设计院的每个员工都必须签署保密协议，所有的行为准则都要受这个协议的约束，就是辞职了也得遵守。因此，在院里动员签署保密协议的时候，我就拒绝了。由于掌握了成都院的核心技术，为避免杨世宏的悲剧重演，我决定考博士来完成身份的转换。通过自己的努力，我在西安参加了西安建筑科技大学的入学考试，顺利录取为博士研究生，也就辞了职，把档案挂在了人才交流中心。

创业的模式

当今政府提倡"大众创业、万众创新"，理论上是对的，创新也是对的，没有创新就没有企业的前途。但大众创业呢？你什么也没有，如何创业？许多刚刚毕业的大学生，没有任何积累就开始创业，最终花完了父母的银子，也就关门大吉了。2015年刚刚从川大毕业的三个本科生，租了我在商鼎国际的一个房子，卖西安出产的清酒，向我讨教生意经，我告诉他，一门生意的关键就是选题，四川人是嗜酒的，但仅爱好高度的浓香型白酒，清酒是日本人和韩国人的所爱，无论你说清酒的味道比韩国的、比日本的都要好，但在成都是没有市场的，试问谁在成都的饭桌上喝清酒？果然，不到一年的时间，这个清酒营销公司就关门大吉了。2019年其中的一位到成都拜访我，他已是深圳一家私教的老师，拿着高薪，过着优雅的日子，其他两位也都在大企业上班。通过大众创业，他们学会了许多东西，但更多的是得到教训。

学以致用就是创业的方向！大学四年和国有设计院的职业历练，决定了自己只能去做水泥厂设计。你卖豆腐终究卖不过专业的豆腐世家，包括我在内的大部分人，也只能靠自己已经掌握的知识来创业。创业就要面对市场，面对投资环境、税收政策、银行门槛、社会上的不诚信、好高骛远的人群。在大设计院积累了知识、积累了人脉，按照既有的路子往下走，一定可以创出一片天地。

儒商是指经商者不仅熟读儒学经典，更重要的是以儒恪守的信条，作为品德修养的根本，并将这一根本自觉地运用到经商之中。山西晋中有个常家庄院，是儒商的代表，始建于清乾嘉年间，占地60万平方米，有房屋4000余间，居山西大院之首，紧邻的乔家大院和王家大院加在一起也没有一个常家大院半条街大，火遍中国的电视剧《乔家大院》的拍摄地就是常家庄院。当年慈禧太后西逃就从常家借了许多银子。常家创始人财取天下，逐利四海，制茗于武夷山，开拓万里茶路，经销蒙俄北欧，为中国对俄贸易之第一世家。无茶的山西常家，却垄断了俄国的茶叶贸易，常家掌握了市场，赚到的钱又去福建、湖南收购土地，委托当地农民种茶树，在当地制成茶叶后又卖到俄罗斯。苹果公司的模式其实也是常家模式，拥有了技术和专利，自己掌握市场和研发，把最简单的加工进行外包。一部七八千元的手机，富士康也就赚几十元，苹果却赚两千多元。掌握了核心技术，才能在市场上立于不败之地，这就是目前流行的 OEM 制，即委托分包模式。这就是社会的分工，不能为了蒸馒头就去种粮食，协作才能各负其责，才能把企业做精做大。

　　常家的故事给我的创业带来新的思路。一个企业必须要有自己的核心竞争力。我们是从事设计的技术公司，就要有独创的技术，站在技术的前沿，客户才会选择你。如果仅仅是做一个简单的工程设计，照搬过去的图纸就可以了，那这条路也不会走太久的，因为太多的设计院就是在不断地重复着这样的一个制图工作，设计院许多人都调侃自己就是画图的农民工。我们的创业就是一手抓研发、一手抓市场。刚开始的时候，公司只有十个人，一个完整的水泥厂都做不完，工程设计还需要外包。但外包的仅仅是制图，对于技术方案的制订和标准的选择，则是我们的核心竞争力。对于专有设备，我们不可能去贷款建一个制造厂，招聘上百个熟练工人，创业初期的体量还不足以养活一个机械厂，所以我们的专有机械设备也只能采用 OEM 制，自己做制造图，分交给几家制造厂来制作，再通过安装公司在工厂组装，把技术牢牢地控制在自己手上。与我们同时创业的一个朋友，在建立一个工程设计公司的同时，也合资控股了一个环保设备厂，花了大量的时间去管理自己不熟悉的设备制造，结果这个制造厂的产品始终没有迈入市场，多少年依然作为自己设计或者总承包项目的分包商，在设计任务不饱满的情况下，制造厂只能嗷嗷待哺，用设计的利润来养活一线工人。另外一个朋友也是在创建设计公司的初期就在成都的郊区买了 20 亩土地，建了一个环保设备厂，就像前一个朋友一样自产自销，没几年就把制造厂给处理掉了。创业初期，没有那么多的精力两头抓，更不要去触碰自己陌生的行当。做自己的强项，才能把控自己的方向，所以我们定位的技术公司，就是轻资产的技术，工程设计服务于项目建设，机械设计满足我们的 OEM 制的专有技术，不玩"大而全"，精心做自己的强项，才能立于不败之地。

　　创业的模式多种多样，但能够从事的工作，也就是你积累的知识和人脉，只要你敢于迈出这一步，多晚都不算晚。我的创业始于四十岁，处于老大不小的年纪了，能够下海网鱼，就是给了一片天，也可做到天高任鸟飞。

如何避免知识产权纠纷

从国企设计院出来创业，必然要利用原有的一些技术，但由于保密协议或者竞业限制，就不能够抄袭或者照搬原单位的一些核心技术。2008年发生在成都院的一个故事，就充分说明了这个问题的严重性。当时，我正在土耳其出差，突然接到成都院领导的电话，询问我是否参与了中建材埃塞俄比亚项目的设计。我的确在埃塞俄比亚有一个项目，但与中建材无关，他也善意地提醒我，不要参与这种项目，不要引火烧身。后来才知道，中建材进出口公司承接了埃塞俄比亚一个3000t/d水泥项目，当时找了合肥设计院，但开价太高、配合又不好，他们就通过各种关系找到成都院的一帮人来私下打野做设计，当时正是两材（中建材和中材）竞争激烈的关键时刻。现在中材的人私下竟然给中建材干活，简直是捅了马蜂窝，中材就要求成都院务必整治这种歪风邪气，成都院就向成华区公安局报案，以职务侵占的名义开展调查，查出交给中建材的图纸和设备资料中，果然采用了大量的成都院专有的专利，特别是预分解系统基本就是照抄，据说连图签都还来不及更换，这就给立案提供了证据，几个主要负责人为此被关押了半年左右。开公司赚钱，首先就是安全，自身和公司的安全，就需要在知识产权上不能突破红线。由于成都院的预热器系统从头到尾都是我负责，并亲自制定的技术路线，只有完全回避成都院的技术，才能绕开法律的红线。对于分解炉，成都院的开发来源于美国富勒公司给山西水泥厂的图纸，在开发过程中采用了日本川崎公司给冀东水泥做的分解炉系统。这个系统有一个致命的问题，就是分解炉的蜗壳总是在一些项目中被高温烧掉，说明物料在蜗壳中分布不均匀，流场中存在局部高温现象，当时在成都院工作的时候，我就提出了取消蜗壳的建议，但主管技术的副院长坚决不同意我的观点，所以成都院的分解炉一直保留了蜗壳的设计方案。为了避免蜗壳中的物料和温度场的不均匀问题，我们2005年在设计山东日照1200t/d水泥项目中果断地取消了蜗壳，优化了分解炉的结构，该项目投产后，一个礼拜就达到设计产量，最高产量稳定在1600t/d，这在当时的同规模生产线中居国内先进水平，而同时投产的山东淄博一个项目，行业内另一名知名专家领衔设计的，其产量也仅仅维持在1000t/d上下。这个技术创新获得了成功，我马上就告知成都院的技术中心主任，也就是我的徒弟、继任者，毫不保留地把这个项目得到的经验无私奉献给了原单位，这就是一种胸怀，技术是进步的、开放的，"闭关锁国"就会妨碍整个水泥行业的发展，所以

2006 年以后的项目，成都院的分解炉蜗壳也就取消了。这也说明，避开知识产权的纠纷，首先要创新、创造，以最新的技术来覆盖原来的技术，自然也没有人来告你抄袭他的技术。

如何与原单位和平共处

从原单位出来，带走了技术、经验、市场，必然会与原单位形成竞争，弄不好就会惹上麻烦，特别是许多辞职的人，出来就在客户面前贬低原单位，视原单位为粪土。我从原单位出来后，没有说过成都院一句坏话，因为如果骂了它，就等于骂了我自己，因为我是成都院培养起来的专家，成都院的技术几乎都出自我的手，我怎么会自己骂自己！我出来的时间，正好三大院的主战场在国内，我就把主要市场布局在国外，这样也避免与原单位发生冲突。在国内的设计项目中，也积极与原单位合作，比如辽宁交通水泥项目 5000t/d 生产线是东北最大的建设项目，我们公司签署的是前期可研报告和整个项目的项目管理，负责从设计到施工的招投标管理。我们邀请了成都院、天津院和凯盛院，整个评标过程中，我们都是积极推荐成都院入围，这就是一个情感，因为成都院的技术我放心，成都院委派的设计人员都是我共事多年的同事或下属，如果成都院中标，项目管理和设计院的配合会非常紧密，利于整个项目的进程。后来在双方的紧密配合下，成都院拿到了这个项目的工程设计、预热器和篦冷机的供货、项目的工程监理等合同。通过我的协调，可以集中成都院最精英的团队为这个项目服务。这个项目的高峰期在冬季，而项目所在地冬天的最低温度是零下 20 多摄氏度，困难很多，但项目最终验证了我的判断。密切的配合造就了工程良好的效果和创下中国水泥建厂的最快速度，以往在东北的最短建厂时间是 14 个月，在全国最快的速度是 10 个月，而我们扣除几近一个月停工时间，最终也是 10 个月就建成投产。由于交通水泥厂项目的密切合作，卡森科技与成都院始终都是兄弟单位一样在市场上相互协作。再比如，在白水泥设计领域，基本上就是天津院和卡森科技两家在设计，成都院几乎没有这方面的技术积累和业绩，有一年他们要承接一个白水泥项目，希望到我们设计的绵竹项目参观，业主直接拒绝了。当负责技术的副院长陈涛找到我，希望我大力支持，我二话没说，就给业主打电话，让成都院参观学习一下。我们对技术是开放的，欢迎同行参观我们设计过的生产线，无论这人是投资商还是学技术的同行，这都是我们的骄傲！这不是说我有多高尚，我总是认为：做生意，多一个朋友总是比多一个敌人好。朋友多了好办事，敌人多了易打仗，如果天天打仗、天天打官司，你哪里有时间来仔细研究技术和做市场？

苏轼认为，人生至高的境界，只有朋友，没有敌人，心中无怨，便可无敌。《道德经》有云："上善若水，水利万物而不争。"这就是君子和而不同，小人同而不和。千年前的古人都有如此大的胸怀，我们还计较什么呢？

人才战略

在成都院的时候，我分管人才引进和新员工的招聘。学水泥工艺的毕业生，知道水泥采用什么原料的连 5% 都不到。一个学了四年的本科生，连水泥的基本知识都不知道，还怎么做设计？计划经济年代受制于进城指标和户口，国企招聘基本上就是校招，只有应届毕业生才能进入国企。应届毕业生的优势在于从零培养，孺子可教，就像小孩子一样，从小自己带大，对单位的感情就非常深，就像现在的孩子，爷爷奶奶带大的和父母带大的，与父母的感情是不一样的。但应届生的不足之处，就是需要一个很长的培养过程。一个连车都没有见过的人，怎么可能造出车来？我们在人才引进方面尽量不招聘应届生，就是这个原因。许多人对于第一份工作都是不珍惜的，都是奔着练手艺去的。迄今为止，全公司的应届毕业生，工艺专业的有两位、电气和土建专业的各有一位，而机械和化工专业的全部都是从社会招聘的，其他员工则是来自于水泥厂的第一线操作人员，他们对水泥生产过程非常熟悉，缺乏的就是 CAD 绘图。记得孙手棒刚进公司的时候，也是什么也不会，但一开始就让他做土耳其的生料配料子项，他对整个工艺的理解就非常到位，有些不合理的地方，自己都知道如何来优化，这样的人培养起来就很快。在成都院工作的时候，带工艺所的人参观拉法基水泥厂，一位天天画窑中的小伙子，看到这么大的窑，自己都在感慨：这个回转窑怎么这么大啊！他天天画着缩小 100 倍的回转窑，突然放大了 100 倍，当然感到惊讶。

设计人员的培养难度很大，我们基本都是以老带新。每个专业都有一位经验丰富的老设计师、老工程师手把手地教会新入职的人员。已经去世几年的李平生先生，在退休的第二天就到卡森上班，用毕生的经验培养了许多电气专业人员。在西南科技大学招聘的时候，老师推荐了学而优的李全勇，这也是我们为数不多的校招员工之一，经过李平生的多年培养，李全勇成长得非常快，还拿到了难度非常大的注册电气工程师证书，也把电气专业带得非常好，电气专业基本没有我多操心的地方。刚刚硕士研究生毕业的江学平也一样，靠着自身扎实的理论知识，没几年就在结构专业中脱颖而出，他也是陈光明老先生一手培养出来的将才，前几年寥寥四位结构专业设计师每年都可以完成繁重的设计任务。川大毕业的李红毅，第一份工作是在利君公司做辊压机设计，到卡森后才开始做篦冷机等设备的开发，在老黄的指导下，把机械专业也带得非常优秀，实现公司确定的每年一个新技术、新设备的研发任务，还给公司申报成功了三十几个专利证书。在财务主管朱建蓉的领导下，研发部门充分利用高新技术企业的税率政策，每年为公司创利、创收。以老带新的传统一直在公司传递，一代代的设计师成长为各专业的领头雁。

　　培养了人才，就得留住人才。要用制度留人，把公司看作自己家的人永远都会与公司同成长、共患难。企业是以营利为目的的组织，员工就是企业营利的战士，企业靠员工来营利，员工靠企业来发展。公司的发展离不开员工的努力，员工的努力靠的是一个好的制度，让他能够看到光明的未来。为了增加员工的收入，2012 年以全员参股的形式组建了成都西诺西技术服务公司，高管买一送二、中层买一送一、普通员工买一算一，人人都成为新公司的股东，把卡森科技的技术服务板块全部由西诺西来执行，2019 年为了公司上市需要，注销了这个公司。西诺西公司运营了八年时间，每年都给股东分红 30% ～ 50%，高管的收益率达到 12 倍，中层干部实现 8 倍收益率，就是普通员工也有 5 倍的收益。由于公司股改复杂，我们就像华为一样，给不同岗位的人员一个虚拟股份，年底拿出来一笔利润，根据职务、产值额外给员工分红，除了正常的工资、奖金和福利，在公司工作满十年的员工还可以享受虚拟股东的分红。每年一度的年终总结都有一个环节，就是给在公司工作满十年的员工包一个大红包，作为忠诚奖发给大家。公司的许多员工来公司的时候，都是单身一人，工作若干年后，个个成家立业，拥有了房子、车子、老婆（公）和孩子，这就是公司的贡献。看到满屋的年轻人在公司上班，心里油然而生的就是感慨，这也是对社会的一个巨大贡献。

　　当然，公司的人才也是流动的，特别是工作严重不饱满的 2010 年前后，结构专业走得就剩下江学平一个人。我们每年都有一个员工在职人数统计，在 2013 年以后，基本上每年只流动一两个人，稳定性是非常高的。

人才也是靠流动的，但我们公司的金字塔塔顶的人，十年来几乎都没有动，这就是公司战无不胜的源泉，正因为他们的坚守，公司才会逐渐做得强大。

市场开拓模式

《反经》中有一句话，"无形胜有形"，对我的影响非常大。有人说"有容乃大"，则是荒谬的，有形的东西就是可以看得到、摸得着的，有形的东西再大也是可以度量的，最大的就是无形。无形的东西是什么？是空气、是水。再大的容器，水和空气都可以给你充满。

对于市场营销而言，无形的显然就比有形的宽广得多，无形的市场营销就是所有的人都在帮你销售。我们在组建公司的时候，曾经招聘了两三个销售人员，试图由他们来开拓市场，结果这些人一年的时间里连一个合同都没有拿到，反倒是项目都来源于我曾经在行业积累下来的人脉。做技术公司的营销，首先需要扎实的技术知识，所有的项目都是先和你谈技术、谈方案，然后才会和你谈价格。技术不成熟，或者没有这方面的业绩，再便宜也没有人找你。所以，干脆就取消了市场部，有什么市场信息，都是安排相关专业人员去接触，认可了技术方案，最后才进入商务洽谈。

有形与无形，无形胜有形。水是无形的，但水可以充满有形的东西。有限的销售人员远不如人人给你介绍来的项目多，做一个项目就会结识一些朋友，这些口口相传的模式就是无形的销售路线。尽管没有市场部，但给我们介绍项目的人非常多，老单位的、同行的、老客户、老同学等，有时候一天的时间能收到两三个项目的信息。巴菲特的合伙人查理·芒格说过，"带来新客户的最佳办法就是把案头工作做好"。成功的工程案例，就是我们最好的广告，自我形象是做出来的，而不是吹出来的。

我们到 2014 年才建立了市场部，固定的编制也就温常凯一个人，负责归口管理项目信息，联系项目客户。

市场定价原则

对于设计收费，国家有个定额，不同的规模按照不同的费率来收费，但在市场经济和僧多粥少的条件下，鲜少有项目是按照国家标准来收费的。例如一个规模为 2500t/d 的水泥项目，1995 年的设计费是 1200 万元，20 多年过去了，设计费只能收到 180 万元，设计费真是到了"白菜价"。

如此低的设计费，如何养活那么多的设计人员？这就带来了市场的潜规则：谁负责工程设计，就必须采用这家研发的预热器和篦冷机，这样才会给你保证系统的产量。慢慢地，这就成了水泥设计行业约定俗成的规则。其实，加上这些设备（俗称院控设备）的利润，总体收入还是比原来低得多。当然，这也不排除技术进步带来的成本降低，20 世纪 90 年代的设计大多数靠人工在图板上画图，现在基本上都是计算机画图，复用的东西多了，价格也就下来了，这也是科技进步带来的好处。

大设计院的价格都很低了，我们这些小公司自然也不会拿到很高的价格。许多客户都说，人家 ×× 院才收 100 万元，你们应该比人家低。我们的定价原则就是参考大院的设计定额，我们的价格就是比他们多 20%，因为我们做的中小型项目在大院那里几乎都是年轻人给你设计的，而卡森做设计的则是国家级专家，就像医院看病一样，年轻医生的收费怎么可以和经验丰富的医生来比较？经验丰富的医生只需要把个脉，就可以诊断出你生了什么病，开一服中药就可以药到病除，那么你是要便宜还是要效果？公司成立的前十年几乎都是我亲自挂帅，事必躬亲，所有的技术方案都是我亲自制定，这才有屡战屡胜的战绩。相对而言，与我们同期出来的老同事，采取的定价模式就是低价营销，原单位 100 万元，他们仅仅收 50 万元，低价格自然聘请不到高水平的人才，这个公司干了十年时间也就解散了。我们的设计任务尽管不多，但我们每一个项目都做得精细、优秀。甘肃天水项目的安装公司看到我们做的工艺图，赞叹地说，所有大院的图纸他都看过了，唯独卡森的图纸是最漂亮的，路线清晰、参数完善、表达明了。

新疆库尔勒市的塔什店镇有三家水泥厂，都是 $\phi 4m \times 60m$ 回转窑的 2500t/d 生产线，分别找了三家设计单位。三家水泥厂投产时间相差无几，但效果却差别很大。当地设计院设计的生产线只能达到 2400t/d，一家大院设计的也仅仅维持在 2600t/d，而我们设计的熟料年平均产量达到了 3150t/d。同样的原材料、同样的地理气候、几乎一样的回转窑规格，但结果相差很多。看到这个效果，你都不得不优先选用卡森设计的方案。多少人都想物美价廉，其实物美，价一定不廉，这就是一个哲学，他都不赚钱，他还会给你精益求精吗？

公司发展的几个阶段

第一阶段——创业阶段：2002—2005 年

2002 年 6 月以德嘉的积蓄购买了府南河旁边的富临大厦 14 楼 D 座，建筑面积 161.41 平方米，这是卡森的第一个办公室，我和老黄各有独立的办公室，设计人员分了两个区域办公。组建初期，除了德嘉的原有两个员工外，新招聘了工艺、机械和土建专业员工，加上两个原始股东，全公司也就 10 个人。当初的想法，就是把规划的 36 个座位坐满，每年有两个设计项目，也就满足了，可以过上小康生活。

在富临大厦卡森办公室办公（2005 年）

大学同学刘传明当时是山东建材设计院的副院长，他们接触了日照荣安集团的水泥项目，那个时候山东院还没有做过一条新型干法水泥生产线，他就联系我，希望两家组成联合体来设计该项目。第一次项目会谈是在济南举行的，项目总经理是常成飞先生，由于是同姓本家的缘故，我和常总第一次见面就有一种天然的亲近感，很快就与荣安公司签署了设计合同。通过项目我们两位常姓兄弟也成了非常好的朋友。这就是卡森组建后的第一个项目，山东院负责石灰石破碎车间和原料配料，我们负责从生料磨到熟料库的烧成系统。除了工程设计外，还提供了预热器、篦冷机以及预热器塔架的制作和安装。除了工程设计，我们还协助荣安做了多方面的项目管理，还给他们安排在山西海鑫水泥公司进行培训，帮助他们组建了一个完整的生产运营团队。项目能够顺利投产并超产，与我们两家的密切合作息息相关。

在这个阶段，陆续又承接了辽宁交通水泥厂的 5000t/d 项目管理、广东清新水泥厂 600t/d 升级改造为 1000t/d 的项目、山西阳城县西村 1200t/d 水泥项目、山西灵石县 1200t/d 水泥项目、达钢 400t/d 活性石灰生产线、山西同力达水泥公司 4000t/d 建设项目、越南陆氏顺化 1750t/d 等水泥项目。

这个阶段正好赶上了国内水泥大发展的好时期，经常是几个项目交叉在一起。创业初期的设计项目基本没有断过档，在不断承接项目的过程中，公司也不断招兵买马扩大规模，到了 2005 年年底公司已有员工 30 人左右，初创的 161 平方米办公室也基本坐满了，完成了第一阶段的目标。

第二阶段——成长期：2006—2010 年

2006 年 8 月 1 日是卡森科技成立 4 周年的日子，我们与四川晨光工程设计院联合组建了建材分院，利用我们的水泥工艺工程师证书和他们的通用专业配套，于 2007 年 7 月 2 日拿到建设部颁发的水泥专业乙级设计资质。这是这个时期的一个重要标志，4 年的创业终于拥有了靠自己的职称证书获得的设计许可，尽管存在国企管理烦琐、资金回笼慢的弊病，但拥有了稳定的资质保证，不再需要到处寻求挂靠。

这个时期是海外项目爆发的阶段，先后承接了哈萨克斯坦塞米 2500t/d 水泥生产线、土耳其比莱吉克 3300t/d 水泥生产线、埃塞俄比亚国家水泥 3000t/d 水泥生产线、菲律宾 1500t/d 水泥生产线、老挝 1200t/d 水泥生产线和哈萨克斯坦科克舍 5500t/d 水泥生产线等。国内也承接了湖北武当 2500t/d 生产线、唐山飞龙的 3500t/d 水泥生产线、四川通江正强 1500t/d 生产线、佳木斯和丹东两条水泥粉磨站等项目。2008 年的合同额达到了 1.65 亿元的历史最高水平，实际收款也超过了 5000 万元。

国内有代表性的经典项目是佳木斯水泥粉磨站。这个项目位于北大荒的富锦县，业主是中建材旗下的水泥公司。设计采用公开招标形式，我们和合肥院、北京凯盛三家参加投标，后两家都是中建材旗下的设计公司。该项目的厂址选择在砖厂的挖方区，其他两家公司的方案都是把平均深度 6m 的场地填平，然后打桩。把近 100 亩的深坑填平，需要 40 万的填方，再加上桩基费用，就需要多花费 2000 多万元。而我们的方案是把主生产线布置在深坑中，外来的熟料直接倒入坑壁旁边的堆棚中，省却了熟料进堆棚的二次倒运，还增加了堆棚的储量；把生产线布置在深坑中，减少了土石方量，磨机的噪声又传递不到外面，做到了既环保又省钱；深坑中的雨水流入新规划的雨水池中，平时就是一个景观，暴雨来临的时候，又可以通过溢洪管道外排；把化验室、办公室的标高与外部公路做成一样，布置在深坑与外部公路的中间位置，从外部公路上只能看到办公楼和宿舍，基本看不到粉磨站。由于设计理念独特，即使价格比其他两家高，招标委员会还是选择了我们作为设计方。项目尽管很小，但中标的意义很大。项目投产后，得到业内人士的高度评价。

这个时期最有特色的项目，就是土耳其比莱吉克项目，这是我们与中国机械进出口公司作为联合体签署的水泥项目，在本书中对该项目有专篇介绍，这是卡森历史上的里程碑项目。

公司员工从 2006 年的 31 名扩展到 2009 年的高峰值 83 人。原来的 161 平方米办公室已经容纳不下这么多的员工，2007 年把隔壁的房间也租了下来，办公区增加到 300 平方米。2008 年 9 月底乔迁至自购的商鼎国际 850 平方米办公室，环境大为改善，这里完全是一个现代化的办公环境。难怪埃塞俄比亚东非控股的董事长比扎友说，卡森就像一个欧洲的公司，现代而精致。

卡森从富临大厦 161 平方米的商住楼起步，到 2008 年就搬到了 850 平方米的现代化办公大楼商鼎国际；代步工具也从初始的自行车，2008 年换成了奔驰 S 级轿车。所以，经常跟朋友调侃：卡森公司的发展就是 B2B，从 Bike（自行车）到 Benz（奔驰），完成了一个质的飞跃。

在商鼎国际卡森办公室办公（2009 年）

第三阶段——业务转型阶段：2011—2017 年

这个阶段的重要事件就是公司自己拥有了国家工程设计资质，从此不再为了资质而到处找人。在拿到水泥专业资质后的第二年，也顺利拿到化工设计资质，两个国家级双乙级资质，跨越建材和化工两个行业，与我们后来从事的锂盐设计完全相符，火法段就是接近水泥工艺、湿法段就是化工工艺。

2011 年公司购买了位于高新区天府三街的新希望国际 1600 平方米的写字楼，一半对外出租，一半用于公司办公，2013 年 3 月 2 日乔迁新禧，入住新希望国际。天府三街现在已成为成都市的标志性大街，高楼林立、车马盈门、门庭若市、一派繁荣。这条大街上几乎都是二三十岁上班的年轻人，也是成都地铁最拥挤的站点，天府三街就是办公云集的春熙路。

2011 年第一个项目是绵竹白水泥项目，是当年全国规模第二大白水泥生产线，规模上尽管比第一大的阿尔博白水泥低 40%，但投资比它低了 350%。从这个项目开始，我们积累了白水泥的设计技术，后来陆续签约伊朗 Zagros 和广西云鹏白水泥多条生产线，成为卡森科技的一个特色设计产品。

2011 年承接了天齐锂业 600t/d 锂辉石焙烧，两个月后又与赣锋锂业签署设计和设备成套、安装和项目管理系列合同，2013 年前后两个项目相继成功投产，为公司转型打下了良好的基础，打开了通向锂盐设计的大门。随着国家对新能源大力支持的政策，2016 年成为锂盐设计的爆发期，先后承接赣锋马洪二期、赣锋宁都、致远锂业、天齐张家港技改、四川能投锂业、内蒙古智锂锂业、融捷锂业、宝江锂业两条线、雅化锂业，总计产能达到 11.75 万吨锂盐，占全国锂盐规模的 80%。特别是天齐股份张家港项目的技改一举成功，花费很少的投资和 45 天的停产时间，焙烧窑的产量就翻了一番，这个成果当时轰动了全球锂盐界，奠定了卡森科技在锂盐火法段的技术领头地位。

这个阶段除了传统的水泥以及新爆发的锂盐，我们还承接了广丰黑滑石焙烧、临沂红土镍铁项目的煤粉制备和部分供货、大连镍铁项目的煤粉制备总承包、马边黄磷项目的矿粉焙烧、新加坡重质陶粒总承包项目、花水湾第一村大玻璃景观泳池等项目，涉及化工、冶金、旅游等领域，每个项目对于卡森而言都是一个挑战。黄磷的原料以前都是块状的原矿，随着品位的降低，都增加了洗选工艺，而洗选矿则是粉状，无法直接进入电炉中焙烧，必须通过成球、焙烧固化再进入电炉。该项目花费了大量的技术投入，完成了小试工厂的试验，取得了一手的生产数据，获得了多项国家专利。同时，也完成了 5 万吨项目的初步设计和施工图设计。

传统的骨瓷都是用动物的骨头来烧制的，江西一家公司采用黑滑石替代骨头取得非常好的效果，但他们采用的生产线则是最原始的轮窑烧砖工艺，完全是手工作业，效率极低。我们参与该项目后，对黑滑石的特性进行了实验室研究，利用锂辉石焙烧的工艺，开发出来黑滑石焙烧新工艺，获得国家发明专利。

除了传统的水泥工程设计，这个阶段还承接了大量的主业外项目。2015年水泥行业外的收入占比 31.3%，2016 年达到 43.2%，2017 年则达到 69.2%。说明公司的转型是成功的，把单一的水泥设计做成了工程设计多元化。

除绵竹白水泥项目外，公司还承接了朝鲜胜利会社 2500t/d 水泥、康定蓉联 2500t/d 水泥、甘肃天祥 2500t/d 水泥、青海泰宁 2000t/d 水泥、蒙古100 万吨水泥粉磨站、哈萨克斯坦阿拉木图水泥粉磨站、缅甸 Yojin 仰光水泥粉磨站、韩国东洋水泥系列技改项目，还有江油华川重钙生产线、江油石材园区规划、伊朗 Zagros 600t 白水泥和峨眉金顶集团的石灰项目。值得一提的是，公司的对外项目实现了自己签约、运营的韩国和缅甸水泥项目，从设计、制造、报关发货、现场服务到退税等一条龙服务，锻炼了我们的人员，为后来的国际项目独立总承包积累了丰富的经验。缅甸水泥粉磨站除了正常的设计之外，还与投资商签署设备成套技术服务，代表业主在国内采购设备、钢结构。江油华川重钙等一批钙业项目，为公司承接石灰石深加工项目打下基础。在此期间，还成立了全员参股的西诺西技术服务公司，给埃塞俄比亚国家水泥公司生产运营了两年时间，锻炼了队伍，也给员工带来额外的收入。

第四阶段——强壮期：2018—2022 年

国内的锂盐投资热始于 2016 年，受新能源汽车需求的拉动，2017 年碳酸锂的价格已经突破 18 万元 / 吨，国内到处都是锂盐新项目。除了我们以往的客户继续上新线，如天齐安居锂盐、赣锋锂业马洪三期、致远锂盐二期、吉诚锂盐二期、雅化锂盐二期，又有德方纳米的磷酸铁锂生产线、盛新锂能射洪 3 万吨锂盐、永杉 2 万吨锂盐、容汇 3 万吨项目、海矿锂盐、丫山钨业、鑫丰锂业、美国雅保锂业、江西南氏锂云母改造等新项目。我们的设计范围也从开始的焙烧，延伸到了酸化，而德方纳米项目则提供了产品为磷酸铁锂的全流程的设计服务。

为了加大宣传力度，我们先后参加了三次锂盐国际会议，把我们的技术介绍给全世界。2019 年 2 月在珀斯的第一次锂盐会议上，中国的企业只来了我们一家。我们在会议室门口摆了宣传台，但根本没有人来打招呼，也没有人来主动拿资料。下午 3 点是我的主题演讲，介绍中国目前锂盐的发展状况、卡森科技在行业中的地位和诸多业绩，以及焙烧新工艺的节能、环保效果等。会议期间就有许多人举手提问，演讲完毕来找我们谈项目的人络绎不绝，大家还真不知道中国有技术如此强大的 SCT 公司，纷纷索要名片和邀约会后的洽谈。这次会议期间，在珀斯拜访了澳洲绝大多数锂矿公司，还应邀参观了天齐锂业的奎拉拉项目。这几年，世界上绝大多数锂矿公司和锂盐项目公司与我们都有联系接洽，包括加拿大北美锂业、美国 Piedmont 锂业、芬兰 Keliber 锂盐、俄罗斯 Halmek 锂盐、马里 Birimian、刚果金马诺诺锂盐、葡萄牙锂盐、巴西 AMG 锂盐等，公司的矿石展览柜中，摆满了来自世界各地琳琅满目的锂辉石、锂渣、碳酸锂产品等。有客户调侃，到卡森就看到了全球各色各样的锂矿。

　　这个阶段，我们也没有放弃传统的建材行业，几年时间就做了十多个水泥厂的技术升级改造，包括云南华新集团旗下的剑川、丽江、富民、迪庆水泥生产线，其中剑川的 2500t/d 水泥生产线，通过我们的技改，在 2200m 海拔下达到接近 4000t/d 的世界最高水平。有了剑川的改造经验，我们又承接了四川乃托、新疆库尔勒、内蒙古蒙维、重庆东方希望和广西贵港云鹏等水泥厂的技改，还承接了仁寿粉磨站、越南归仁港包装线和西藏粉磨站等水泥项目。这个时期，国外项目越来越少，而国内基本都是产能置换、上大弃小，基本是 5000t 以上的规模，我们的资质还涵盖不到这么大的工程，在水泥行业就做一些零星的技改工作。

　　在钙业领域，我们承接了江油的蜀玉和晶堡两条生产线，产品涵盖重钙、骨料、轻钙等，还设计了主导产品为轻钙和纳米钙的宜宾鑫锐钙业项目。

　　2018 年公司的合同额为 1.014 亿元，收入 9426 万元；2019 年合同额为 4930 万元，收入 3293 万元；2020 年合同额为 1.664 亿元，收入 1.0366 亿元。其中，2020 年在新冠肺炎疫情蔓延的情况下，我们与湖南永杉锂业签署火法段 EP 总承包合同，全年实际收入超过 1 亿元，达到公司成立以来的历史新高。但受疫情的影响，我们的海外工程项目则锐减 4.46%。2021 年凭借新能源行业的强劲东风，公司的有效合同总额和实际收入再创新高，都达到公司的历史最高水平，实际收入同比增长 35%，有效合同额达到 3 亿元人民币。

　　这是公司的第四个阶段，水泥行业外收入逐年提高，水泥行业外收入占比 2018 年为 86.1%、2019 年为 94.17%、2020 年为 97.43%；2021 年借新能源行业的高潮，仅锂电行业收入的占比就达到 97.57%，锂电材料设计成为公司的主业。经过大家的努力，已经把原来的主业做成了副业，实现了业务的华丽转身。每年一度的关键词海选也验证了公司的行业走向，2018 年"全锂产业链"、2019 年"锂锂在目"、2020 年"钙锂闪耀"、2021 年"志在千锂"，基本上都是以锂为中心，顺便涵盖了钙。2021 年春节，老父亲给公司写的对联就反映了公司的现状，"驾锂驭钙斩疫情，逆流而上创新高"，横批是"卡森辉煌"。2022 年春节，公司发起对联征集活动，每个办公室都写了与公司业务关联紧密的对联，尽管老父亲戏称我们的对联就是一个顺口溜，完全不是正规楹联的写法，但九十岁的老父亲还是工工整整地给我们书写了几副对联。

卡森第一套办公室——富临大厦 14D

卡森第二套办公室——商鼎国际 16F

卡森第三套办公室——新希望国际 B 座 703 号

第二篇

卓有成效

水到渠成

第四章

捷足先登，水泥界第一个
项目管理合同

辽宁交通水泥公司的前身是辽宁公路水泥厂，2005 年前后被沈阳矿务局收购，由沈煤水泥厂代管。该厂原有两台带余热发电系统的干法中空窑，曾经委托我们对其煤磨系统进行改造，取消粗粉和细粉分离器，增加一台煤粉动态选粉机，把单通道燃烧器改为三通道燃烧器。第一次去公路水泥厂，正是东北最寒冷的 12 月，在车间量尺寸，每隔几分钟都要把手搓一搓，再跳一跳，否则就会冻僵。在没有任何图纸的情况下，我一个人在现场测绘了大体尺寸，手绘草图就布置给公司的各专业，完成了技改的设计和设备更换。

公路水泥厂拟建项目的规模是 5000t/d，这在当时，是东北最大的水泥生产线。为谨慎起见，我们配合水泥厂调研了海螺、华新等水泥生产线，基本确定了技术路线。我们负责完成这个项目的厂址选择报告和可行性研究报告，邀请中国水泥协会对此项目进行评估和可研审查，专家们就建设条件、市场分析、技术方案给予高度的评价，项目也很快得到发展改革委的审批。项目审批后，首先与我们签署项目管理合同，这可是水泥界的第一个项目管理合同，《中国建材报》还做了报道。工程项目的管理有几种模式，其一是总承包，由设计院或者安装公司负责设计、设备成套、土建施工、安装调试一条龙服务；其二就是业主拿到设计院的图纸后，自行寻找分承包商。对于第二种模式，必须是经验非常丰富的业主，并具有各专业的熟练人才，才能控制质量、进度和造价。第一种模式，对于业主而言就只负责监督总承包商的工作，但自主权相对较弱，对后期投产后的备件、设备维保都会带来意想不到的障碍。所以我就给交通水泥厂提出了第三种模式，就是由专业的公司负责整个项目的管理，除了资金由业主自行负责，项目的招投标、进度、质量都属于我们的合同范围，这样既保证了业主的权益，也会极大地降低工程造价。最终这种合作方式得到沈煤集团的认可，也为我们管理水泥项目获得了实战经验。独辟蹊径，柳暗花明，后续的许多项目，卡森都采用这种模式来运作。

　　工程项目管理合同签署后，我们就从成都调过来十个人，配齐各个专业人员，都住在原公路水泥厂的宿舍楼上，厂里也给我留了一个单间，保证我临时驻扎现场。那个阶段，基本上每隔一段时间都要在本溪督战，我名义上还是项目经理。入驻现场后，首先就要给业主人员培训新型干法水泥的知识、施工管理的要点，给项目编制招标书和计划书，还要配合业主申报所有的施工手续等。

交通水泥公司设计招标会议

　　项目开始，首先就是选择设计单位，由我们编制招标文件，对技术、业绩、图纸交付、现场服务做了详细的要求。天津院、成都院和凯盛院三家单位参加设计竞标。在技术答辩期间，天津院作为水泥设计院的老大，派出了庞大的阵容，但技术交流太过专业，说了一大堆的技术术语，包括预热器的流场分析都一一进行了介绍。就天津院的总图而言，完全就是偏离实际，没有针对性地研究当地的自然条件，照搬了一个类似工程的总图。工厂场地是一个山坡地，它的方案就是花很多的钱，把山给挖平，活生生地把山地变成平川，布置简单了，但投资会大幅度增加，工期也会很漫长。

在设备选型上，必须采用他们所有的院控设备。为此，我们专门到天津院进行了一次交流和考察，看他们的立磨与市场上的设备相比到底有何优势。而成都院的方案，则在总图上把生产线布置为梯田状，物料由高到低顺势布置，窑尾、窑中、窑头、水泥等系统布置在不同的台阶上，土石方量非常少，应该是很科学的。作为从成都院出来的人，老单位就像老东家，除了他们的技术方案上优于其他两个院之外，我也极力推荐业主与成都院签约。因为一个设计单位的人才也是几何分布、良莠不齐的，如果成都院来承担设计，我就可以在其中挑选得力的人来负责，甚至可以选择各专业的负责人，从而保证项目的进度、质量和指标。在设计招标期间，几个院的项目还都不饱满，设计费也不是很高。但项目开始后，水泥项目像雨后春笋，各个院所的设计任务非常多，业主们都在设计院排队。这个时候我们的优越性就体现出来了，我们派人直接与成都院的设计人员对接，三天两头地蹲在院里催图，设计进度基本可以满足项目的施工。

这一年的冬天，辽宁遭遇了百年不遇的暴雪，那天正好是正月十五，项目人员放假，我们安排去本溪市区聚会，幸好走得早，否则就难以成行。等吃完了晚饭，鹅毛大雪还在下个不停，许多地方的积雪达到了 600～1000 毫米，公路交通完全瘫痪，车根本开不动，许多人把车直接丢在了路上，干脆等第二天雪小了再把汽车开回家。没有车，也没有路，项目部的人就在本溪市区住了下来。在交通水泥厂施工或者上班的员工，许多人都是徒步 20 公里走回市区。项目部去大连考察设备的同事，车都被陷在高速公路上。那一年的大雪，对辽宁的影响非常大，多年以后想起来都是后怕。

项目开始的时候，公司又承接了哈萨克斯坦塞米水泥项目，按照工程进度，需要做一版初步设计，当初公司的工艺人员忙于其他项目的设计，很难抽出人马来做这个项目。本溪项目部的人除了王兆刚会一些 CAD 之外，其他人员都是来自水泥企业，对画图完全是一个外行，在没有设计经验的情况下，只能加速培养，找来现成的初步设计图纸，一对一地进行辅导。做初设的时候，本溪项目也忙得不亦乐乎，就是这个团队，白天忙本溪项目的管理，晚上在办公室加班做哈萨克斯坦项目的初步设计。

2007 年 4 月 12 日项目举行了盛大的开工典礼，本溪市领导和沈煤领导都出席了大会，会上张灯结彩、热闹非凡。大家都对这个项目给予了厚望，希望项目可以在最短的时间内建成投产。

卡森管理团队参加交通水泥公司开工典礼

为了严控施工进度，与成都院的监理公司签署了工程监理合同。监理公司的总经理老孙是我多年的同级同事，给这个项目派驻了非常得力的监理工程师，几乎所有的挖孔桩，总监老周都亲自下去查看，严把质量关，桩基公司不得到老周的许可，就必须挖到位。一次在十几米的洞里发现了大石头，老周也是坚持清理出来，才能浇筑。工厂领导感慨地说，常总为我们挑选了非常敬业的监理公司。

工程施工许多地方都由沈煤内部的施工队来进行，土建公司的领导在级别上与交通水泥厂也是平起平坐，这就增加了监管和项目管理的难度。总指挥王友春放权给我们，内外施工队一视同仁，按质量要求达不到进度，必须罚款，确保项目如期完工。我们合理安排工段的施工顺序，确保入冬之前把大的堆棚和圆库施工完毕，保证严冬季节安装公司可以在封闭的空间靠采暖来制造非标准件。

除了正常的项目管理，我们还负责给项目引进人才，并应邀作为"高级主管招聘会"的评委，给工厂选拔优秀的职业经理人，同时我还邀请了技术专家易建尤和孔学标，从技术、管理水平、职业道德、从业经验上，为交通水泥厂选拔了一批技术骨干，为项目顺利投产和以后的投运给予了保证。

经过多单位的密切配合、交叉作业，生产线终于在 2008 年 2 月点火试生产，创造了水泥史上十个月建成投产的纪录。之前的纪录是南方的海螺水泥创造的，但十个月工期在严寒的东北确实是一个奇迹，因为零下二十几摄氏度的冬季根本无法施工，期间还碰上了百年不遇的雪灾，如果没有科学化的管理、没有各参战单位的通力配合，这么短的时间建成投产，根本是不可能的。这个会战纪录，迄今也没有人打破，这个纪录会铭刻在水泥建设史中，也为卡森科技留下了一个值得回忆的项目管理战绩。

建成后的交通水泥公司

第五章

西进之路，哈萨克斯坦水泥项目

2005 年从哈萨克斯坦马泰集团的水泥项目开始，前前后后共有近十个公司和个人给我们介绍了 37 个水泥、化工项目，最终做了四个项目的施工图设计和设备供货，哈萨克斯坦是卡森科技做设计最多的一个国家。

哈萨克斯坦马泰集团 1000t/d 水泥项目

2006 年 3 月接到刘传明电话，说是山东省粮食厅的一个公司与哈萨克斯坦谈了总承包合同，项目进度很快，已经带他们到日照荣安水泥厂参观，哈萨克斯坦人十分满意，希望我们在技术上给予大力支持。放下电话，我当即给传明发去一个项目的初步设计概算资料、可研报告、总包合同和效果图。4 月 12 日配合粮食公司完成该项目的合同文本，拟在近期到哈萨克斯坦现场收集资料。4 月 15 日及 16 日，与粮食公司的龙丰华总经理在成都谈了两天，拟定卡森公司来设备成套，他们负责土建和安装。4 月 17 日开始，对设备全面进行询价。5 月龙总和何总又到成都，督催尽快办理签证，到哈萨克斯坦去签订总包合同。6 月 2 日得到通知，14 日下午去哈萨克斯坦的旧首都阿拉木图市，小蒋被拒签，我与李总、龙总、何总一起考察现场和去马泰公司。

在马泰公司办公楼前合影（左一是贾纳缇董事长）

　　公司老板贾纳缇原来是苏联哈萨克共和国的共青团领导，后来下海经商。马泰公司下属矿山公司、农业公司、混凝土搅拌站等产业，综合实力雄厚。水泥项目的位置，已经从东哈州改到距离阿拉木图以西 100km 处。石灰石品位尚可，有害成分较少，适合建厂。该项目正在国家审批中，计划 9 月后开始施工。第一次的阿拉木图考察，其实也没有太多的内容要谈，基本上就是游山玩水，了解哈萨克斯坦的风土民情，递交了总承包合同文本，马泰公司也没有人来跟我们谈技术，也没有谈商务，当时就纳闷：十万火急地把我们催过来，就是见见面、聊聊天而已。12 月 20 日我和刘传明陪同中国的另外一个外贸公司去哈萨克斯坦的希姆肯特谈其他项目，龙总来电话说贾纳缇派其堂弟和安德烈到中国，没有直接去济南，而是到了成都院。我首先就估计到项目出了问题，而龙总还沉浸在即将签约的喜悦中，仍在到处询价。12 月 25 日在北京华融饭店见了马泰公司一行三人，就有关技术问题进行了交流，这也是相处几个月后的第一次技术会谈，他们提醒明年 1 月就可以决定由哪个公司进行总包，预计 3 月开始建设，完全不是山东公司臆想的只会和他们签约。2007 年 1 月 9 日又去了一趟阿拉木图，就合同进行第一轮谈判，他们提出必须以菲迪克条款进行签约。而外贸公司压根就不想按照这个模式，而自己提出了一个非常有利于总承包商的合同条款，并告知他们：菲迪克条款是一个烦琐的程序，工期会拖得很久，按照菲迪克条款，投资比我们的报价会高出 40%，我们的报价是 2.7亿元，比中国国内建设也就多了一倍价格，而菲迪克条款合同就要达到 3.8亿元。贾纳缇提出，无论采用何种条款，只要价格低、进度快就可以。1 月

14 日是俄历新年，我们在阿拉木图郊区的水库边上滑雪、庆新年。期间认识了阿拉马斯，马泰公司由他的父亲创建，后来和贾纳缇分家，分家到了北部。现在的马泰集团由贾纳缇持股 60%、拉舍尔（贾纳缇姨妈的儿子）持股 40%，阿拉马斯也由贾纳缇招到公司聘用。马泰公司的安德烈是格鲁吉亚人，随哈萨克斯坦人妻子到阿拉木图工作，作为马泰公司的英文翻译，到成都院活动时，反对与我们签约。布尔江是贾纳缇的妹夫，原来是国家投资委员会的官员，现在在马泰集团负责水泥项目，将作为以后的总经理。塞蒂克作为技术人员，在东哈水泥厂工作。马合木提为伊犁的哈萨克族人，原为伊犁州计委副主任，下海后自己在哈萨克斯坦做国际贸易，是阿拉马斯父亲、贾纳缇多年的朋友，是龙丰华姑父的老同事，作为本项目的介绍人、翻译。滑雪打猎期间，在营地进行了打靶比赛，甲、乙双方各出三个人，用双筒猎枪打抛向天空的啤酒瓶，甲方每赢一发，合同额减 100 万美元；乙方赢一发，合同额增 100 万美元。贾纳缇可是天天打猎的主儿，办公室就有几张猎获的狼皮，看来乙方只有输的份了。甲方三个人和乙方两个人都打完了，甲方净赢两发，看来合同就减 200 万美元了。我是最后上场，多少年没有摸枪了，但根据他们的打靶过程悟出来一点道道，龙总和何总的失误都是枪打得太快，啤酒瓶在上升过程中是不规则的抛物线，但下降的时候就是自由落体的直线运动，掌握了这个道理，我连续打了两发子弹，都打中了啤酒瓶，顿时就惊呆了贾纳缇。这是谈判中的一个小插曲，但明白了一个道理：所有的事情都有道可循，知者、智者必胜。2007 年 3 月 1 日何华德来电，马泰希望土建的主材由他们采购，这样需要在 1950 万美元价格中减掉主材费用，经测算，按照 2006 年 4 月的材料价格为 1500 万美元。总体核减材料费，相当于我的两个啤酒瓶白打了，合同还是扣减了 200 万美元。

　　本该签字生效的总承包合同又出了幺蛾子。3 月 16 日安德烈给何华德打电话，说马泰项目业主要求招标，以前的谈判清零。为了不白费功夫，大家还是决定马上组织应标，但国际招标绕不开的就是保函，这对于卡森而言几乎不可能，经内部协商，决定与沈重合作，由沈重牵头，我们参与设计和管理，共同来运作这个项目。7 月 18 日贾纳缇、安德烈、马合木提三人到沈阳、大连考察，我们三方人员就马泰在东哈项目进行了最后的谈判，最终同意按照他们与鹏飞的成交价签署合同，定于 8 月 10 日在乌鲁木齐签署总包合同。7 月 25 日马泰又发了他们与江苏恒远国际工程公司的合同，马合木提从恒远确认 2650 万美元的真实性。本来已经到手的合同，却出来了一堆陌生的公司来参与，看来这个贾纳缇可真是够狡猾的。

阿拉木图郊外打靶

2007 年 8 月 14 日至 18 日在乌鲁木齐就东哈场地进行合同洽谈，所有条款达成一致性意见，所有临设、所有哈萨克斯坦境内的税费由哈方负责，合同价格按照欧元签署。原定 18 日下午 6:18 签署，由于贾纳缇坚持由山东公司签署，我们坚持由沈重来签署，合同签约搁浅。

2007 年 10 月 19 日在北京五洲大酒店谈判，马泰的拉色尔、安德烈来谈，条款基本通过，约定 20 日在沈阳修改合同，力争下周签署正式合同。付款条件修改为：预付 50% 的设计费，提供初步设计文件，他们去报批，再支付工程款。23 日上午在沈阳喜来登酒店举行东哈 1200t/d 项目签字仪式，沈阳市副市长王芳等出席，辽宁电视台、沈阳电视台等媒体参加。该项目终于签约，这也是沈重历史上的第一个总承包合同。10 月 30 日与沈重就设计和项目管理合同进行了最终定稿，此部分工作分包给卡森完成，马泰预付款到账后，就启动该项目。

哩哩啦啦的回顾，说明了马泰公司的墙头草政策，在与我们谈判的同时，他也在跟恒远和鹏飞谈判。最终合同签给了恒远，这得益于从成都院辞职到恒远的那位负责国外工程的部长，恒远因为比我们的价格低了 200 万美元所以签约了该项目。恒远拿到总承包后，设计交给了南京羚羊设计院，由马合木提出面，又邀请了卡森作为监管单位进行了图审。在初步设计审查会上，恒远担心羚羊的能力，邀请了从天津院辞职的宋寿顺把关。该项目的施工图设计，恒远又委托给了河北省建材设计院。

2012 年 6 月 29 日和新疆揽润老板柳为民去位于汉套的马泰项目工地，

由于两家公司扯皮，又因超低的价格，也不会给马泰做什么高品质的施工，现场到处都是问题，大直径的钢结构水泥库竟然没有一根支撑，结果水泥装上去，就把锥斗给压垮了。恒远退场后，由北京一家公司接手，只收了300万美元，但太多的窟窿需要填，马泰的资金支付也困难，给一点钱干一点事情，在中国一年就可以完成的工程，整整拖了四年还在烂尾。正如我们谈判时所预料的那样，哈萨克斯坦的总承包关键是人员的签证，解决不了长期的劳务签证，所有的中方人员每三个月需要回一次中国，这种条件谁接手都困难，后来又见到贾纳缇，他也是一脸苦笑。几年前，成都院与德国海德堡公司签署了哈萨克斯坦 2500t/d 生产线的总承包，院里的领导来请教我，如何在哈萨克斯坦做总承包，我就直接告诉他，搞不定劳务签证，项目一定会延迟，结果他们的项目有一次施工工人在中国口岸等待签证就等了三个月，最终这个项目由于工期延误，被罚款几百万美元。项目亏损就相当于白给业主干活，最后还要送钱。

这是接触的第一个哈萨克斯坦水泥公司，从接触到终止谈判，花费了一年多的时间，最终也没有拿到这个项目。马泰项目尽管没有签约，但春夏秋冬的哈萨克斯坦之旅还是留下了美好的回忆，权当多次的哈萨克斯坦深度游。

哈萨克斯坦东哈州塞米公司 2500t/d 水泥项目

新疆揽润的老板柳为民原来是新疆进出口公司的领导，下海后成立了揽润，常年在哈萨克斯坦做项目。东哈州水泥厂的一帮人出来要建一条水泥生产线，揽润就抓住了这次机会，作为项目咨询介入。揽润作为塞米水泥的中方代表，与各个供货商签署合同，揽润按照一定比例收取咨询费，把国外项目当作国内项目来做。对于塞米水泥而言，中国的所有价格都是透明的，为了高的回报，项目自然也不是很规范，这样就为两家公司的纠纷埋下了伏笔。这种模式对于国外项目而言，不是一个好的借鉴，但也有故事可讲。

2006 年 7 月初，原来在新疆屯河特种水泥公司认识的李荣德到成都洽谈该项目，设计费按照国内的水准确定，现场服务实报实销。因为设计方提供的是中国标准的设计，提供的设计文件也是中文的，所有的文字翻译都由揽润公司译成俄文，出国服务的所有费用都由对方负担，所以也就接受了低价的设计费。7 月 16 日柳为民、李荣德和法律顾问到卡森，确认了设计合同的条款，设计合同还包括了 DCS 的软件编程，但承诺硬件由我们供应。7 月 23 日塞米公司的铁穆尔到晨光设计院，就技术方案进行广泛讨论，确认了技术方案，双方签署技术方案纪要，确认了总平面布置图、主机设备表、劳动定员、土建钢材和工程量表格等。这个时期，卡森已经作为了晨光的建材分院，所有的对外合同都必须由晨光签署，因此所有的交流和洽谈都在晨光院进行。

为了加快项目的进度，需在设计合同生效前就开始做初步设计，这个时期卡森搞设计的人员一共也就十几个人，短时间内完成整个塞米的初设几乎是不可能的，时间紧、工作多，如何来完成？在此项目的洽谈中，我们还承接了辽宁交通水泥公司 5000t/d 工程的项目管理，从各大水泥厂招聘了 5～6 位工艺和电气自动化工程师，这些工程师都在本溪工地上，由于 2006 年 8 月交通水泥的项目还在准备过程中，我们打了一个时间差，用本溪项目驻厂的工艺人员来完成塞米项目的初步设计。

2006 年 9 月 4 日施工图设计合同正式签署，同时将石灰石、黏土、铜矿渣、石膏、原煤、矿渣送到地质公司化验，除了黏土的氯离子超标外，原料基本可以满足生产要求。

2006 年 9 月 15 日卡森和揽润的八个人从塔城出关。第一次从陆路出关去哈萨克斯坦，心里还是很紧张的，因为揽润多次提到哈萨克斯坦陆路口岸非常黑暗。到哈萨克斯坦塞米现场讨论施工图方案，现场临时设施已经开始，看到现场几乎没有年轻人工作，都是老年人在干活，当时还纳闷年轻人为什么不干这个活。现在才知道，中国也是一样的，年轻人都喜欢在办公室工作，中国现在的工地上也像十几年前的哈萨克斯坦，年轻人都不愿意做施工了，中国的人口红利时代已经过去了。由于冬季不能施工，为了加快进度，业主要求马上提供施工图。临时调整进度方案，停止公司的初步设计工作，马上开始施工图，26 日提供钻孔图、29 日提供场平图，必须按纪要的时间完成。为了加快施工图进度，临时从本溪现场调回老王和小梁，加入施工图的设计工作，按时给业主提供了土建图纸，给业主留下了非常好的印象，卡森公司就是能打胜仗的团队。在现场期间，还配合业主进行了总图放线和定位，之前他们的定位都是采用 GPS 来进行，误差非常大，许多地方都是南辕北辙，完全没有工程概念，我们在现场纠正了他们的做法，最终确认了施工永久坐标点，三家公司还手拉手在坐标点拍了纪念照，永远铭记这个历史时刻。

拍照纪念塞米项目永久坐标点

　　这个项目一切按照国内项目的程序，2006 年 10 月 23 日在青岛汇泉王朝大酒店召开主机招标会，揽润作为招标组织方，邀请业主全面参与，设备厂一个个登台陈述，一轮轮报价，我们作为专家来评判每一个标书。这个标准化的招标程序，哈萨克斯坦业主从来没有接触过，完全佩服了中国的工程建设程序，当然也得到了中国设备的底价，这在国外总承包项目中也是史无前例的。几乎所有的境外工程，工程价格就是一个黑匣子，业主永远不知道底价，这就应了那句话，买方永远不知道卖方的底细，但这个项目突破了这个逻辑，为后来的合作也埋下了"地雷"，一旦价格超出了标准，业主都会埋怨，甚至撕毁所有的约定，毕竟大家的钱也是一分分赚来的。当时，外甥温常凯正在济南大学读书，专门让他请假来参加这个盛会，让他了解了整个招标过程，也认识了许多设备厂家的业务员，为他的设计生涯获得了基础得分。他毕业后就到卡森工作，这就是十年树木、百年树人，公司的发展就要建设有梯队的队伍，每个年龄段都要有领袖人物担当，多年以后可以看出，对温常凯的培养目标是非常正确的。凯凯毕业后就到公司上班，从基层工艺设计开始，又去土耳其项目做辊压机操作，多方面的锻炼，练就了他精心服务业主的理念，业务上也可以融会贯通。在 2020 年疫情期间，我无法到公司上班，他把公司管理得井井有条，业务上也没有一点耽误。

　　2006 年 11 月 17 日业主的第一批地质勘探报告（中俄文对照）发到公司，希望启动土建基础的设计，这份地勘报告完全就是苏联的标准，与现行的中国标准相差很多，这就是海外项目的特点，不同的标准，理解不同，结果就可能相差十万八千里。想起来，三十几年前德国 KHD 公司在沙特的一个总承包项目，就是因为对地勘资料的了解不透彻，最终导致总承包项目被甲方索赔十几亿美元。一个偌大的德国公司，差一点被灭门，从此以后 KHD 再也不敢做总承包了。有前车之鉴，我们就联系对苏联标准熟悉的公司和人员，了解他们的习惯和表述，吃透苏联标准与中国标准的差异，按期保质地完成了土建桩基和第一批基础设计，保证了项目在入冬前完成土建的基础施工。

　　哈萨克斯坦塞米地区的冬季最低温度会达到 -40℃，工地无法施工，正好利用这个时间来赶制工程施工图，如期在来年开春之前的四月底完成所有的土建施工图。该项目由镇江四建进行土建总承包，水泥、钢筋等主要建筑材料都来自于中国。由于资金紧张和签证问题，2007 年 8 月施工最高峰，工地上只有 60 多个人，项目施工进度非常缓慢。到了 2008 年 9 月，土建工作还没有完成。这完全是由于哈国次贷危机引起的，银行贷款很难，项目进度很慢，尽管大部分设备已经到现场，但由于土建还没有完成，无法交付安装，安装工作没有办法大面积开展。由于资金调配问题，项目断断续续进行，土建和安装工作进行缓慢，到了 2011 年许多辅机设备还没有订货，历经五年时间，终于在 2012 年 11 月 2 日北京时间 16:18 正式投料，第一批熟料约 17:30 进入篦冷机，约 18:30 通过链斗机进入熟料库。这种项目如果是按照国际惯例的总承包模式来运行，项目早就完成了，因为对海外总承包项目，大部分央企都有垫资能力和给客户寻找资金的水平。而塞米项目完全是按照中国国内项目来运作的，必然受到诸多因素的影响，这不仅仅是资金问题，在哈萨克斯坦还要受到签证问题的制约，哈萨克斯坦每年给中国的劳务签证的名额非常有限，工人过不去，项目怎么可能往前推进？要在哈萨克斯坦当地寻找外包的土建或者安装公司几乎是不可能的。这个国家在工程建设方面几乎没有任何经验，所以在前苏联地区的分工上，哈萨克斯坦除了作为卫星发射基地外，还是以农牧业为主，没有建立起像模像样的工业体系，在这种工业体系薄弱地区建设重工业项目，难度非常大。

　　好在这个项目我们也只是设计和提供篦冷机、预热器等关键设备，以及一些技术服务，如果拿给我们做总承包，说不定早就陷在了很深的泥潭，不能自拔。不幸，也是万幸！

塞米水泥厂全景

哈萨克斯坦科克舍 5500t 水泥生产线

2009 年的一天，新疆三宝进出口公司康和平董事长给我打电话，说哈萨克斯坦一个 5500t/d 的水泥厂，工艺设计和设备总承包是 LFS 提供的，土建设计是哈萨克斯坦国家建筑设计院负责，业主委托他们做土建和安装施工。在消化资料的时候，他们发现预热器塔架的钢结构工程量非常大，就想问问我们，根据卡森的经验，一个类似水泥厂的塔架需要多少钢材？我告诉他，我们在辽宁交通水泥厂的项目中，塔架钢结构的总量在 1500t 左右。他就非常惊讶，为什么哈萨克斯坦这个项目当地设计院的钢结构量高达 3200t，超出了我们一倍。如果由我们优化设计，对于他们而言，就节省了大量的材料和资金。第二天收到了他发来的 LFS 的工艺图和当地设计院的结构图。这是一个单系列的五级悬浮预分解塔架，最高点高达 125m，远比我们国内设计的高。经过结构和工艺专业的研究，初步确定，如果按照我们的思路，这个系统的钢结构量一定会压在 2000t 以下。

几天后，把这个结果告诉了康总，他马上与业主沟通，业主不相信有如此大的差距，他们坚持一定与我们的设计师沟通后，再下决心来委托我们做设计优化。半个月后，康总带来了业主总经理和设计院的院长、总工程师，把我们的设计思路告诉了他们，他们的设计有两点是致命的，其一是每一层的钢结构都浇筑了 300mm 的混凝土，其二是每一层塔架都完全封闭。第一条，极大地增加了塔架本身的荷载；第二条，系统的风载非常大，哈萨克斯坦是高风速的地方，十级大风比比皆是，封闭的塔架，必然带来非常大的风载，需要加固许多地方来抵抗风载带来的剀作用。在钢结构平面上浇筑混凝土，是民用建筑的做法，是为了提高居民的舒适性和安全性，而预热器的每一层平台，平时几乎就没有人操作，就是一个设备支撑而已，完全没有必要像民用建筑那样设计。业主提出，全框架的封闭设计，是因为当地的雪非常大，极寒状态下要保证人员安全和设备安全。我告诉他，去年我才去了俄罗斯的叶卡捷琳堡，那里的纬度比哈萨克斯坦更高、风雪更大，在零下二十几摄氏度的冬天，我爬上了预热器塔架，其结构形式与中国设计或者我们的思路完全一样，没有围护、没有混凝土。

卡森优化设计的 125m 预热器塔架

　　为了让客户能够直观地理解，第二天带他们去参观峨眉山市的峨胜水泥公司，那里有 4 条 5000t/d 水泥生产线。他们看后非常震惊，一个水泥厂的产能比他们全国的还多，看到与我们的描述完全相同，他们也就放心了。工厂厂长告诉我，你们的设计理念比哈萨克斯坦先进了 20 年，他们回去后，就把优化设计合同签署了，设计费才收了 30 万元，但给业主节省了 1000 多吨钢材。按照最终施工图的量来估算，我们的钢结构总量才 1600t，按照一吨一万元的成品价，也要给他们节省 1600 万元。反过来说，如果哈萨克斯坦人按照我们的思路来重新设计，完全没有必要再委托我们来优化，技术就是一张纸，轻而易举就捅破了，好在哈萨克斯坦人还算诚实，否则，我们连 30 万元也收不到了。对于我们而言，这 30 万元的设计费也算天价了，当时交通水泥厂 5000t/d 生产线的全线设计费才区区 150 万元。

　　2021 年 8 月底，江苏升辉公司的黄辉董事长介绍了一个优化设计项目，业主方在审核原设计公司结构施工图时，发现单体用钢量和结构构件尺寸严重偏大，因此找到我司以求优化设计。初步洽谈后，我司立刻组织各工艺、建筑和结构专业人才进行方案比选，最终为业主方节省了 50 万元左右的施工成本。本项目从签约到项目优化设计完成，只用了 8 天时间，受到了业主一致好评。

完成了窑尾塔架的设计优化，三宝公司就把整个工程的安装交给了江油南方公司。在选择安装公司之前，我曾经给康和平说了这个公司的一些情况，建议他三思而后行，但康总的佛系思想给他带来了不小的影响，果然两家合作很快就崩了，导致安装才进来一部分人就被迫撤人，耽误了不少工期，也给哈萨克斯坦业主留下了不好的印象，最后安装交给了苏安。由于科克舍公司更换了总经理，而新总经理带来了当地的一个安装队伍，科克舍水泥公司就终止了与三宝的合作。项目还没有干到一半，安装公司就换了三个，看来这个项目也是凶多吉少。

转眼到了 2014 年，项目依然没有太多的进展，原因是当地的安装公司根本就没有做过如此大的工程，进场一年的时间就是在修修补补，完全没有进度，业主也被迫停止了与该公司的合作，又找到了三宝公司，希望他们不计前嫌，重新考虑介入他们的项目。当年 8 月 2 日康总给我打电话，他周一去了哈萨克斯坦现场，基本与对方谈妥，由他们来收尾，需要我们配合，我们也可以寻找一个安装公司一起与他们合作，前提是要有 100 本护照。8 月 4 日派副总经理去哈萨克斯坦看现场，8 日我也去了乌鲁木齐与他汇合，在三宝公司就哈萨克斯坦水泥公司的设备安装现状进行了了解，我们作为技术负责、三宝负责甲方衔接及后勤服务，共同完成安装的收尾和调试工作。三宝要求我们一起合作，先要到现场就现状进行考察，调查具体的工程量，才能交给安装公司针对性地报价。由于大家就劳务费用纠缠不清，定不下来，他们还没有收到一分钱，就要花钱来做基础清单工作，但对于我们而言，派十几个人到现场调研，也是需要花费非常多的费用，最终无果而终，项目到此结束，原本计划的 2015 年 7 月点火投产，也由于种种原因，无限期延后。天下没有免费的午餐，午餐也是需要成本的，因此项目有风险，前行须注意。

哈萨克斯坦项目后记

除了以上马泰、塞米、科克舍水泥项目，后面又承接了阿拉木图一个水泥粉磨站，做完了施工图设计；又在南方技改了一个水泥厂，把他们的烧油系统改成了烧煤。十多年来，先后与五六个公司一起到哈萨克斯坦谈项目，有成功签约的项目，也有许多项目白跑了。国际合同就是这样，可变因素太多了，现在是网络社会，他可以同时与 n 家公司来谈判，但最终选择给谁，都不在预料之中。

第六章

百尺竿头，土耳其比莱吉克项目是卡森的飞跃

  中国机械进出口集团公司（简称 CMC）是国家级外贸公司，在多个国家都设有办事机构，凭借自身的实力，拿下了安卡拉到伊斯坦布尔的铁路建设项目（简称安伊铁路）。在运作铁路项目过程中，感觉水泥生产线的项目也是一个热点，因为水泥在土耳其依然是奇货可居。时任安伊铁路项目谈判负责人的中机公司王云福，积极联络国内设计院，先后走访了几个大设计院，都无功而返。当时中材和中建材旗下的设计院都不愿意行业外的外贸公司参与水泥项目，以免他们在国际市场上成为竞争对手，都纷纷表示，可以一起做项目的前期工作，等拿到项目后，给中机公司一笔介绍费就让他们出局，这当然不是这些国字号外贸公司所希望的，他们本意就是独立与外商签署总承包合同，自己来运作项目，而不仅仅是作为一个中介。

  正是这些原因，中机公司把合作对象从大设计院，改为面向了大设备制造厂的合作。他们与中信重工联手开拓土耳其水泥市场，做了几年的工作，只做成了一个回转窑单体设备的供货，因为没有设计院参与，根本无法运作整个项目的总承包或设备成套工作。与大设计院合作只能作为一个中介，与设备公司合作只能做一些单机，这显然不是中机公司想看到的结果。正好湖北襄樊电气公司的业务员邵晓红到王云福的办公室拜访，王云福顺便问起国内除了几大水泥设计院，还有哪些设计院可以做水泥项目，邵晓红毫不犹豫地推荐了卡森科技。

  当时的水泥设计公司，国家级的三大院是第一梯队，从国家级设计院

出来成立的设计公司是第二梯队。当年，新型干法水泥技术基本上就掌握在第一和第二梯队，水泥技术的开放性在整个工业领域也是空前的，通过我们这一代人的努力，2000 年以后的国际市场已经是中国人的天下，各个外贸公司都在跃跃欲试，在市场经济中争夺市场份额。

　　几天后，王云福就带领几个人到成都来公司考察。我们给他们介绍了公司的背景和工程设计业绩，介绍我们缅甸、越南水泥项目的设计和我们在成都院时期的业绩，并对他们担心的合作模式进行了探讨。我们完全是市场化行为，完全可以作为他们的技术咨询方，不会让他们仅仅做一个中介，并表示在前期项目开拓时，完全可以作为他们的员工对外。当时公司还在富临大厦 14 楼，也仅有 161 平方米的办公面积，不到 30 个人的规模，但我们的技术和国际化设计理念，给中机公司留下了非常好的印象。回到北京向集团领导汇报后，很快两家签署了联合开发土耳其水泥市场的合作协议，我们相信凭借中机的市场信息和卡森的醇厚技术，一定会在土耳其扎根、发芽、结硕果。

首次开赴土耳其

　　1990 年前后有一个国际水泥会议，院里拟派我前往伊斯坦布尔参加，后因不明原因没有成行，成为一个遗憾。那个年代出国可是令人非常羡慕的事情，想到这次为了水泥项目又可以去土耳其，愿望终于可以实现，心里还是有点小激动。

　　签订合作协议后，两家公司就准备派人去土耳其考察。2007 年 9 月 2 日从北京出发前往伊斯坦布尔，与中机公司的中介巴拉克先生（土耳其语中，"巴拉克"就是"鱼"的意思，在写这段话的时候，恰好就收到了远在美国定居的巴拉克先生 2021 年的新年祝福，这就是一个缘分，想曹操、曹操到）会面，分享他对当地水泥项目的看法。由于土耳其的特殊地理位置，生产的水泥可以出口到中东、非洲和欧洲，而当地的石灰石资源非常丰富，只要资金具备，完全可以把水泥作为一个主导出口产品，出口创汇。所以许多有实力的公司都在跃跃欲试，想在市场上占有一席之地，抓住这个机会，就可以在土耳其大有作为。巨大的市场需求，中国仅有天津院在运作当地的一个水泥项目，并没有吸引太多的中国公司来参与竞争，反而是欧洲大公司都在这里布点，当地的工程公司也在加紧与欧洲公司合作。土耳其地处欧亚大陆的交界处，一直把自己定位为欧洲国家，所有的体育比赛都是参加欧洲赛事，在亚运会上根本看不到土耳其的身影；土耳其又是北约成员国，所有的工业标准也是向欧洲靠拢，包括设备也是必须有欧盟 CE 认证；土耳其也是欧洲的建筑工程大国，欧洲及俄罗斯的土建工程大多数都是土耳其人做总承包，因此在土耳其做总承包，我们本身就没有多大优势，土建施工的规范性不如人家，设备又是欧洲标准，我们唯一的优势就是价格，唯有价格才可能打开土耳其市场。

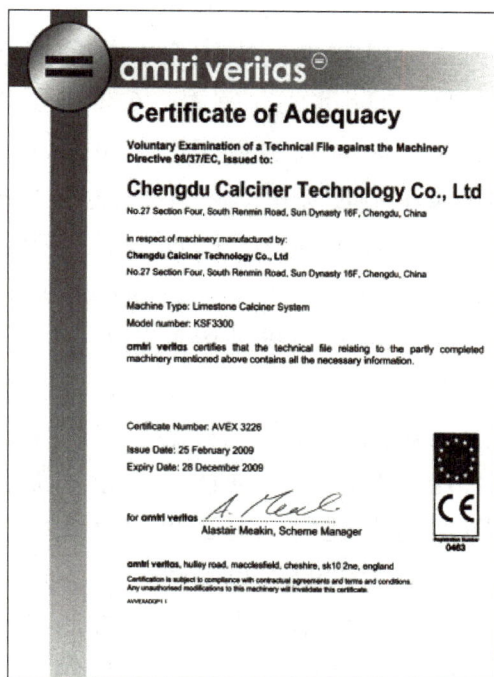

欧盟为卡森的预热器颁发的 CE 认证　　　　欧盟为卡森的篦冷机颁发的 CE 认证

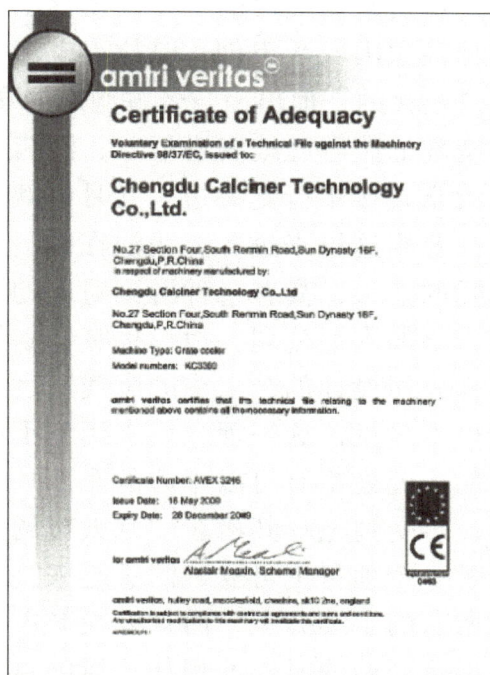

由于国内来的公司还很少，他们与中国的接触还很有限。土耳其业主们掌握的价格，基本上都是欧洲的价格水平，只要我们的价格水平比欧洲低 20%，就完全可以拿到合适的项目。在第一站的访问中，主要接触了当地的工程公司，看能否从他们手中接一些设备分包或者设计工作，也可以掌握正在进行的工程项目。当地的工程公司大多数是十几个人的小公司，所有的技术都来自欧洲，也在翻版欧洲的水泥生产线。我们把中国的设计理念介绍给他们，那个时候的中国水泥技术已经完全国产化，并在低投资方面做了大量的优化设计，颠覆了许多欧美公司的设计理念，原料决定工艺、工艺决定效果、减少土建投资、提高设备的利用率等思路打动了土耳其同行，动摇了他们心中根深蒂固的欧洲技术优先，除了极少数的关键设备，水泥生产线的国产化率已经超过 95%，完全可以把中国设备搬到土耳其来替代欧洲设备。

　　9 月 4 日我们去车程两个多小时的布尔萨市，拜访混凝土公司的古吐努江先生，会谈地点就在山涧小溪旁的野营地（相当于中国的农家乐），他准备在邻近的比莱吉克省上一条 3300t/d 水泥生产线，已经拿到了批文和土地，正在想办法融资。从谈话中明显感觉到老古对巴拉克非常信任，这得益于巴拉克在水泥厂的工作经验和为人。巴拉克原来在一家大公司任职，主要负责水泥板块的工作，视察工作时经常乘坐专用的直升机，这家公司因种种原因而受重创，巴拉克也深受影响，但巴拉克在国内水泥界的影响还是很大的，他出面与老古沟通，拿到项目的可能性就非常大。6 日去了位于南部的旅游胜地安塔尼亚，酒店就位于地中海旁边的悬崖上，可以从酒店大堂直接步行到海边。九月的欧洲，海水还是暖暖的，怪不得欧洲人冬天都要到这里来过冬。我泡在暖暖的海水中，时而蛙泳、时而仰泳，望着无际的蓝天，真有一种游到对岸的冲动。在近郊，回访了中机与中信提供回转窑的水泥公司，他们也有计划扩建，现有的生产线是伊斯坦布尔一个工程公司设计的，窑头的废气通过很长的管道送到水泥磨去烘干，这在国内也不多见，这一理念后来用到了埃塞俄比亚国家水泥项目的设计，学工艺的人处处都有可以学习的东西。短短的几天时间，就拜访了 5 家水泥公司，感受到土耳其潜在的巨大市场。在回国的飞机上，王云福问这几家公司哪一个项目更可靠，回想起来，只有布尔萨老古的项目靠谱，因为此项目所有的手续齐全，而且老板老古与巴拉克的关系非同小可，老古还希望在项目开始的时候他担任项目的总经理，如果有这层关系，只要我们的技术先进、价格不离谱，拿到这个项目就十拿九稳。后来，这个项目果然就成为我们的样板工程，开拓了土耳其第一条水泥生产线。

第一次土耳其布尔萨之行（从左往右依次为王云福、巴拉克、常捷）

精彩的商务谈判

回到国内，就收到巴拉克的通知，比莱吉克项目业主对我们非常满意，投资商希望年前完成项目的签约，并尽快启动该项目。老古还找了另外两个合作方来参与该项目，一位是布尔萨的纺织大王苏迈兹先生，另外一位是建筑商阿里先生，由三家公司共同投资比莱吉克水泥项目，由巴拉克任总经理，公司的名字也确定为 SANCIM，其中 CIM 是土耳其语水泥的简写，SAN 是三个老板名字的第一个字母。巴拉克还希望启动项目的方案制定和商务条款准备工作。要准备签约文件，就必须启动该项目的初步设计，制定工艺方案，给中机公司提供一套完整的初设文件，测算出每个设备的价格、海运等成本，在没有任何设计合同条件下，我们就免费做了整个生产线的初步设计。换成国家级设计院，这种模式完全是不可以接受的，这就是我们小公司的优势，我们只要认定项目可行，完全可以垫付工作量来为项目服务，这一点也是感动中机的地方，为两个公司的长期合作打下了良好的基础。在初设文件的基础上，配合中机公司来编制项目的合同文本，商务条款由中机负责，技术文本由我们负责，还要把中文版全部翻译成英文，经过一个多月的努力，终于在十月底全部完成签约前的准备工作。

合同谈判现场的比莱吉克水泥厂效果图

得到通知，三位投资商将于 11 月 20 日到北京进行商务洽谈，我从烟台赶到北京参加谈判，业主对合同条款基本上没有太大的异议。只是苏迈兹坚持价格要低于 5000 万美元，王云福坚决不同意，苏迈兹非常生气，马上拍桌子要中断谈判，扬言不再从中机采购了，起身就离开了会场。王云福表现得也很强硬，要求业主把所有的报价文件、合同文本及相关图纸从巴拉克的计算机中删除，并不准带走任何书面的技术文件，现场气氛非常紧张。业主几个人走后，我们马上协商如何来下台阶，安排翻译冯乔去宾馆向他们解释，并带他们去天安门等地方游览，让业主放松心情，晚上请他们吃饭喝酒，气氛也就缓和下来了。苏迈兹在酒店上楼梯的时候发现了一面大鼓，还兴致勃勃地敲起来，我也赶忙过去和他互动，我小学的时候是学校的鼓手，打起来也非常专业，两个人又互相吹捧了一下。吃饭的工夫，大家相互寒暄、谅解，不再提不愉快的事情。通过这次僵局的顺利化解，苏迈兹对王云福的感觉非常好，宁可不要这个合同，也要争取自己的利益最大化，这就是一种不服输的精神。从此以后，苏迈兹一直对王云福另眼看待，视为最好的朋友。第二天，很顺利草签了 EP 总承包合同，合同签署过程都是我和巴拉克逐页小签，他一直在问我，你的技术指标没有问题吧，可见他们根本就没有怎么看技术文本，都是按照我们的思路来签署的，比我们许多国内项目还顺利，我当然顺水推舟，告诉他指标是非常先进的，我们也是完全可以保证的。

合同正式签约

11 月 23 日，我们一行 5 人第二次赴伊斯坦布尔准备与对方签约。12 月 27 日在土耳其布尔萨市与 CMC 联合签署 BILECIK 水泥项目 EP 总承包合同，由卡森负责工程设计、项目管理。在过文件的过程中，需要在合同中确认现场的地界等条件，苏迈兹建议我们坐他的直升机到现场查看，刚刚从新加坡高中毕业的常乐提出来，用不着去现场，在 google 地图上就可以找到地界等情况，常乐三下五除二就在电脑上下载了地图，并很快找到了项目所在地，并标注了地界等，附在了总承包合同中。当初的 google 地图，包括土耳其和现场谈判的中国人都不知道这个东西，当打开地图找到他们的地界时，大老板苏迈兹非常满意，满口称赞你们中国的科技就是发达，关键的谈判节点由新加坡的高中生解决了大问题。下午三点在阿里的办公室举行了项目 EP 总承包签字仪式，投资商的三个老板以及中机和我们都参加了富有纪念意义的签字仪式，几千万美元的合同就是我、王云福和苏迈兹三个人的手签，后面再也没有补盖任何公章之类的东西，这就是身处欧洲的土耳其，一切都是欧洲 style。

比莱吉克水泥项目签字仪式

合同签署后大家手拉手（左起：巴拉克、阿里、常捷、王云福、苏迈兹、古吐努江）

合同签署的第二天，巴拉克陪同我们去现场看了一下。项目现场就在山坡上，土地的边界是锯齿形的，不像我们国内的工业用地都是方方正正的。巴拉克解释土耳其的土地是终身私有，历经几百年也是不变的，在征地过程中许多人表态给多少钱都不会出卖，这是祖宗留下的遗产。多年以后，我们在土耳其的另外一个项目，由于土地中间那一家坚守自己的土地，坚决不卖，导致一个好端端的厂区被分割为两个部分，烧好的熟料通过皮带机在围墙外面转了几个弯才输送到水泥粉磨系统，这就是土耳其的特色，无疑加大了设计和生产的难度。在现场我提出去看看石灰石矿山，巴拉克就给我解释，这个项目压根就没有矿山，他们只是打算收购大理石矿山的废石，所以就顺便去看了大理石矿。比莱吉克省的大理石非常有名，几个山头上都是开采大理石的设备，许多沟渠都丢弃了大量的废弃石料，如果采用这种废料，对降低生产成本无疑是非常有益的，但坚硬的大理石能否作为石灰石的替代品，的确需要实验室的试验，而合同上选择的立磨能否粉磨易磨性很差的大理石，这些都是问号，如果这个时候就提出这些原料的问题，我们的总承包合同可能会推迟几个月，为了不影响项目的执行，就建议巴拉克取一些大理石的样品，尽快送到成都，我们对原料的易磨性和易烧性进行试验，在项目实施之前拿出对策，避免投产后原料不能适应设备的情况。路途中一再告知巴拉克，原料决定工艺、工艺决定设备、设备决定效果的设计原则，在欧洲设备环境下成长起来的土耳其专家对我们的设计理念深信不疑，为我们后来的友好合作打下了深厚的基础。

　　常规合作的项目，在合同签署后，都有一个漫长的等待阶段，等保函、预付款等都顺利办妥后，才会启动项目的设计工作，而这个项目的业主非常着急，希望我们尽快启动项目的设计。卡森作为比莱吉克项目联合体的签约方，也没有国企设计院的合同评审等漫长的过程，在布尔萨期间，我们就通知成都本部先行启动项目的初步设计工作，公司团队也很给力，在合同签署的第二天就全面安排各专业的设计工作，一方面为施工图做准备，另一方面就是给设备招标、询价做好基础工作，把设备采购成本做到最低。

　　签署了合同，后方的设计也启动了，前方的签约人员在元旦假日就放松了一下，安排到土耳其的南方晒晒太阳，庆贺一下第一个项目顺利签约。路过特洛伊，看了上千年的历史古迹，感受古人聪明的智慧，特洛伊木马的发源地，地处交通要道，商业发达，经济繁荣，人民生活富裕。听当地人说，亚细亚各君主结成联军，推举阿伽门农为统帅，他们对地中海沿岸最富有的地区早就垂涎三尺，一心想占为己有，于是以海伦为借口发动战争，这才是特洛伊战争的真正目的。

常乐和土耳其警察

项目启动

为了加快项目设计的步伐，双方决定提前启动项目的采购程序，把招标地点安排在卡森公司。拿到主机设备的总图，工艺专业才能开始设计。2008 年 1 月 12 日开始主机招标，24 日减速机电机招标。项目组分了两部分人员，一部分配合 CMC 招标和采购、负责采购合同技术文本的编制，由 CMC 进行商务谈判和主合同的签署，这部分工作基本在 1 月份完成，为顺利完成第一版设计打下基础。在项目设计开始时，两家公司就联合体协议也紧锣密鼓地开始一轮轮的谈判，对外的合同是以两家公司的名义签署的，但两家的联合体协议并没有签署，仅仅约定了双方的职责，没有划分双方的权利和费用分配，经过双方多次的沟通，最终就设计费、项目管理费（涵盖招标管理、设备监造、土建安装现场指导、业主人员培训、工程调试）达成一致性意见，并结合 CMC 总裁会议精神，确定对卡森的每一笔款都需要留 20% 的质保金，在他们收到质量保函后一次性支付。除了设计和项目管理，联合体协议还明确给卡森最终分配 30% 的项目利润。但到了项目结束时，对方却以账目不清、项目最终结算难度大为由，拒付联合体协议中的利润分配。最后想想，这个项目很顺利完成了，也没有必要再起诉对方来获得合法的权益。联合体协议经过三个多月的谈判，终于在 3 月底顺利签署，4 月 22 日设计费和管理费预付款到账。

购置新办公楼

为了应对土耳其项目的设计和项目管理，在对外合同签署后，我们就开始招兵买马，充实各个专业人员，对土建专业进行大的调整，引进了原成都院辞职在其他设计院工作的一班人马。这些人都是熟手，对水泥工厂设计信手拈来，土建专业一次性就招进来十多人，工艺专业和其他专业也来了不少，一时间公司原来的 $161m^2$ 办公室加上几个月前租赁的隔壁 $135m^2$ 都坐不下了。这段时间许多专业都在会议桌上办公、画图，两个办公室都是密密麻麻的人，公司人数超过了 70 人。也正是这个时候，CMC 的领导来考察，看到这样年富力强、勇于拼搏的团队，完全放心我们可以干好土耳其项目。

高容积率的办公环境，不利于公司的发展，因此就决定购置新的办公楼，改善办公环境，做一个高大上的公司。其实在一年前就开始寻找新的办公地点，与土耳其项目并没有关系。刚刚开始的时候，我们选择了位于春熙路旁的正熙国际，整个一层 900 多平方米，对外售价 8500 元 /m²，找了一个朋友，拿到了最低折扣价 7600 元 /m²，一次性付款不到 700 万元，但当时公司账面上也就 200 多万元，还要发工资、支付基本开支，也就放弃了换楼的想法，因此就把隔壁的 135m² 租了下来，满足当时几个项目设计的需要。现在土耳其项目马上就要签约了，我们也要拿到钱了，换楼的想法就又有了。我们看了东大街的东方广场、川大西门的力宝大厦、王府井对面的瑞熙酒店、凯宾斯基对面的商鼎国际，综合比较，最终选择了商鼎国际，分期付款买了 835m²。这栋楼是按照住宅审批的，一共 6 套两居室的房间，6 套一起买，还多得中间的 100 多平方米的大厅。收纳了公司的所有款项，一次性付款，还差 200 万元，那个时候真没有想起把我们的铺面抵押在银行贷款，也没有想起来按揭贷款，就感觉土耳其项目一定会来钱的，所以就选择一次性付款。200 万元可不是个小数，在哪里借啊？我们有很多次借钱的经历，但都是别人借我们的，数目也没有多少，但一开口就是 200 万元，如何是好？把身边的朋友数一遍，寻找最可靠的朋友入手，第一个就给陈端阳打电话，端阳是中国建材四川地质总队的原队长，我们八几年就一起共过事，两年前还给他设计、总承包了一条达钢 400t/d 活性石灰生产线，第二天端阳的 100 万元就到账了，没有写一个借条，只是承诺项目款到账了，随时还给他，这就是值得信赖的朋友。还有 100 万元，就找了自己自认为是很好的朋友，曾给他免费做了许多项目的前期工作，专程到他的豪华办公室谈借钱的事情，两天后，人家告诉我，董事会不同意，他自己倒是同意借给我们。许多时候，一分钱可以难倒英雄汉，还是继续借那剩余的 100 万元。最近一直和天津龙腾的高总合作俄罗斯、哈萨克斯坦、新加坡几个项目，双方还彼此信任，就试着给他打了电话，结果高总很痛快地答应了，正好这几天在北京与 CMC 谈联合体协议，高总也到北京来出差，就在他住的酒店签了一个借条，第二天款就到账了。后来新加坡陶粒项目，龙腾欠我们 200 多万元的总承包费用，公司许多人都建议起诉龙腾，本着借钱的那份情意，我们放弃了起诉。是否真正的朋友，借一次钱，就可以检验出来！

　　2008 年 4 月 22 日土耳其项目款到账了，归还了借朋友的钱，公司也迈上了一个新的台阶。

对外合同的生效

按照对外合同的约定，CMC 开具了保函，20% 的预付款就到账了，项目也就真正启动了。为了考察分包商的实力，CMC 安排对卡森进行考察，考察我们的设计能力、履约能力、工程管理业绩、成功项目的案例等。说白了，把这么大的工程设计拿给你，看到底行还是不行，如果不行，无论你前面做了什么贡献，你都得出局。这就是风险，辛辛苦苦拿下了项目，在没有拿到一分钱的情况下做完了初步设计，还组织了招标，开始了施工图设计。在对外合同生效后的一个礼拜，由 CMC 秦总带队，包括财务、企管等部门组成的考察团来到成都，对卡森进行深度考察、评估，据说这是必要的程序，尽管我们一起拿下的项目，但项目在他们手中，他们有绝对的杀伤权。当然，最后他们认可了我们的能力，但反过来说，如果他们考察的结论是卡森没有履约能力，我们也就前功尽弃了，辛辛苦苦的努力就会付诸东流。这就是风险！

设计联络

这个项目一共安排了三次设计联络。第一次由业主的设计团队到成都，面对面地交流设计标准、基准和出图计划。业主只有三位结构设计人员，但可以做建筑和结构两个专业，由于两个国家的标准不一样，施工的习惯、材料也不一样，所以转换的工作量还是很大的。我们的主合同明确是按照中国标准设计，等真正提供了土建图纸，当地的施工队根本看不懂图纸，土耳其人对我们的驻厂人员说，你们中国人画的图就是垃圾。其实这就是一个标准、一种表达方式而已，我们的土建图纸是平面表达方法，许多标准的东西，比如埋件、楼梯、烟囱等有专门的图集，设计的时候，不需要把这些东西画进去，就写一句话，此埋件参见图集 × × 页，这也是中国标准的可贵之处，减少了图纸工作量，加快了工程进度。而土耳其的制图方法，就像我刚刚毕业时候的图纸，连柱子都是有剖面的，连钢筋表都有，看起来非常方便，即便是建筑工人也看得懂。但中国标准的结构图纸，如果不是专业人员，还真的看不懂，就连我这个老设计师，也是云里雾里。为了适应当地的习惯和标准，我们派了三位结构技术人员，专门按照当地的标准来转换，按照他们的标准画法重新画一遍图纸，这样满足了工期，皆大欢喜。

成都第一次设计联络，土方设计人员参观拉法基水泥厂

2008 年 4 月 20 日至 25 日，我和王云福两人到布尔萨进行第二次设计联络，主要确定大理石取代石灰石后引起的物料易磨性变化，必须更改合同中的立磨，才能解决高磨蚀性的大理石问题，否则磨辊、磨盘一个季度就需要更换一次。根据立磨磨蚀性试验，采用立磨来粉磨大理石显然是不可行的，那就要更改技术方案，同时会引起主合同的更改。经过我们的测算和比较，更换为辊压机终粉磨后，系统的投资略有增加，但可靠性大为提高，而且单位产量的电耗也降低了。把辊压机作为生料的终粉磨，在国内也没有太多的先例，特别是这么大的粉磨能力。这种流程，在土耳其就更加没有了。为了打消业主的顾虑，我们让他们向德国 KHD 公司询价，德国公司早在二十世纪九十年代就在唐山启新水泥厂做过类似的系统，当初我还参观过，系统很复杂，国内一家公司也做过辊压机终粉磨，但产量比我们的要求低一些，总体是可以满足系统的生产能力。最终的比价结果是，如果采用 KHD 方案，我们的商务合同就需要改变，业主就会多支付很多费用，如果选择中国公司供货，我们就同意不涨价。通过这次设计联络，解决了项目上一个很大的遗留问题，因为其他车间基本都完成了土建施工，而这个车间的方案还没有确定。

第三次设计联络会议，我们派人到比莱吉克现场，主要处理土建施工的技术问题，这也是土建施工期间最重要的一次沟通。土耳其的土建施工方案与我们的许多地方完全不同，总体上他们的施工方法较为现代化，所有的地面混凝土浇筑，基本都是泵送混凝土，施工速度非常快。对于我们设计的砖墙，他们懒得一块块地砌筑，直接在墙体的两面夹上两片木板，把混凝土浇筑进去。另外还有 8 度抗震设计等问题，也在这次会议上得到解决。

意外事件下的项目保证

2008 年公司上下正在如火如荼地开展施工图设计的时候，5·12 汶川地震发生了，所有的员工互相帮扶，撤离到楼下河边的安全地带。当天，我正在沈阳与埃塞俄比亚国家水泥公司进行技术谈判。第一时间与夫人联系上，她正在楼下超市买东西，乐儿也是下午一点多把 CMC 的王霞军送到了机场，王霞军顺利起飞回北京了，我们的李平生总工程师却在地震后的半个小时将要降落到双流机场，地震发生后马上改降到西安。乐儿在九眼桥 27 楼的家里午睡，被一阵晃动摇醒了，母子两个会面后，紧急撤离出来。忙乱了一天后，公司第二天就恢复了工作，在富林大厦对面的平房茶楼内租了几个包间，把工艺和土建专业集中起来画图，大家克服了恐惧并接受与家人不能相聚的现实，把电脑搬到了茶楼，夜以继日、加班加点地把设计工作往前推进，我们的老同志也是隔三岔五地到茶楼去审图，5 月 28 日我们就派人把图纸送到了土耳其现场，保证了项目顺利施工。看到我们如期交卷，业主和 CMC 都非常感动。也就是我们这种小公司，才能聚集这么大的能量，不惧地震、勇往直前。

2008 年以来自己不断地消瘦，终于在 9 月份的一天，发现自己的手不听使唤，手连拖鞋也拿不住，自己就感觉哪里出了问题。9 月 14 日去医院看病，空腹血糖高达 16.6，基本确诊就是糖尿病，需要紧急住院治疗。经过半个月的住院强化治疗，没几天手和脚的毛病就消除了，体检查出来的几个指标也正常了。由于住院的原因，不能前往土耳其现场督战，但业主多次发邮件来关心我的身体，希望我早日康复。出院一周后，就又开始外出工作了。从住院开始，听从医生的建议，管住嘴、迈开腿，从此十几年如一日，都会坚持快走，即使出差，即使回国隔离的 14 天，都会在狭小的房间里坚持快走，保证每一天的步数达到 1 万步的目标。有一个健壮的身体，才能保证工作和事业的顺利。

2008 年应该是公司历史上最忙的一年。在执行土耳其项目的过程中，又在年初去埃塞俄比亚谈水泥的项目，到了年中两个项目几乎一起设计，其间还有国内的富锦粉磨站、库尔勒 2500t/d、武当 2500t/d 等项目在设计，还有一大堆的前期工作要做，其中一段时间，基本上就是埃塞俄比亚和土耳其两边跑，抽空还要去俄罗斯、叙利亚等地开拓新项目，有一次一天的行程就横跨欧、亚、非三个大洲。2008 年坐了上百趟飞机，最忙的四月份一个月就坐了 17 次。频繁的出差、长途劳累、工作压力大、没有时间锻炼，一系列的因素导致了糖尿病的发生。

安装公司的选择

我们的 EP 总承包合同，仅包括了设计和设备供货，没有包括土建和安装部分，原因是土耳其的劳务签证非常麻烦，即使我们这些技术服务人员也拿不到长期的劳务签证，都是拿着 CMC 的因公普通护照，这种签证的有效期也就三个月，到了三个月就必须离开土耳其，飞到第三个国家，俗称"飞签"，我们的驻厂人员几乎把邻近的国家飞了个遍。有一次，我和王云福也是看着要超过三个月了，就飞到北塞浦路斯，在尼克西亚住了几天，感受了地中海的风情。一个风和日丽的下午，坐上一艘大船去下海，到深海地方，大家都跳下去游泳，海水干净得就像自来水一样，泡在宁静的海水里，看着蓝蓝的天空，突然感到世界是如此的美好。

我们把工艺图纸交给了业主，由他们在土耳其选择安装公司，我和王云福也配合他们一起寻找，结果谈了几家，除了费用非常高之外，他们压根就没有水泥厂的安装经验，无法保证工程效果。鉴于此，业主委托我们在中国寻找，我们给的条件是必须拿到劳务签证，否则那么多的工人，也是一个个去第三国飞签，这个费用是非常高的。经过多方面的比选，业主和我们都中意位于德阳的中国机械第一安装公司，中国的设备由中国公司来安装，那就方便多了，很多的习惯他们都适应，也可以帮我们消除设备上的缺陷，保证项目的质量。这个公司不负众望，在短短的几个月时间就完成了安装工作。

项目在安装过程中

　　2009 年 2 月 13 日下午，在布尔萨与苏迈兹谈安装问题，苏迈兹坚持要 CMC 签署安装合同，并同意调高安装价格、解决大型器具的租赁、承担由于签证带来的费用增加。但 CMC 高层不希望承接安装工作，建议由中机安 CMIIC 来签署，但苏迈兹坚持要 CMC 担保。14 日土耳其总理来布尔萨，苏迈兹提议安装合同在总理的见证下签署，有利于 CMC 在土耳其的地位，也利于联合体在土耳其再次承接水泥项目。14 日上午在布尔萨 ALMFA 饭店举行新闻发布会，比莱吉克水泥厂与 CMC 签署安装合同，由土耳其国家劳工部部长见证本次仪式，签字仪式非常隆重，几乎布尔萨的名流和市长都出席了这个盛会。尽管仪式上是 CMC 签署的安装合同，但 CMC 高层内心还是拒绝接受这个结果。巴拉克建议 CMC 把合同转包给 CMIIC，但 CMC 还是不同意。几天后，项目部王兆刚来电，巴拉克同意由 CMIIC 签署安装合同，前提是由卡森提供担保，并且需提供合同总额 2% 的履约保函给他们。本着为项目的顺利进行，由我们做担保人，CMIIC 与水泥厂正式签署安装合同。

项目如期投产

　　当年的国际总承包合同基本上都是 30 个月作为完工条件，但我们的项目，在各方的通力合作下，实现 18 个月完工投产。这个时间点，卡森公司也派了 30 位操作调试人员，公司现在的骨干，包括温常凯、孙手棒、黄楠、赵勇、李全勇等都参加了当初的大会战和生产调试工作。黄楠刚来的时候，一句英语也不会，为了方便与土方技术人员交流，他恶补英语，很快就与当地工人打成一片，自己的电气自动化本职工作也安排得井井有条，得到业主的高度评价，由于他的优异表现，在现场就地提拔他为比莱吉克项目部的项目经理。实践表明，这次的项目经理果断更换，为项目顺利完工和投产打下了非常好的基础。

　　2009 年 12 月 6 日原料系统举行盛大的投料仪式，通用技术集团徐明阳副总裁、CMC 唐毅总裁、比莱吉克市市长、布尔萨省省长、三个投资老板都参加了仪式。由省长按下按钮，板喂机运转，石灰石开始破碎，来自矿山的大理石顺利通过板喂机、破碎机，被送到预均化堆场中，顺利打通原料系统工艺。会后，CMC 内部向通用集团领导就本项目进行了汇报，大家都觉得联合体的合作模式很好，设计、设备都非常到位，发挥各自的优势，保证了项目的顺利进行。

卡森团队庆祝投料成功

　　紧接着试车辊压机系统，调试当天还很顺利，但几天后就暴露出配套减速机的问题，表现出震动大、噪声大。当天，就把万向节拆下来去做动平衡，把端盖拆开检查每一个零部件，但始终没有解决震动问题，业主坚持要求更换一台新的减速机给他们。几天后的平安夜，圣诞老人给我们送了一个礼物，那就是减速机连续运转 4 个小时，一切参数都正常，具备系统投料试运转的条件。关于减速机的震动问题，与业主的维修经理讨论，最终确定把辊子间隙调整到 40mm 的工作状态，以便测试减速机是否震动。晚上 8 点开始测试，非常正常，大家也就放心了。辊压机系统就如期投产，并很快达到预期的产量。

　　烧成系统的调试，倒是很顺利，我们供货的五级预分解系统、篦冷机等不到一周就达到设计产量，最高产量达到了 3850t/d，这是土耳其同等窑的最高产量。

　　比莱吉克水泥项目，被全土耳其水泥界盯着，都在观望中国设备和技术到底怎么样。该项目的顺利投产，为中国设备进入土耳其奠定了基础。同时开车调试的另外一条水泥生产线，也是中国一家公司总承包的，但与业主之间的合作非常糟糕，最后已经到了水火不容的地步。我们这条生产线的顺利投产，也是与业主的密切合作分不开的。

　　2010 年 1 月 3 日从莫斯科到了比莱吉克现场，上午与哈伊达斯厂长沟通该项目的三个节点，第一阶段达标，第二阶段生产出水泥、系统分车间达标，第三阶段是质保期的服务；强调双方是一条船上的人，要相互体谅、彼此尊重，哈伊达斯非常感谢我到现场，并提出把调试的指挥权交给卡森，他们对卡森有足够的信任。偌大的一个窑，他们不敢大胆烧煤粉，就一点点地用柴油烘窑，就像一个煤油灯一样，哪里还有热量来烘干耐火砖？卡森与CMC、安装公司CMIIC和业主四方开会，由业主来明确卡森在调试中的领导地位，CMIIC表示大力支持，能够做到随叫随到。晚上召集公司所有员工开会，宣布黄楠为总指挥，加班补助、奖金都由黄楠决定。大家一一表态一定把工作做好，尽快点火投料。2月25日与哈伊达斯达成意见，下午2点开始由老翟和生产经理协商，把窑产量提升上去。2点开始，老翟指挥、孙手棒操作，一个小时就达到了240t/h，折合3600t/d，土方的操作人员在旁边说风凉话，说一会窑就烧垮了，到晚上10点窑系统依然稳定在220～240t/h，大家非常高兴。

2010年7月30日来到项目现场，这两天生产非常正常，各个车间都达到预期的指标，连一直有问题的电收尘器也不冒烟了，项目至此基本稳定。

2010年11月10日双方签署三个重要文件，就生产中的问题达成一致性意见，并免费提供若干备件给业主。11月23日业主给我们颁发达产达标证书。2011年4月26日我和王云福在布尔萨与苏迈兹董事长就28个问题达成一致性意见，在质保金中扣除一部分费用，作为最后28个问题的赔偿，并把辊压机的旧减速机无偿送给水泥厂使用。双方签署移交协议，该项目被业主彻底接收。历时3年多的比莱吉克水泥项目终于画了句号。

2015年初在布尔萨再次见到股东阿里的时候，他非常感谢我们在这个项目上的努力，他们水泥厂的产品品质排在土耳其全国第二位，由于使用了免费的大理石替代石灰石，1.6亿美元的投资在短短的几年内就回收了，他们又把整个工厂以2.4亿美元的价格卖给了土耳其最大的水泥集团，所有的股东都认为比莱吉克水泥项目是他们历史上投资最好的项目。

小镇风情

项目所在地是位于伊斯坦布尔以南两三个小时路程的比莱吉克省省会比莱吉克市，这是一个典型的山城，是不到十万人的一个小城市，几乎所有的房子都建在山上，这也是土耳其的特色。刚刚去的时候，一直在琢磨，为什么土耳其人把城市都建在山上，不像我们中国人都建在平地上。到后来才明白，这是有历史渊源的，传说中大洪水时代留下的诺亚方舟就是在土耳其东部的一座山顶上发现的。大概因为传说，几乎所有的土耳其房子都是建在山上，就像重庆一样，高低起伏、错落有致，晚上的时候远处望去，就像一个大城市一样，星星点点、灯火通明。

2008—2009 年几乎每两个月都要在比莱吉克生活一个月，对那里的一草一木都非常熟悉。每次都住在名叫 GRAND HOTEL（"大酒店"）的小酒店，马路对面就是市里最大的清真寺，每天早上都要被祷告的高音喇叭声吵醒。每天早上和晚饭后，都习惯地在镇上跑步锻炼，去的最多的地方，就是酒店后面一条大沟下面，那里清静、绿茵、花红，有各式各样的果树，特别是地中海特有的橄榄树，还有一个烈士纪念馆。清晨的山沟，太阳初升、空气清凉、花红草绿、景色优美，在这种地方来快走锻炼，也是一种享受。而我们的员工在镇上住了一年多，竟然还不知道有如此优美的地方，也不知道橄榄树长什么样子，大家都是两点一线忙于工作。

周末的街上大多数商店都是关门的，但时不时会有穆斯林的婚礼，典礼就布置在马路中央，搭起五颜六色的帐篷，所有人都身着端庄的礼服，女人们包的头巾也是五彩斑斓。当我们路过的时候，当地人热情地邀请我们在帐篷中喝茶，邀请我们参加热闹的婚礼，我们也乐意加入祝福的洪流，跟着人群跳舞。这里的风俗习惯有点像埃及，那一年我们在开罗的酒店，就真正参加了一个穆斯林的婚礼，一群伴郎伴娘跳着热情奔放的歌舞，新娘和新郎在亲友的围绕下秀尽恩爱。我们第一次去哈萨克斯坦谈塞米项目的时候，也参加了当地的一个婚礼，也属于穆斯林的仪式，但宗教习俗色彩就少得多，婚礼依然是载歌载舞，拉着我们一起来唱歌，我还高歌一曲《莫斯科郊外的晚上》，那可是前苏联地区和共产主义国家广泛流行的歌曲，博得了当地老百姓的一片掌声。

有一段时间，晚饭后经常和王云福一起与当地小朋友踢足球，小朋友非常高兴与我们一起，每次都给我们带一些糖果，让我们感受到异域的厚爱。再次来的时候，我们就给小朋友们买了足球、文具等礼品，小朋友拿着礼物爱不释手，使劲在喊"塔谢古来代"（谢谢）。

土耳其有条法律规定，当房屋的年限超过 70 年的时候，就必须保护下来，不准拆迁，所以，在小镇上可以看到很多古老的房子，尽管很破旧，但还保留着当年的风貌，很有历史感。我家的祖屋是高祖父（爷爷的爷爷）常八爷在光绪年间建成的，是四进院落中分给我爷爷的一个三开间房子，墙上的砖、屋顶的瓦、木制的阁楼、方正的地砖，都是 130 年前的古董。2021 年的清明节回老家的时候，见到闻喜县段慧刚书记，谈到我们村的拆迁，就提议把我们家的老房子做成民俗博物馆，作为闻喜特色的历史院落，还有高祖父留下来的具有百年历史的大水缸等。在拆迁过程中收藏历史，如果能够顺利实现，也算是我对家乡的贡献，也能够把祖先留给我们的房子保留下来。在澳洲的悉尼，在拆迁上，也是非常注意古建筑的保护。悉尼科技大学的图书馆就是在一个古建筑上建设的，规划的时候保留了原来房子的外墙和走廊，新的图书馆就是在原围墙内建设的，从外面望去，以为还是一个古建筑。这些做法，都值得我们的规划、设计部门学习。就像我们山西商会樊建川会长说的那样，收藏历史，就是保留和传承文化，不能让记忆消失在历史的长河中。

衣食住行，食为先。土耳其菜是世界三大菜系（中国菜、法国菜、土耳其菜）之一，具有独特的地中海风味。国人对土耳其菜的印象就是烤肉，但土耳其菜远不止一个烤肉而已。烤过的茄子打成泥，再浇上蒜汁、橄榄油，完全就是小时候妈妈做的烧茄子，看着就非常好吃。按照阿拉伯人方式，在大拱形土炉中烤出来的薄饼，师傅拿着大木铲子来回翻滚，皮薄中空，好看又好吃。炉子中烤出来的牛肉，把橄榄油烧热，直接浇到牛肉上，有点像川菜中的水煮肉片，又像西北菜中的油泼辣子面。记忆深刻的伊斯坦布尔马尔马拉海岸上的特色早餐，各种凉热菜、面包、烤肉就有几十种，琳琅满目，从早上八点可以吃到中午，看着游动的船只、湛蓝的天空，完全就是在享受无尽的幸福生活。每一次到伊斯坦布尔，巴拉克请我们在幽静的山坡上吃丰盛的早餐。小镇上的餐馆也是各具特色，简易的快餐、套餐，丰富的特色餐，特别是河边那家鱼餐馆则是镇上最好吃的一家，食材新鲜、味道鲜美、环境优美、流连忘返。我们每次的宴请都安排这家鱼餐馆，几年后再去，老板还认识我们，土耳其人、土耳其菜都给我们留下了美好的印象。

第七章

脱颖而出，国际招标胜出的埃塞俄比亚国家水泥项目

2007 年底，朝阳市的一位丛先生到沈重（北方重工的前身）访问，说是他的老单位朝重（朝阳重型机器厂）以前在埃塞俄比亚做了一条 300t/d 的水泥生产线，设计是陕西一家设计院做的，经过几年的售后服务，和埃塞俄比亚人建立起非常良好的关系，现在当地的水泥价格都将近 300 美元 1 吨了，水泥前景非常好。所以原来的投资商想在当地再建一条 1500t/d 的水泥生产线，从目前了解的情况来看，他们聘请了印度的一个咨询公司，在给他们做全球总承包招标，希望他作为中介，来给沈重牵线搭桥。

2008 年 3 月 6 日沈重的张红军来电，把项目的来龙去脉讲了一下，并希望我们给他做一个完整的 1500t/d 项目的技术方案和价格，建议只做到 EP 总承包，不负责土建和安装工程。在没有收到任何现场资料的情况下，就假设了一个建设条件，做了一个技术方案和报价。过了几天，张红军又来电话，说是规模变了，还给了我们一份印度人做的 1500t/d 的招标文件，按照这个文件需要做一个 3000t/d 的价格和技术方案。这个招标文件非常详细，所有的数据表都需要填写，相当于做一个初步设计，这在短时间内根本做不完，通过协商，就按照我们通常的理解，做一版的投标书。业主收到我们第一版的投标文件后，非常震惊，许多公司都还在询问相关的建设条件，我们已快速反应，做出了报价，而且深度还挺好的，初步印象就不错，通过中介表示希望我们到埃塞俄比亚实地考察项目，面对面地进行交流。

首次会谈，旗开得胜

2008 年 4 月 8 日，在迪拜转机后，顺利到达埃塞俄比亚首都亚的斯亚贝巴——一座高原城市。城市当时的条件还是很差，除了中国援建的友谊大道外，几乎所有的路都是泥巴路或者碎石路。到了这里，才了解到这个项目的具体情况。工厂名称是国家水泥控股公司（National Cement Share Company，Ethopia，简称 NCSC），位于埃塞俄比亚东北部第二大城市德瑞达瓦，是国有和私人的混合所有制，国家的股份占比很少。这个新水泥项目属于国际招标，共有 11 家公司参与投标，其中中国公司就占了 6 家，竞争还是很激烈的，投标书基本上都是按照 1500t/d 规模编制的，规模修改后，只有我们反应最快，也就先邀请了我们到现场进行考察。

这次是与儿子一起来现场考察的，就是想让他见识一下项目的谈判过程。当时他还在高考志愿填报后的等待期间，到了亚的斯亚贝巴，他还在问，这里是不是南半球，还在强调从来没有来过南半球，我当时还提醒他，说不定以后你就一直在南半球生活了。果然，几个月后，常乐收到了澳洲几所大学和英国一所大学的录取通知书，最终选择了悉尼大学，这一待就是十多年，在澳洲上大学，在高尔夫球场上遇到丁梦雅，然后就恋爱、结婚、生子，有了可爱的卡尔和米尔，一家人就幸福地生活在了南半球的悉尼。

第二天，老板比扎友就租了一架螺旋桨小飞机陪我们一起去看现场，飞机也只能够坐几个人，两个多小时就飞到了德瑞达瓦机场，在降落的时候看到了浓烟滚滚的国家水泥老生产线。

和东非控股老板比扎友一起在租赁的小飞机旁

　　说是来看新厂址，结果就直接拉到老水泥厂，安排厂长巴索先生陪我参观了一圈。这是朝重公司承建的一条 300t/d 邡江型预热器回转窑水泥生产线，除了国家独资的木格尔水泥厂之外，这个水泥厂是埃塞俄比亚第二大水泥厂。木格尔水泥厂是引进东德设备的 1000t/d 立筒预热器生产线，巴索原来就是木格尔水泥厂的厂长，因为受贿经历，被关了两三年，出狱后，被比扎友聘到国家水泥厂任总经理。这条线是在原有的机立窑生产线基础上改造的，因此整个布局非常凌乱，除了新建的窑系统外，其他部分都是老破旧，整个生产线的收尘系统也非常差，几个大烟囱黑烟直冒，窑尾的高温风机布置也是奇葩，进口管道几乎是一个大 S，阻力非常大；系统配套也是有大有小，卡脖子的地方很多，一条 300t/d 的生产线，篦冷机竟然是 700t/d 的，估计是买不到三四百吨的设备吧！

　　看完了生产线，就在工厂的会议室召开了一个技术对接会，几乎所有的技术人员都参加了。比扎友问我看后的体会，给我出了一个题目：这条生产线通过技改可以达到多少吨的产量，能花多少钱，停产时间是多少……我指出了这条生产线目前存在的问题，通过技改可以达到 700t/d 的产量，但投资大一些，停产时间可能会长一点。所以我就给他介绍了两种方案，其一是花少量的钱，很快就可以达到 450t/d，如果资金充足，就可以达到 700t 的目标；其二是鉴于 3000t/d 的新线很快开始，建议就不要在这条线上再花过多的费用，等新线投产后，可以把这条线改为烧石灰、烧垃圾或者其他用途。会议上，还解答了工厂技术人员的提问，基本上都得到了满意的答复。比扎友和巴索的脸上流露出满意的笑容，赶紧招呼大家去当地最好的酒店去坐坐，他们内部还要开个会。

第一次埃塞俄比亚国家水泥之行

在吃饭的时候，比扎友宣布了一个重要的决定，马上叫停新项目的国际招标过程。他说，我今天见识到了真正的水泥顶级专家，给我们上了一堂很好的课，我们花钱让印度人做的技术方案，花费了大半年的时间和很多资金，得到的结论几乎与 Dr.Chang 的诊断结果一样，但中国专家花费了两个小时，而印度专家则花费了半年时间，这样的效果，我们完全没有必要来浪费时间做新项目的招标工作。他建议他们的团队马上启动与卡森、NHI（北方重工的简称）团队的技术和商务谈判。

在飞回亚的斯亚贝巴的途中，遇到了恶劣天气，这种小飞机是在云层下面飞行的，那天天气可真不凑巧，去的时候还是晴空万里，回来的时候就是乌云压顶、电闪雷鸣，小飞机遇到高速气流，颠簸非常厉害，我和乐儿坐在前面，看到飞机从云中飞来飞去，真怕飞机瞬间就摔下去了，一直担心会不会突降在山沟中，不停地操心，看看哪块地适合降落，望着外面的飞云、经受着颠簸，看到驾驶员悠闲而淡定，心里也就平静下来，飞机最终平稳地降落到亚的斯亚贝巴机场。飞机降落后，心里的一块石头才落了地。而坐在后排的张红军和张静、丛劲松竟然从头睡到尾，根本没有感受到这惊险的过程。

吃坏肚子，差一点不能按时回国

回到亚的斯亚贝巴的第二天晚上，比扎友用当地最高的礼仪招待我们，到当地最具特色的餐厅吃埃塞俄比亚餐。饭店里的服务员穿着当地的民族服装，客人来自四面八方，人头攒动，如此高消费的地方，哪里还是水深火热的非洲？餐厅有生牛肉等各种生鲜、叫不上的非洲大菜，还有当地独具特色的手工烧制的咖啡。这可是咖啡的原产地，据说就是埃塞俄比亚人几千年前发现羊吃了一种果实后异常兴奋，这个奇异的果实逐渐成为了一种世界级饮品，这就是咖啡，发现这个果实的地方名叫卡夫，就用这个地名来命名了这种饮料。看到这些异乡餐食，我可是异常地激动，一定要逐个品尝，乐儿也随着我尝了一下佳肴，而同行的中国人就都没有敢吃这些生猛大餐。早在1996年德国一个国际会议期间就品尝过德式生牛肉，搅碎的牛肉拌着佐料，抹在面包上吃。埃塞俄比亚人也是这样吃的，欧洲人和非洲人有点一脉相承的意思。

结果当天晚上，我们父子俩就腹泻发烧，熬到早上去医院，确诊就是吃东西吃坏了肚子，赶紧吃了药，乐儿还是年轻，吃了药基本就好了。我却一直发烧，必须打针，打针之前医生看着我惊恐的表情，特意说这是一次性针头，让我完全放心。这个时候，就想起在赞比亚的时候，一个河南籍的医疗队医生讲的一个故事，他的一位同事在给当地人做手术的时候，刀片刮破了手，为了防止艾滋病感染，他们外科医生几乎都是戴双层手套，出了事故后，每天要用大剂量的抗生素，万幸没有感染到。

在亚的斯亚贝巴机场候机的时候，工作人员看到我的脸色不好，就来询问是否需要帮助。在登机的时候，他们不让我上飞机，担心飞机上发生意外，在一堆的检测和询问后，才让我最后一个登机。在飞往迪拜的飞机上，昏昏地睡了一觉，基本就痊愈了。从那个时候起，再也没敢品尝埃塞俄比亚的生牛肉。

合同签署

2008 年 5 月 10 日至 15 日，巴索带领印度 CC 咨询公司来沈阳进行技术谈判，确认最终的范围、配置和方案，石灰石矿山的开采完全由业主负责，我们就从石灰石破碎开始到水泥包装为止，燃料采用南非烟煤和重油两种方案，水泥磨须配置烘干沸石的热风炉，还要负责 132kV 的总降压站系统。项目采用 EP 加安装的模式，设备是 FOB 天津港，海运和当地内陆运输由 NCSC 负责。印度公司的许多理念都是陈旧的观念，我们需要给他做很详细的介绍，甚至把原理都告诉他，一个简单的方案，会折腾很长的时间。没有咨询公司的签字，当地银行就不会付款，这个时间巴索也是没有任何办法。后来的总降压站设计可真是一个挑战，这种等级的总降在国内都是电业局负责的，好在我们的电气专业通过研究、学习、调研，在李平生总工程师（可惜老李总走得太早）指导下，最终设计出了这么高压的系统。

2008 年 5 月 12 日正在沈重办公室会谈，就听到汶川大地震的消息，赶紧与夫人和乐儿联系，得知母子平安，在成都除了感觉惊恐，基本没有楼房垮塌。半个小时后，电话也断了，再也联系不上家人。马上暂停谈判，赶到荣福酒店看实况转播。结果震中的四川电视台还在那里歌舞升平，完全没有发生地震的感觉。终于在中央电视台新闻报道中看到地震的第一消息，震中就在距离成都 100 多公里的汶川县，后来的几天除了谈判，时时刻刻都在关注成都的地震情况，关注着亲人的安全。

2008 年 5 月 14 日在北方重工（NHI）签署正式技术合同，启动项目的设计和设备采购工作，23日提供最终的技术文本及报价。

在沈阳签署技术合同

6月22日在NHI签署正式商务合同，项目正式启动。

9月22日代礼荣、李平生、况吉元三人到沈阳，与埃塞俄比亚人和印度人进行交流，最终确认项目总图。这个时候项目才如期进入设计阶段。

与咨询公司的斗争

埃塞俄比亚项目与土耳其项目的不同，就是这个项目聘请了印度的CC咨询公司，这在海外项目中非常常见，这就是海外项目的特点，所有的总承包项目都是中国公司做，但凭借语言优势和国际化的程度，咨询公司基本都是印度的，海外项目也是中印两国专家的战争，大部分项目是中国总承包商向印度公司低头，因为过不了咨询公司的关，银行就不给你支付费用，业主也不可能给你验收。我们的土耳其项目，采用的设计标准是中国的，设备也只需满足欧盟认证即可，现场的管理完全就是中国人说了算，所以说土耳其比莱吉克水泥项目就像一个国内项目。但埃塞俄比亚项目不一样，设计图纸、技术方案首先要过咨询公司的关。谈判过程中就遇到巨大的阻力，对于中压电机，按照6.3kV的电压等级，电机就是6kV的，但印度人坚持电机必须是6.3kV的，折腾了几天，他们才同意我们的观点，最后大家就给那个印度人起了一个外号"六千三"。这个项目的对外合同，沈重只负责设计、设备和安装，不管土建设计，业主把土建设计交给了印度咨询公司。等我们提交了工艺等专业的资料，印度方面就是出不来施工图，看着土建施工单位天天窝工，向业主索赔误工费，业主只好来找我们谈，能否让我们来进行土建设计。为了赶进度，我们就承接了土建设计，结果就得罪了印度咨询公司，在设备验货、图纸提审、施工等方面，不断给我们设置障碍。埃塞俄比亚人就纳闷，中印两国的人怎么这么深仇大恨，严重影响了他们的进度。经过几个月的接触，他们深深感到中国公司的水泥技术才是最棒的，印度的技术都是从欧美那边抄袭来的，印度人只有理论知识，而没有实战经验，这个咨询公司就是从几个印度水泥厂挖出来的，其知识都是本厂的经验，这些设备和工艺也就是十年前甚至更早的欧美技术，远落后于中国的水泥生产线建造经验。经过全盘评估，业主终止了与印度咨询公司的合作。这在国外，估计也是首例。

项目第一次设计联络会在卡森公司举行

老厂技改

2009 年 3 月 9 日到国家水泥公司实地考察水泥磨的方案，并到新厂址察看地勘情况。晚上到比扎友家吃饭，他希望与卡森建立一个战略伙伴关系，不再与印度公司合作，让我们在他们的项目中占股份，比例和合作方式希望进一步探讨。

第二天到东非公司总部谈国家水泥老厂改造的事情，我们提供了三个方案：第一阶段——磨机改为高细磨；第二阶段——在磨头增加辊破系统；第三阶段——增加选粉机。他们保证，第一阶段的信用证两天内开具，由于卡森没有进出口权限，建议由沈重来执行。大老板比扎友称赞我十分会谈价格，即使板喂机价格印度人报 4 万美元，我们也在 6.6 万美元签署合同；单独的土建设计费，也比印度人高得多。3 月 11 日合同签署，先进行磨机内部改造和板喂机供货，两个合同共计 216 万元人民币。土建设计费给他们最大的优惠，他们承诺给我们 1% 的 NCSC 股份（这个承诺并没有兑现，开了一个空头支票），并把生产管理交给我们公司。下午正式签署水泥磨改造合同以及股份转让备忘录，急切地希望我们一起来开拓非洲水泥市场。

　　3 月 18 日乘早班飞机去德瑞德瓦，在厂里看了包装系统，找到了系统存在的问题，回到亚的斯亚贝巴就把包装改造合同也给签署了。

在亚的斯亚贝巴与比扎友签署包装和水泥磨技改合同

　　3 月 20 日是我农历 46 岁生日，东非公司领导听说后，马上在东方饭店为我举办生日午餐，第一次在国外过生日。本次到埃塞俄比亚又有重大收获，谈妥土建设计合同、技术改造合同，得到远期 NCSC 股份、新线的生产管理，算是给我的生日礼物吧！

项目实施的过程

　　项目的地勘是业主委托当地公司做的，完全不能满足设计要求，土建进度受到严重影响。为此，我们提出委托西南勘探院去埃塞俄比亚做静压试验，按照每个土层来收费。由中国地勘公司参与后，地勘工作才圆满完成，土建设计也以此为依据开展工作。

　　2009 年 6 月 2 日完成初步设计文件和工作手册，月底也收到业主发来的土建设计合同。

　　7 月份埃塞俄比亚信用证已经开出，条款双方已经接受，该项目全面启动。

　　除了设计工作，我们还紧密配合业主在中国寻找合适的土建公司，经过招标对比，选择浙江一家施工单位。8 月 2 日土建施工合同签字仪式在卡森公司举行，我作为见证方在合同中签字，确定 10 月 28 日为土建开工时间。由于受申请开工手续、土建工具的发运、塔吊需要在迪拜采购等因素的影响，后来开工时间延后到了 11 月底。

10 月 25 日比扎友到公司谈工具采购等合同，并确认了不用智能 MCC，同意我们采用 ABB 的微机保护，仅这一项就给沈重节省了几百万元。

大老板比扎友说，这个项目除了上帝，我就相信你一个人。他准备把印度 CC 公司给换掉，委托我们来管理整个项目。埃塞俄比亚第一批船定在 12 月 15 日来天津，第一批设备按期上船发运。

慢腾腾的项目

项目到了 2010 年，埃塞俄比亚国家的外汇储备出现问题，没有那么多的外汇来支付合同的款项。埃塞俄比亚的外汇非常紧张，许多项目都卡在外汇上，央行的外汇有限，而这个年代工程项目开工得太多，完全不能满足工程的需要。土建公司为此要求延期付款的赔偿，沈重也要求业主尽快检验设备，装了船才能收到设备的款项。我们的项目管理费、土建设计费也是拖得遥遥无期。沈重给 NCSC 发函，说如果 10 天内不来验货，就视为他们已经检查通过。比扎友来信，他强调这个项目就是卡森和 NCSC 在操作，希望能够相互支持，急切希望我去一趟现场协调项目，劝说各个承包商，给他们留一些时间。土建公司三月份就已到场施工，我们的人也来了四个月，大家都没有见到一分钱。经过多次谈判，土建公司拿到了 100 万元的误工损失，现场的土建施工才慢慢恢复正常。误工赔偿损失协议签署了一个多月，土建公司依然没有拿到进度款，被迫又罢工。项目就这样断断续续，直到 2013 年初才基本完成大部分车间的土建施工。

项目投产

2012 年 12 月 16 日在现场举行隆重的点火投产仪式，德瑞德瓦市长、埃塞俄比亚发展银行行长、沈重领导都参会祝贺，还邀请了 NCSC 离职的初期项目负责人。四年的项目终于要收官了，巴索对我们的调试人员给予高度的评价，比扎友感觉卡森的管理和技术是一流的，也和我称兄道弟，写邮件都是 Brother，从来不写 Mr.Chang。

在投产仪式期间与比扎友和巴索合影

两年的运营服务

经过我们的培训和调试，项目基本达到了合同规定的技术指标，但埃塞俄比亚的人员跟不上，无法接收这个项目的操作。因此，巴索希望我们留下一部分调试人员长期给他们搞生产，经过多轮的谈判，就付款方式，是按照吨产量提成还是保底工资的形式，最终达成一致性意见，留 31 个人，我们负责整个工厂的生产管理，他们负责供销，按照我们的计划来提供工厂的原材料，我们保证生产出合格的水泥。在运营服务期间，东非公司又收购了亚的斯亚贝巴南部吉马市的一座煤矿，热值非常低，灰分非常高，生产中掺入一定比例的当地煤，来降低生产成本。

在项目运行过程中，业主又从菲律宾聘请了 DGM 运营组，通过第三方来监管我们的运营，结果是两方的操作理念差异很大，导致矛盾重重。经过几个月的磨合，DGM 接受我们的思路，工厂生产朝着正确的方向不断前进。

在此期间，公司还给他们提供了多项服务，包括机修车间的设备采购、预热器电梯的采购、备品备件的采购等。还为他们培养了一批合格的操作人员，为 NCSC 的长期正常运转打下了基础。

项目后话

在 NCSC 项目进行中，我们与北方重工在埃塞俄比亚又拿到一条

HCSC 的 3000 吨生产线项目。这次可是全方位的总承包项目，也是在中国四家公司中通过招标拿到的项目，这就是由南非 PPC 公司参与的埃塞俄比亚股份制水泥公司。项目从 2010 年一直做到了 2017 年，在执行过程中，也是由于资金问题，多次延误。本来约定的 2016 年年底投产，由于资金延误，北方重工也没有支付土建和安装公司费用，导致项目不断地推迟。2019 年 HCSC 的 CEO 莫索芬给我发来邮件，明确表示，这个项目的设计是非常成功的，但土建和安装、设备有太多的缺陷，项目结算也就扣了许多钱了结了此项目。

第八章

五湖四海，卡森设计的水泥项目遍布全世界

"一带一路" 倡议的背景

近年来，中国经济发展突飞猛进，一跃成为世界第二大经济体，所有行业都是快步跃进，大步发展的结果就是所有的行业产能都过剩；大量的出口，导致外汇过剩，急需拉动对外投资来消化这部分外汇；中国除了稀土之外，油气和矿产高度依赖进口；中国的工业和基础设施高度集中于东南沿海地区，而西部则相对贫困；产业的发展，导致中国用工越来越贵、招工越来越难，人口红利也消耗已尽。

在这种大背景下，急需进行国际间产能合作，推进供给侧结构性改革，"一带一路" 倡议（为供给侧结构性改革）提供了一个很好的出口，因为我们可以通过国际产能合作把有些产能直接释放到需要这些产能的国家或地区，避免出现大的经济和就业波动，产业转移才是 "一带一路" 倡议的根本。

我走出去的背景

在成都院工作期间，我算是出国最多的一个人，早在 1988 年就参加了院里委派的出国人员英语培训，在成都科技大学（后来与川大合并）脱产学习了半年英语。可以说，英文水平在成都院当时还算是最好的，院里组

织的专业英语培训，从编写教材和讲课都是我一个人，有了英语基础，走出去就没有了语言障碍。1992 年重庆水泥厂项目去加拿大和美国的设计联络，这是我第一次出国，见识了发达国家的各个方面，高楼林立、环境优美，看到什么都非常惊喜。三十年过去了，中国许多城市已经达到甚至超越了美国等发达国家。记得 2005 年前后，带意大利客人在国内考察设备，他们每到一个城市都感觉比他们那里还要好，就机场而言，欧洲的大部分城市都远远不如中国。1996 年代表成都院（当时三大院每个院去一个人）去德国科隆市参加国际粉磨和煅烧技术大会，了解国际水泥的技术发展，并参观 KHD 公司在德骚市的制造厂，看到国内还没有的喷丸除锈设备等。这个工厂原来是民主德国的一个国营企业，20 世纪 70 年代的 ZAB 型立筒预热器风靡全球，我大学毕业后的第一个工程就是给甘肃省武山水泥厂引进 ZAB 技术，2000 年左右又把这条 ZAB 预热器改造成了预分解系统，产量由 1000t/d 达到了 2000t/d。后来自己做公司的时候，先后在埃塞俄比亚、叙利亚都见到了这个 ZAB 预热器系统，又用武山的技改方案推介给了叙利亚。1996 年还带队去了斯里兰卡，为当地的首富建一个 2000t/d 水泥生产线和在加纳市建一座水泥粉磨站。

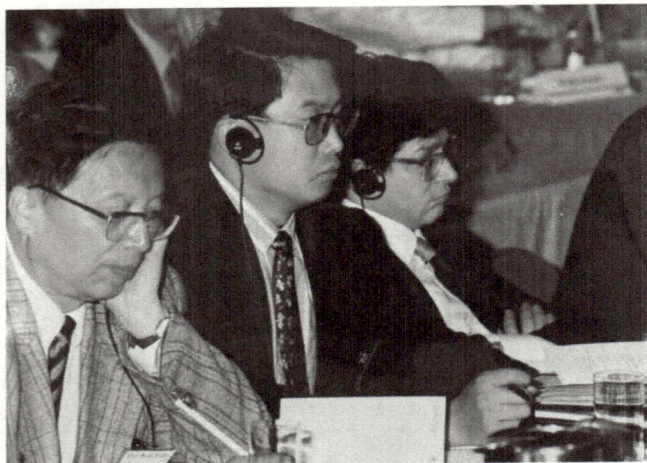

1996 年在德国参加国际水泥会议

企业走出去

"一带一路"鼓励企业走出去，大企业可以，小企业也可以，乘着这股东风，走得越远，我们的企业也就能走得越久。走出去，才会有出路。创造机会是勇者，等待机会是常人，放弃机会是蠢人。第一次由巴黎转机去加拉加斯的时候，突然感觉到飞机上怎么那么多的中国人，一打听，说是去委内瑞拉旅游的，心里也咯噔一下，这个国家怎么还会有人来旅游。到了加拉加斯才知道，在当地开超市、做农业的绝大多数是广东省恩平县的人，区区一个恩平县只有50万的人口，海外华侨就有50万，其中25万人就在委内瑞拉工作，连给我们开车的司机都是二代恩平人，长得黑黑的，一口标准的西班牙语，真还让人以为就是当地人。身处盆地的四川公司，也有很多的机会冲向世界，把麻辣文化、麻将文化带到全世界。1992年第一次去加拿大的时候，看到多伦多的一家重庆火锅店，还有一点小激动。1998年第一次去缅甸的时候，一个成都老乡在他的别墅里开了一个火锅店，吸引了许多中国人到店里吃饭。2005年去赞比亚首都卢萨卡，老贺的朋友就是几年前随同成都科委考察的时候留下的，当初在成都的第一份工作还是16路公共汽车的售票员，而那个时候却已经在卢萨卡花了20万美元买了一栋别墅，开了一个川菜馆，生意做得风生水起。

无论是大企业还是小企业，甚至个人，都是有很多的机会走出去。只要你有毅力，终归会成功的。赞比亚另外一个朋友，也是单枪匹马一个人闯世界的，凭着一个机会，认识了原来的副总统，一起合作开了一家咨询公司，专门给中国大公司找项目合作，据说一年的中介费都有几千万元的收入。

卡森为什么要"走出去"？

我们在组建公司之初，就面临着市场竞争的严峻性的挑战，我们是没有资质的小民营企业，在国内与国家级设计院争饭吃，竞争力有限。但到了2006年以后，水泥产能严重过剩，水泥工程逐步萎缩，僧多粥少，设计费进入计重时代（按每公斤图纸计算多少设计费），国家发展改革委的收费标准是总投资的3%，但实际只能收到0.2%～0.5%。国内市场的严酷性逼着我们"走出去"，那个时候国外水泥价格还很高，市场还很大，许多国家连水泥厂都没有。这种生机如果抓不住，生意瞬间就会消失，按照中国"一带一路"倡议的强大优惠政策，过不了几年也会把全世界的水泥搞得过剩。这可不是危言耸听，2020年就几乎听不到多少国外新建水泥生产线的信息了。

在国外水泥设计或者总承包市场，我们的竞争对手为欧洲老牌的水泥工程公司，与他们竞争只能增加你的利润。有一次，我们投标一个韩国人在缅甸投资的100万吨粉磨站设计项目，这个规模在国内也就几十万元的设计费，我们狠心翻了一番，就报了100多万元，结果开标的时候，人家根本就不相信你这么低的价格可以完成他们的设计。最后，在澄清阶段多次的解释，给了我们一个机会又加了一百多万元的设计费，最终合同还是签给我们了。这就是市场经济，几乎同样的东西，按照国外标准设计，也就增加 50% 的工作量，但设计费却是国内的几倍。我们有技术，面对饱和过剩的国内水泥工程，我们只能走出去。不出去就得饿死，走出去才会有机会，才能把企业做大做强。我们走出去，不是输出革命、不是解放全人类，也不是环境移民，我们在寻找经济增长点、利益最大化。

国外市场信息来源

要出去做生意，不可能单干，你没有太多的信息，别人也不知道你会做水泥厂的设计。在计划经济年代，许多央企都在海外设置了分支机构，有广泛的渠道来收集这个地区的工程建设信息。这些央企基本上都是外贸公司，都是以开拓市场为主，拿到订单后，就在国内寻找合作方，把所有的业务分包给相关公司。对于建材行业，原来的国家建材局也有几个外贸公司，后面分流给了中建材和中材国际（行业内称为"两材"），他们承接项目后，完全可以内销，在集团内部就可以找到从技术或者设备分包公司。而其他部委的外贸公司，"两材"把这些公司则视为海外市场的竞争对手，也不希望他们的设计院给这些外贸公司做设计。这就给我们带来了机遇，这些央企也就纷纷找到从这些大院出来的设计公司，在海外市场进行多方面的合作。一个是有技术，一个有市场，强强联合，也可以拿到很多项目。我们的土耳其项目就是与中机合作的，我们的蒙古水泥项目是与中电合作的，印尼项目则是与中成合作的。

第二个渠道，就是在国外建立自己的代理人，通过这些当地咨询公司来为我们开拓业务。通过几个成功的海外项目，我们也认识了很多国外的咨询公司或者同行。星星之火，可以燎原，靠一个良好的项目和口碑可以打开周边的水泥市场。由一个国家点燃周边国家，由土耳其来辐射叙利亚、伊拉克等，由哈萨克斯坦辐射中亚诸国，由埃塞俄比亚来辐射北非等地。通过土耳其项目，我们在伊斯坦布尔和安卡拉都建立了信息网络，有几个公司都在为我们介绍项目，先后推进了俄罗斯、叙利亚、阿塞拜疆、土库曼斯坦、伊拉克等项目。通过埃塞俄比亚项目，又建立了很多非洲的合作伙伴，为我们介绍肯尼亚、乌干达、埃及的水泥项目。

截至 2020 年年底，共许多国家和地区与卡森公司取得过联系：

亚洲国家和地区：韩国、朝鲜、蒙古、越南、老挝、柬埔寨、缅甸、泰国、马来西亚、新加坡、印度尼西亚、菲律宾、斯里兰卡、巴基斯坦、印度、孟加拉国、尼泊尔、阿富汗、伊朗、阿塞拜疆、格鲁吉亚、叙利亚、约旦、伊拉克、沙特阿拉伯、也门、阿曼、阿联酋、巴林、土库曼斯坦、乌兹别克斯坦、吉尔吉斯斯坦、塔吉克斯坦、哈萨克斯坦、卡塔尔、东帝汶、亚美尼亚、黎巴嫩。

欧洲国家和地区：俄罗斯、土耳其、乌克兰、白俄罗斯、西班牙、意大利、波黑、科索沃、塞浦路斯、法国、立陶宛、芬兰、英国、塞尔维亚、挪威、葡萄牙、比利时。

非洲国家和地区：埃及、利比亚、阿尔及利亚、吉布提、肯尼亚、乌干达、坦桑尼亚、刚果（金）、安哥拉、几内亚、尼日利亚、赤道几内亚、乍得、苏丹、埃塞俄比亚、厄立特里亚、赞比亚、莫桑比克、马达加斯加、津巴布韦、博茨瓦纳、南非、尼日尔、刚果（布）、摩洛哥、突尼斯、南苏丹、卢旺达、加纳、塞拉利昂、多哥、马拉维、喀麦隆、马里、纳米比亚。

美洲国家和地区：阿根廷、巴西、哥伦比亚、智利、委内瑞拉、厄瓜多尔、墨西哥、多米尼加、安提瓜和巴布达、洪都拉斯、古巴、加拿大、美国。

大洋洲国家和地区：澳大利亚、巴布亚新几内亚。

有一天，突然接到一个安提瓜和巴布达的电话，也不知道是从哪里找到我的电话，说他们要建一个水泥厂，我很是纳闷：这么小的国家怎么会建一个水泥项目？对方就说他们的石灰石资源还是很丰富的，建厂的目的不是本国消费，主要是满足美国市场。后来查询了一下，安提瓜和巴布达一直是世界知名的离岸金融中心，距离美国迈阿密1200公里、美国托管地波多黎各约150公里、世界著名离岸金融中心英属维尔京群岛100公里。安提瓜岛的西南部为火山丘陵，东北部是低矮的石灰岩丘陵。这种地理位置和资源条件，具备建水泥厂的基本条件，但后来项目却不了了之。

日月所照，风雨所至，天南海北，皆有卡森！

因地制宜地制定走出去路线

在国外投资，一定要研究当地的投资政策。印度尼西亚原来是矿产资源出口国，大量的资源出口并没有换来自身国家的工业化，所以印度尼西亚几年前就不允许外国人拥有资源矿山，只能与当地人合资或依靠当地合作伙伴，还限制了重要资源的直接出口。火了半边天的红土镍矿就必须在当地建厂，做成镍铁或者不锈钢才能出口。青山控股就抓住了这个机会，提前在印度尼西亚苏拉维西岛上建了一个工业园区，专门来加工当地的镍矿。而在国内大量投资镍铁厂的公司，反而成了无米之炊，投资也打了水漂。越南、埃塞俄比亚等国家不允许外国人买房，也是一种限制。受到天齐澳洲锂盐项目的不良影响，国内的公司都扎堆在中国建厂，但深圳盛新锂能却独辟蹊径，和青山控股合作，利用他们在印度尼西亚坚实的建厂条件，就地在印度尼西亚建设锂盐生产线，而且一建就是世界最大的规模，锂辉石焙烧单条窑达到 4 万吨，整个产能规划为 12 万吨锂盐，这是一个大手笔，卡森科技有幸参与了这个项目的工程设计和设备供货。

每到埃塞俄比亚出关，除了查你是否带了象牙，就是搜身查你是否违规带美元。据说，一位坐埃塞俄比亚航空到亚的斯亚贝巴转机的中国人带了 5 万美元的现金，由于航班取消，被安排到机场外住宿，等第二天再次过关的时候，5 万美元被海关发现，除了美金被没收外，还在当地被关了几年。阿尔及利亚对美元的监管也非常严格，超出 2000 美元不申报就要抓去坐牢。

"走出去"要掌握游戏规则

库尔德人主要分布在土耳其、叙利亚、伊拉克、伊朗的交界地带，不同的国家属性导致他们的待遇、处境也是不同的，国境线就是一个高大的围墙，封锁了人文互通和政治交流。特朗普在任的时候，花费巨额资金在美墨边界修建隔离墙，就是想阻止墨西哥等南美洲难民进入美国。国家之间除了边界，还有海关、护照、签证、贸易额度、劳务限制等，还有动乱、排华、货币、外汇限制等风险。

以前出国，签证是非常麻烦的，没有足够资金，哈萨克斯坦签证你根本拿不到，所有在哈萨克斯坦做过工程的公司，都被该国的签证困惑过。不仅仅是签证困难，哈萨克斯坦还对每一个国家设置了年度劳务签证名额。中国是哈国最大的承包商，也是去的最多的人，但每年给的名额却是少之又少。有许多项目，大量的民工被迫待在新疆的边境口岸，由于得不到有效的签证，工期无限期地后延，最后导致工期延误而遭到罚款。

大多数国家对中国公民的签证，都提出看收入证明，看银行流水，看有无犯罪记录，甚至在填表的时候，还问你出国期间的费用是谁支付。以前在泰国入境的时候，还要看你的钱带够了没有。

设计公司走出去的困境主要是标准的不同，除了形形色色的专业规范，重要的就是消防、安全等规范，许多东西在国内是司空见惯的，但在国外项目是根本不允许的。目前，唯一可以与国际对标的就是环保标准，国家实施的"绿水青山就是金山银山"就是一个很大的进步，中国的环保标准目前也是世界上最高的标准，满足了中国规范，肯定可以满足所有国家的规范。土建设计和施工，我们的标准却与国际许多地方的规范差异很大，我们总承包的新加坡对于施工也是非常严格的，高度两米以上的施工都需要搭脚手架，而且必须是专业公司搭建；澳洲和韩国在工业厂房中的所有楼梯，都必须在台阶上设置防滑条，楼梯的角度也有严格的限制。大量的设备出口，必须符合当地的通用规范，土耳其尽管不是欧盟国家，但对于所有进口的设备都要求必须具备欧盟颁发的 CE 认证，有了认证书，设备才能进入土耳其海关。在做比莱吉克项目的时候，我们供货的预热器、篦冷机和筒仓卸料器都拿到了 CE 认证，在土耳其港口顺利过关。

悉尼施工道路的裸露钢筋警示帽

"走出去"的案例

世界范围的产业转移，几十年前是欧美转移到中国，十几年前是中国或者欧美转移到东南亚，现在是许多产业都往非洲发展。资本是趋利的，哪里的成本低，产业就会往哪里发展，特别是类似于服装之类的劳动密集型产业，孟加拉国成了世界服装加工的基地，这就是他们的人口红利，一个纺织女工月工资也就几百元人民币。中国许多公司在埃塞俄比亚也建立了许多工业园区，标准厂房都是现代化的，非常漂亮。中国的许多低附加值的产业都落户在这里。选择非洲投资不仅仅是成本低，服装这种产品，如果是非洲生产的，进入欧美市场的关税是非常低的，这就是发达国家对贫困国家的一个福利。而中国制造的服装，则受到欧美国家纺织品配额的限制，关税是较高的。

中国人在埃塞俄比亚开的服装厂

再讲一个人走出去的故事，2018 年 7 月从奥斯陆出发去瑞典首都斯德哥尔摩，路过诺贝尔的故乡卡尔斯塔德市，游览北欧最大的维纳恩湖，该湖是欧洲第三大湖、世界第 28 大湖。湖边只有一家饭店，还竟然是中餐馆，老板是一个高大的瑞典男人，和他的老妈两人在运营这家饭店，给我们做了一桌地道的中国菜，当时感觉这里应该有故事，老板就一五一十地介绍了这个饭店的由来。几年前他爱上了一个在瑞典留学的北京女孩，在共同生活中，女孩教会了他做中餐，然后鼓励他到这个景点开了这个夫妻店，开始的时候，女孩就是管钱、他负责炒菜。后来呢，他不得已把老母亲叫过来做服务员，女孩就在家里远程控制，女孩就是 CEO 加 CFO，他就是厨师加服务员。一个成功的男人后面都有一个伟大的女人，验证了这句话的真谛。

在维纳恩湖与中餐馆老板

对于卡森科技而言，就是一个国际工程服务公司，在全世界范围做水泥、锂电项目的设计和总承包。我们走出去，就是把中国的技术、设备带到了世界各地。截至 2020 年，我们的业绩已遍布全球 18 个国家，如果加上后来的锂辉石试验和研究报告，我们服务的国家超过了 30 个。

卡森公司海外已经投产的项目（截至 2020 年年底）：

1. 缅甸曼德勒工业公司 300t/d 水泥项目（卡森第一个海外设计项目）；
2. 土耳其比莱吉克 3300t/d 水泥项目；
3. 越南陆氏 1750t/d 水泥项目；
4. 菲律宾庆丰水泥 1500t/d 项目；
5. 哈萨克斯坦塞米水泥公司 2500t/d 项目；
6. 埃塞俄比亚国家水泥控股公司 3000t/d 项目；
7. 哈萨克斯坦阿拉木图水泥粉磨站；
8. 埃塞俄比亚哈巴萨水泥 3000t/d 项目；
9. 老挝中亚水泥公司；
10. 新加坡 NEC 公司陶粒项目；
11. 哈萨克斯坦 KOKSHE 水泥公司设计优化项目；
12. 哈萨克斯坦希姆肯特水泥厂气改煤项目；
13. 俄罗斯阿尔法水泥公司 2500t/d 水泥项目；
14. 韩国东洋水泥公司（TYC）系列技术改造项目；
15. 委内瑞拉活性石灰项目；
16. 蒙古 MONCEMENT 水泥粉磨站；
17. 伊朗 ZAGROS600t/d 白水泥建设项目；
18. 古巴西瓜内 2000t/d 水泥建设项目；
19. 缅甸耀金 120 万吨水泥粉磨站建设项目；
20. 朝鲜胜利会社 2500t/d 水泥建设项目；
21. 越南和发海洋钢铁厂料场建设工程；
22. 越南归仁港水泥储运站工程。

走出去还是跑出去

日本著名作家村上春树 1982 年开始跑步，从十公里起步到后来的马拉松，不知不觉就跑了三十多年，但没有得到任何名次，他淡泊名利，把跑步仅作为一个爱好及锻炼身体的方式。在马拉松比赛中，他就是一个业余的参与者，但乐在其中，重在参与。对于他的事业，顶着日本著名作家的光环，从 2006 年开始就成为诺贝尔文学奖的候选人，陪跑了 15 年，到现在依然落空。对于这一点，村上春树坦然处之，面对外界的质疑和民众的期待，他认为写书就像跑步，不在于名次，跑了就好！我打高尔夫每年至少 200 场，但水平始终是老百杆，自嘲打了就好，何苦为难自己非要打七十几杆，就是像村上先生一样，跑了就好！村上春树已经写好了他的墓志铭：至少我是跑完，而不是走完的。用尽一生的努力，刻骨铭心致力于写作，用这句话来总结他精彩的一生。跑出去吧，走出去太慢！

　　有些人连第一步都没有走出去，更不要说跑了。外面风景无限好，只要出去就见到了。一旦跨过这道坎，无限风光在眼前。

第九章

出类拔萃，白水泥生产线的设计是卡森的一面旗帜

白水泥与普通水泥相比，在原料上有特殊的要求，特别对铁含量的限制很苛刻，铁含量决定了白水泥的白度，熟料中的 Fe_2O_3 小于 0.5%，才能最终保证白水泥的白度。白水泥熟料用水急冷，防止氧化气氛下使高温熟料中带有的 Fe^{2+} 形成 Fe^{3+}，通过水淬阻止 Fe_2O_3（呈褐红色）的形成，使 Fe 的离子以 FeO（呈灰白色）形态呈现在熟料之中，从而达到提高熟料白度的目的。另一方面，白水泥熟料在高炽热下急冷，可以使它形成疏松的细微结晶状粒子熟料矿化物，从而提高白水泥的强度和易磨性能。这是白水泥与普通水泥熟料生产的主要不同之处。

白水泥铁含量低，烧成过程中产生的液相量少，黏度大，煅烧温度高达 1600℃，比普通水泥高 150℃，导致煅烧困难。由于窑头熟料需要漂白，熟料热量被水蒸气带走，二次风和三次风无法从窑头的熟料中换热，导致二次风和三次风温度很低，分解时间延长，烧成热耗增加。

白水泥熟料在漂白机内水淬急冷形成密实玻璃相，熟料细料多（约50%），熟料粉磨功指数为 6.32kW·h/t，普通水泥高达 15.9kW·h/t；但 T_{3000} 为 63.7min，普通水泥 T_{3000} 为 57min，熟料易碎难磨。

白水泥的原料和特殊工艺，都是为了提高其白度。这种特殊性会引起工艺上和设备上的不同，同时又要克服特殊工艺带来的弊病，想尽办法来利用余热，降低熟料烧成的热耗。在这方面，卡森科技做了大量的研发工作。

白水泥熟料的漂白方法：

（1）浸水法：出窑熟料排入水槽中浸水冷却，拉链机拉出，再快速回转烘干。特点是：用水量大，为 0.69kg/kg 熟料；熟料热量无法回收，不能利用熟料余热；需要增加单独热源用于熟料烘干；水蒸气带走大量余热。在各种漂白方式中热耗最高。

（2）喷油法：丹麦 FLS 的独有技术，20 世纪 80 年代曾在内蒙古赤峰白水泥项目中使用，在回转窑内冷却带喷油，形成还原气氛，防止熟料氧化而降低白度，再继续喷水冷却。其特点是：用水量少；冷却带熟料喷油，形成还原气氛，阻止熟料氧化而降低白度；熟料表面发生污染，FLS 后改用水煤气作为还原剂；喷油还原燃烧器，喷水装置通过窑头伸入，结构复杂，故障时维护难度大。采用喷油方式增加燃料用量，热耗较高。

（3）喷水法：出窑熟料排入单筒冷却机中（入料端喷雾化水漂白），再进入箅冷机或单筒冷却机再次冷却。特点是：用水量较少，为约 0.35kg/kg 熟料，比浸水法减少约 50%；可回收部分熟料热量，可减少耗热 420kJ/kg 熟料；采用两段冷却，熟料不需要烘干；水蒸气可单独抽出（不通过回转窑）。在各漂白方式中热耗最低。

综合各种漂白方法的特点，我们采用了喷水法作为主推工艺，并适时开发了独特的漂白机和小颗粒或者粉料箅冷机系统。

为了适应白水泥的特点，我们针对性地又开发了具有白水泥特色的预分解系统。为了提高煤粉在分解炉的易燃性，采用在线式分解炉系统，并在分解炉中部设置两个缩口，强化喷腾效应，有利于煤粉（燃料）的充分燃烧和物料的分解；延长分解炉出口管道，增大分解炉炉容，有利于延长气体和物料的停留时间，有利于生料粉的充分分解，提高入窑生料的分解率，保证入窑生料的煅烧效果。同时，在预热器出口到高温风机之间设置了热交换器，用废气加热空气，中温热空气又返回分解炉和窑头，作为三次风和二次风，提高煤粉的燃烧效率，降低热耗。

绵竹白水泥项目是卡森白水泥技术的落脚点

四川广汉特种水泥有限责任公司，1979 年开始生产白水泥，是全国生产白水泥最早的企业之一，也是中国西部最大的白水泥生产企业。公司在广汉有一条 $\phi2.7/2.5m \times 54m$ SP 窑白水泥生产线和一条 $\phi2.0/1.8m \times 38m$ 干法中空窑白水泥生产线，白水泥年生产能力 14 万吨，两条老生产线因技术落后及城市发展规划的要求，已经于 2014 年关闭。

2011 年 2 月 8 日第一次到绵竹的现场考察，基本确定项目的厂址，并就技术路线进行了多次会谈，3 月 28 日签署工程设计合同。项目从双方第一次接触到合同签署仅花费了 3 个月的时间，算是最短的项目签约时间。

老线关闭后，在绵竹市新市镇工业园区新上一条 800t/d 现代化白水泥生产线，项目名称后来改为宗盛白水泥，白水泥熟料生产能力最高为 1000t/d，按年运转 310 天计算，年产白水泥熟料 248000 吨，年产各品种白水泥约 36 万吨。项目建成投产后，成为仅次于安庆阿尔博 1500t/d 白水泥熟料生产线的中国国内规模第二大生产线。

该公司的石灰石中的铁含量达到 0.07%（最好是 ≤ 0.05%）、铝矾土中的铁含量达到 2.24%（最好是 ≤ 1.0%），原料中铁含量较高，影响熟料中的铁含量，进而对熟料白度有所影响。

这是卡森科技的第一个白水泥项目，我们先后考察了全国所有的同类水泥厂，比如湖北嘉鱼、浙江长兴县的白水泥厂等，边考察、边总结、边汇总，还把新的思路在老生产线上进行大量的试验验证，改造原有的预热器结构形式，减少系统的堵塞机会；多次改进老线的熟料漂白设备，达到节能条件下最大限度地提高白度；并不断测绘相关的技术参数，为新线的设计积累了大量的一手资料，从而解决白水泥棘手的白度与热耗相矛盾的现状。

项目的技术方案，特别是窑头的熟料漂白方案，先后对比了五六种形式，大家一致性的意见是把喷水法作为基础。喷水后的熟料如何处理？喷水的量很大，后半段必须选用烘干机；喷得恰到好处，那么适量的水分、温度是什么？后端采用回转式冷却机还是篦冷机？回转式是与漂白机一台设备还是分开设计成两段筒体？这些问题，经过数十场的专题讨论、综合的技术经济对比，最终选择适度喷水的漂白机、后段采用第四代篦冷机的方案。这个方案的缺陷，就是漂白后的熟料大多数都粉化，这些粉料会在篦冷机的篦板下面引起泄漏。这些担心还真的在试生产初期出现了，原因不在我们的方案，关键是采购的篦冷机形式存在问题，是漏料的问题，没有根本上的改变，导致业主希望拆除篦冷机，更换为更加可靠的单筒冷却机。而我们的锂盐项目采用卡森独特设计的粉料篦冷机，就不会出现绵竹白水泥的这种情况。那时，业主因为价格问题而没有选择我们的粉状篦冷机，这也是项目上的一个遗憾。经过数年的磨合，篦冷机也先后经过了多次的技改，目前仍可以满足生产需求。

　　为了验证考察得出的结论，我们组织了一个研究团队，在广汉的老生产线进行实地测试，对现有生产使用的原燃料、生料以及熟料质量，生产工艺以及操作参数都进行了详细的了解，尤其是对 1 号生产线单筒漂白机用水量、颗粒级配与熟料温度、白度之间的关系进行了多次试验与检测，还对现有预热器频繁堵塞的原因溯源，避免在新线的设计上同类事故的发生。试验过程中，对老线的原材料进行诊断分析，找出影响白度的规律性参数，从而改变配料的三大率值，在改善原料易烧性的前提下，尽可能提高熟料的白度。在现有的漂白工艺基础上，探索相关的参数，如雾化水的参数、喷头的结构、水与熟料的接触时间、熟料与空气的隔离等。

　　项目的节点：
◆ 2012 年 3 月 28 日签署工程设计合同；
◆ 2012 年 6 月获得四川省发改委项目申请报告批复文件；
◆ 2011 年 4 月启动初步设计及施工图设计工作；
◆ 2012 年 6 月土建动工，2014 年 8 月完成土建施工、设备安装工作；
◆ 2014 年 9 月 22 日点火仪式，10 月 7 日生产出第一批白水泥熟料；
◆ 2014 年 11 月 25 日完成达标达产验收考核。

绵竹宗盛白水泥生产线

　　绵竹白水泥项目，公司前后花费了巨大的研发精力，人力、财力投入也很多。同时有很多好的建议，因受到资金的限制和业主的思想导向，都没能实施，使项目受到一些影响。几年后，李忠董事长还后悔在设计的几个问题上，没有接受我们的建议，比如原料的预均化、水泥的分别粉磨等。

2017 年 8 月 29 日陪客户参观绵竹白水泥生产线，李忠董事长自豪地把国家水泥质量监督检验中心测定的白色硅酸盐水泥报告展示给大家，白度 90.7 度（标准要求 87），28d 抗折强度 9.4MPa、抗压强度 73.8MPa（标准对强度没有要求，但当时国内最高水平也只有 55MPa）。这样的技术指标，到目前还是全球最高的白水泥质量纪录，也是一个世界纪录的诞生。祝贺卡森科技的技术！祝贺宗盛水泥的操作管理水平！

与李忠董事长分享成功的喜悦

伊朗 Zagros 600 吨白水泥项目

伊斯兰国家对白色的崇拜更加厉害，他们认为白色就是圣洁的颜色，他们的房子是白色的，穿的衣服是白色大袍，头戴的头巾大多数也是白色的。二十世纪六七十年代，伊朗在北京建设大使馆的时候，为了突显伊斯兰教的圣洁，就给中国出了一个难题，要求所有的混凝土必须采用白色的，白色的水泥、白色的沙子、白色的石子，这在那个年代可真是一个棘手的问题。于是，国家建材部组织相关研究单位来研发白水泥，终于用在了伊朗驻北京大使馆的建设上。所以从某种角度说，伊朗还是中国白水泥技术的促进者。

伊朗的 Zagros 公司 2015 年就计划建设一条白水泥生产线，前期与天津水泥设计院进行了多轮会谈，由于方案和价格等问题，项目一直悬而未决，没有往下进行。后来时任中航技北京公司部门经理的陈仕香向伊朗人抛出了我们的方案，业主认为我们的方案优于天津院，就给了中航技一个报价的机会。当然，除了我们的方案之外，还有一个很重要的因素，就是中航技收购的德国老牌水泥工程公司 KHD 在伊朗的名望，该业主一九七几年就接触 KHD 设备，非常信任德国设备，卡森的白水泥技术和 KHD 在伊朗的盛誉，才是吸引伊朗人的关键。

2016 年 5 月 12 日陈仕香去德黑兰与业主谈判，介绍卡森在白水泥厂方面的设计经验、绵竹项目投运的效果，以及 KHD 公司在此项目中的作用，深得业主的赞同，如同行的中航技人所说"今天与业主谈判，非常成功"，希望卡森派专家到伊朗进行技术交流。

回国后，陈仕香就邀请中航技的张兴堂总监一起到卡森和绵竹考察，希望他们从伊朗业主拿到 EP 总包后，全部委托给卡森，对我们完全放心，并提出项目保证指标调整到 720t/d，设备须按照他们给业主的分供货商名单采购，立磨需采用德国莱歇公司、燃烧器采用法国皮拉德公司，增强业主对我们技术的信任。

6 月陈仕香再次去德黑兰，他认为我们的报价非常有竞争力，建议把设备表中几类设备按照供图、供货、欧洲供货进行分类，并就业主担心的德国立磨价格超高的问题，提出了国产立磨的替代方案。陈仕香在德黑兰签署合作协议，待业主到成都考察后，11 月在国内签署正式合同。

在德黑兰谈判期间，业主的一个股东抛出天津院的最低价格，要求我们降价 8%，并增加在线分析仪和其他要求。据说，还有其他中国公司报出一个非常低廉的 EPC 价格，搞得业主无所适从，不知道真正的底价在哪里。

同年 12 月，中航技对外签署 EP 总承包合同，项目落地。

2017 年 1 月 10 日，中航技伊朗白水泥项目合同评审会，通过此项目的签批手续，同意与卡森进行合作，并给业主先行垫付一部分费用，让业主筹够资本金，从银行顺利拿到贷款。

2017 年 4 月 7 日，中航技组团，并邀请 KHD 伊朗代表处的 Siamak（伊朗人）、Busch 到公司谈技术方案，土建标准希望按照伊朗表示方法做。窑尾塔架，我们的图纸只有 20 张，如果按照伊朗的做法，相当于国内设备厂的拆图工作，就需要 60 张图纸，这就是标准不同引起的工作量差异。

2017 年 11 月 12 日，伊朗的 100% 信用证到了中航技，项目正式生效。

随后项目进入白热化的设计、订货、发货阶段，截至 2019 年，项目下的所有设备都发运到伊朗，项目有序地往下进行。由于美国退出伊核协议，美国加大对伊朗的制裁，项目配套的土建和安装等资金受到制约，何时完工、投产还是一个未知数。这就是国际项目的风险，不仅有经济风险，还有政治风险。

早在 2010 年初，受外部环境影响，中伊结算通道中断，导致中伊两国间的能源合作和经贸往来陷入困局。为保障能源安全，昆仑银行依托中伊原油贸易在古丝绸之路的起点和终点之间搭建起结算与融资的桥梁。昆仑银行已为中伊两国企业提供了包括国际结算、外汇交易的唯一资金渠道。

中航技的设备按时发货后，所有的设备款也都到账，项目资金封口。几个月后，受美国制裁的影响，中国工程款唯一的结算银行昆仑银行就被迫关闭了。我们没有受到影响，这也是这个项目的万幸。

广西贵港市云鹏公司白水泥项目

云鹏特种水泥有限公司是成立于 2003 年的大型白水泥生产企业，是中国特种水泥协会副理事长单位，拥有两条带五级预热器回转窑白水泥生产线，设计能力 10 万吨 / 年。2008 年 8 月起，租赁承包贵港市水泥厂回转窑分厂，增加熟料产能 6 万吨 / 年。2018 年 6 月因环保问题，将 2 号窑拆除。

现有的生产线已经运行了十几年，设备老化，单机生产能力小，劳动生产率低、能耗偏高，产品质量也不如新建的产线；点多面广，排污点多，污染治理难度大。

为适应节能环保要求，实现企业高效、节能、环保集约化绿色发展。云鹏公司委托卡森科技对白水泥生产线进行改造升级，采用目前国内外最先进的新型干法生产技术，在公司厂区内技改建设一条 ϕ3.2m × 52m 新型干法生产线，日产熟料 500 吨，代替原来的三条预热器窑，将公司白水泥生产集中在一条窑上生产。改造升级项目产能置换方案，2020 年 1 月 7 日通过广西壮族自治区工信厅审批并公示、备案。以先进生产技术取代现有两条落后白水泥生产工艺，采用旋风预热窑外分解系统生产白水泥，相比小型 SP 窑熟料热耗降低约 30%，相比中空窑熟料热耗降低约 50%，单位能耗为 1200kcal/kg 熟料（1cal=4.1840J）。节能减排、环境效果良好，符合清洁生产的要求。第一期先进行烧成系统的建设，包括五级旋风预热器（暂未上分解炉）、ϕ3.2m × 52m 回转窑、漂白机，项目 2020 年 8 月开工建设，2021 年 5 月点火试生产，烧成系统产量达到 400t/d，高于设计产量 356t/d 的 11%，白度也达到 87 度。2021 年 4 月初已对现有的老线旧的回转窑进行了切割拆除，老线烧成系统已停产，仅保留利旧原料制备、储存及煤磨和后续的水泥粉磨、储存及包装系统。

第十章

初试锋芒，第一次自主签约的海外项目

韩国东洋水泥公司（简称 TYC）位于东海岸的三陟市，是韩国第二大水泥公司，共有七条水泥生产线，年产水泥 900 万吨，其中 6、7 号窑是 1992 年 Polysius 公司提供的 7200t/d 六级预分解系统生产线，山东日照大宇水泥厂就是拷贝的这条生产线的工艺。

2015 年 7 月收到原来在中国拉法基水泥集团担任技术总监的李正洙先生的邮件，东洋水泥是他的第一家工作单位，他曾经在那里工作了 17 年。近几年，东洋水泥的财务状况不好，已经达到破产的边缘。从拉法基辞职的李总回到故乡首尔，加盟了三票集团，负责收购东洋水泥。他希望在收购之前，与我们一起工作，深入了解东洋水泥的现状，对现有生产线进行技术诊断，并能够在收购后做一些改造工作。

当月，我们派温常凯两人前去东洋水泥调研。工厂存在的问题是：单台产量低、预热器阻力高、熟料质量不稳定、系统热耗高，居高不下的成本导致工厂无钱买备件，也不能按时给工人发放工资。在他们考察期间，工厂大门口就有一大堆人拉着横幅、喊着口号向工厂索要工资。8 月又派孙手棒去东洋水泥，配合拉法基的测试专家对工厂进行全面的测试，找出生产中存在的问题。

根据我们对东洋水泥的客观评价，9 月底三票公司全面收购东洋水泥，厂名也改为三票水泥公司。

6、7 号窑的生料磨是采用 Polysius 的立磨，由于没有资金，立磨的选粉机笼子磨损很严重，液压传动系统也损坏多年，选粉机很多年都没有运转，生料的细度无法调整。为此，我们的第一个技改合同就是修复两个立磨的选粉机。选粉机的直径高达 6.3m，国内的立磨制造厂还没有能力制造，也没有这么大的动平衡机来做试验。我们在国内寻找了选粉机专业制造厂，和我们的机械工程师一道去东洋现场测绘，共同完成制造图的设计，并再次到工厂核对尺寸。

2016 年 2 月 1 日，TYC 6、7 号生料磨选粉机改造合同签字仪式在三票公司举行，我专程去了一趟首尔，与李总一起对双方合作的第一个合同签字。李正洙说，三票公司看的是近期利益，而拉法基是侧重三到五年的效果，两个公司的文化完全不同，因此在项目执行过程中要适应三票公司的习惯。长期在拉法基工作的李总，估计也受不了三票的文化氛围，干了几年就辞职去了蒙古。

第一个合同签署后，我们就把合同分交到制造厂安排生产，并对生产中存在的加工粗糙、选材降低标准等提出整改意见。为了方便运输，选粉机笼子是分割成两片加工和运输的，但在动平衡上却出了问题。加工厂原来承诺的动平衡，严格意义上就是静态平衡，他们不愿意花钱到大型工厂去做试验，我们被迫又增加费用，坚持外协来解决动平衡问题。由于在加工、试验等方面的严格把关，我们供货的两台选粉机投运非常顺利，也没有出现业主担心的震动问题。

大型立磨选粉机改造成功

首战告捷，坚定了业主与我们合作的意愿。2号窑的篦冷机是非常陈旧的设备，已经运行了三十年，熟料温度居高不下。鉴于工厂的资金压力，我们将就了二、三段原有的篦床，仅仅把二代篦板更换为低漏料篦板。但在运行过程中发现，由于采用低漏料篦板，使得二、三段篦床料层厚度增加，系统的负荷增加，直接导致后段篦冷机的输送能力受到限制，并使篦板梁、篦板梁螺栓以及传动装置等零部件受到不同程度的损害。为此，我们又把原有的篦床系统进行了加固，系统的问题才得以解决。经过一段时间的运行，十字棒篦冷机的冷却效果得到了TYC的认可，与同规格的1号篦冷机相比，冷却效果十分明显，低于双方合同约定的熟料温度。

三票水泥的生产线基本都是二十世纪七八十年代的技术，国内早就废弃不用的气力输送系统，在该公司的几条窑中还普遍使用，生料均化库下面的计量系统也非常落后。针对这种情况，我们把4号～7号的生料计量系统改为德国申克公司的转子秤，预热器的生料喂料输送系统改为提升机。原来的气力输送系统会在生料进预热器过程中灌入大量的冷空气，增加系统的热耗和电耗，通过输送系统改造，7号窑的4台175kW的空气压缩机改成了两台装机200kW的提升机，单台窑的热耗就可以降低3.56kcal/kg熟料。四台窑的生料输送技改完成后，每小时可以节电687kW·h，每年可以节省872万元。系统投运后，针对两列预热器偏流问题，又对输送斜槽进行了改进，最终效果非常好。

改造后的6、7号窑的机械输送系统

在两年的时间内，又签署了水泥磨辊压机进料装置、雷达料位计、电机、石灰石皮带秤等技改和设备更换合同。这是我们第一次直接与海外客户签署的项目，在对外合同、对内执行的过程中，锻炼了我们的项目人员，在设备报关、设备归类退税等方面积累了经验。

后来的缅甸 Yojin 水泥粉磨站也是我们独立签署执行的海外项目。这是韩国 Yojin 公司在缅甸投资的企业，项目位于仰光港工业园区。在设计中，土建标准采用美国标准，环保等则采用严格的中国标准。除了设计，我们还给韩国公司提供了全套的设备成套服务，使他们在质量保证的前提下，拿到了最低的市场价格。项目投产后，成为工业园区一个亮丽的风景。而我们为韩国公司设计、成套服务的 Yojin 水泥粉磨站，也成为在缅甸的标杆项目。

第十一章

枝繁叶茂，连成一片的钙业项目

我们的主业是传统的碳酸钙为主的行业，而石灰石是水泥的主要原料，把石灰石粉磨成高细度的粉体就是重钙，通过煅烧把石灰石中的二氧化碳排出而形成传统的石灰（氧化钙），在石灰中注入水又可以形成氢氧化钙，利用焙烧窑排出的废气通入氢氧化钙后又可以形成轻质碳酸钙（俗称轻钙），轻钙通过改性、高细粉磨可以制成纳米钙，这个产业链非常长，基本的原料就是碳酸钙（石灰石），我们从基础的重钙做到了纳米钙，钙业产业链的所有产品我们都做过了。在石灰石中掺入黏土、铁粉进行焙烧，就是传统的水泥。水泥是我们的主业，而钙业是我们从主业中延伸出来的一个产业。

达钢 400 吨回转窑石灰项目是我们钙业的起点

2005 年 7 月 27 日，正在重庆陪同意大利客人考察重庆齿轮公司，突然接到老领导贺岚曦大哥的电话，说是建材四川地勘总队的朋友要在达州投资一个回转窑烧石灰项目，要我速回成都洽谈，北京一个公司已经给了他们一个方案和设备报价，经过他协调，这个项目一定会拿给我们来设计。回到成都，第一时间就拜访了同在一个行业战斗的陈端阳，他在达州有一个立窑石灰厂，每年给达钢供应石灰和石灰石原料，随着钢铁对石灰品质的要求越来越高，急需建一条回转窑焙烧活性石灰系统。说实在的，我对这种生产线根本就没有任何概念，承诺他只要一起看一下同类型的生产线，我们就有能力来开发和设计这个生产线。第二天，我们就去济南钢铁公司考察正在生产的活性石灰生产线。水洗后的石灰石，通过大倾角皮带机送入预热器、回转窑和冷却机，基本原理与水泥差别不大。唯一的区别就是水泥是粉状物料进预热器，而石灰却是块料进预热器，回转窑与传统的水泥几乎没有什么区别，搞清楚块状预热器的原理，就掌握了这种产线的命脉。

考察完济钢，心里基本就有数了，活性石灰生产线就是水泥的立窑＋回转窑合成的一个技术，所谓的块状预热器就是立窑的结构，只不过立窑是完成从预热、焙烧、冷却整个工艺，而这种预热器就是立窑的上半部，石灰石在竖式预热器中预热后送入回转窑进行煅烧，其实就是解决一个如何把预热后的石灰石送入回转窑就可以了。这就是回转窑煅烧石灰的技术根本所在。回转窑石灰生产线，预热器就是水泥立窑的上部预热带，回转窑就是立窑中部的煅烧带，竖式冷却机就是立窑下部的冷却带。条条大路通罗马，原理搞明白了，开发这个陌生的产线也就有了底气。

次月就由老黄带队，由机械部组成的专家组到镇江石灰生产线参观和收集资料，分析正在生产的预热器结构、原理、存在的问题，并想办法测绘预热器和立式冷却器的关键尺寸。短短的两个月，我们就自行开发出了达钢 400t/d 活性石灰回转窑生产线的全部关键设备。这就是所谓的大院和小院的区别，大院有这种技术研发团队，而小院就是拿来主义，很多时候无法自行研发，而我们从大院出来的人，天生就有研发的基因。从接触项目开始，也就两三个月的时间，就开发出完整的关键设备和整条工艺路线。

和陈端阳在达钢水泥项目部

有了工艺路线和设备思路，8 月底就与我们的总图专业工程师去现场了解现状，看看项目的建厂条件和业主的意愿。利用达钢立窑石灰生产线的原料堆场，增加从石灰石库到成品石灰库的整个生产线，确定总图走向，利用钢厂的焦炉煤气来作为热源。

很快我们就与山力公司签署总承包合同，明确我们负责设计、设备采购到施工的管理工作，以及投产后业主员工的培训和调试工作，也就延续了辽宁交通水泥项目的模式，代表业主进行项目管理工作，对外合同的签署、工地的管理都由卡森负责，外协的合同支付由山力公司负责。项目从接触到完工仅仅用了11个月的时间，项目于2006年6月15日点火投产，顺利达标达产。

建成后的达钢石灰生产线窑系统

2020年3月12日和投资人陈端阳吃饭，他又谈起了达钢的石灰项目，认为我们的设计思路和管理方式在达钢迄今也没有人突破。后面达钢又邀请我们参与800吨石灰的总承包投标，由于价格差异太大，达钢选择了另外的公司来总承包800吨石灰项目。经过十多年的实践检验，达钢公认的看法，就是卡森设计的400t/d石灰项目运行是最好的，而800吨石灰生产线的故障率非常高，后悔没有把800吨项目拿给卡森设计。当然，这都是后话了，投标的时候业主普遍看重的还是价格。

峨眉石灰——峨老大光环消逝

四川金顶（集团）股份有限公司是一家上市公司，公司股票于1993年10月8日在上海证券交易所挂牌上市。该公司的前身是国营峨眉水泥厂，始建于1975年，当初有两条德国生产的180m长的湿法窑生产线，后来自

行设计了两条 $\phi3.5m \times 145m$ 湿法窑，加上一条 $\phi3.7m$ 的上海窑，整个工厂有五条湿法水泥生产线，当时是四川省最大的水泥厂，行业内俗称"峨老大"。

我大学毕业分配到四川后，参观的第一个水泥厂就是峨眉水泥厂，当时的峨水可是响当当的大企业，是西南地区最大的水泥厂。1983 年秋天我去参观的时候，就住在工厂的招待所，印象最深的就是洗了衣服三四天都不干，当地气候非常潮湿。

在成都红庙子自发形成的股票市场中，金顶水泥的股票曾经炒得非常高。1992 年前后，受工厂的委托，我们多次去峨眉水泥厂给他们做技改方案。那个年代，随着新型干法生产线的普及，峨眉水泥厂也急需更新换代，我当初就担任项目的总设计师，完成了湿法窑改为湿磨干烧生产线的可行性研究报告。为了峨眉和渠江水泥厂两个项目，会同工厂的设计人员一道去上海金山水泥厂、广州水泥厂调研，为成都院研发了独有的湿磨干烧工艺。这种工艺当初可是非常先进的理念，因为西南片区雨季很长，原料的水分也很高，导致那个年代四川几乎没有一条新型干法水泥生产线，我们就在西南片区力推介于湿法窑和干法窑之间的一种工艺，就是原料采用湿法工艺，煅烧采用干法工艺，后来峨眉生产线的工艺路线改为全干法，我们就把这个成果应用到江油水泥厂的 7 号窑，也是当初国内最大的一条湿磨干烧水泥生产线。

峨眉水泥厂的新建生产线受到都江堰拉法基新型干法技术的影响，我们双方都一致决定把原有的工艺改为新型干法，我当初就是项目前期的总设计师，许多工艺路线都出自我之手。由于 1997 年担任了工艺所的副所长，这个项目才交给了其他人负责，但在项目实施过程和调试中，多次给工厂的员工和生产主管主讲新型干法水泥的基本知识。金顶的 2500t/d 水泥生产线的工程设计和技术方案具有二十世纪九十年代国际先进水平，是集节能、环保于一体的新型干法生产线，自 2002 年 12 月 26 日顺利投产后，公司的技术装备水平和生产规模都跃上了一个新台阶。后来金顶又上了一条日产 5000 吨水泥生产线。

后来公司改制，把两条新型干法水泥生产线卖给了中建材西南公司，把石灰石矿山和老厂区卖给了福建一家公司，公司名称依然是金顶股份公司，不过是把"水泥"两字给取消了。

为了发挥石灰石的资源优势，2012 年 8 月金顶股份找到我们，希望在老厂区建 12 条石灰生产线。为此，我一个人开车去了一趟金顶股份，曾经非常辉煌的峨老大，已经破败了，所有的 5 条湿法窑已拆除了，原有的生产区就剩下一栋办公楼，这栋楼近二十年我就去了无数趟。到了曾经熟悉的办公室，很多人都不认识了，时过境迁、物是人非。好在还有几个熟悉的面孔，大家也都苦笑着峨老大走到了这个地步。相反当初同一个档次的华新水泥厂却赶上了蓬勃发展的时期，2021 年华新水泥在中国的 500 强企业中排名第 45 位，在中国水泥行业则排名第 5 位。不比不知道，一比吓一跳，当年的华新水泥厂可是和峨眉水泥厂差不多的水平。当然，曾经辉煌的江油水泥厂和湖南的湘乡水泥厂也混得很差。

因为这层深厚的感情，石灰项目的设计合同，没有费什么周折一次就搞定了，项目从设计到投产都非常顺利。西南曾经最大的水泥厂也就开始烧石灰了。

江油华川实业公司重钙项目

项目业主是江油市华川实业公司，拥有几条重钙生产线，2014 年立项在香水镇工业园区新建重钙粉生产线。前期，业主邀请了许多设计院洽谈，都因为设计费偏高而放弃。在这些老板眼里，这种生产线就是设备厂给一些参考图纸，他们找个施工队就可以建成，怎么还要花设计费？我们接触的时候，就是业主在选择设计院的过程中，也面临这种局面，业主压根就不想掏设计费出来。

我们派人到现场了解情况，工艺非常简单，就是把石灰石破碎、粉磨、包装，在水泥厂也就一两个车间而已，也就开了一个非常低的价格，结果还是以一个 5 折的价格签署了合同，也相当于用这个项目做了广告。实践证明，正规设计出来的产线还是技术先进、投资节省、自动化程度高。其他项目都是设备厂家提供一个设备总图和参考的基础图，仅找了一家民用建筑设计院来完善规划审批手续，根本没有工艺、电气设计的说法。华川这条线，是当地第一个聘请正规工业设计院来参与规划、设计的。

合同签署后，公司设计团队就紧锣密鼓地开始做设计，不多的时间就完成了土建基础和上部结构图纸。交付图纸后，我们按规矩去现场设计交底，却发现破碎机部分已经开始施工，而且与我们的图纸完全不一样。经过了解，才知道业主还是老观念，直接采用设备厂家提供的破碎机基础图来施工，我们的土建工程师看后，判定就这一个车间就多花了 70 多万元，设备厂家根本就没有华川公司的地勘资料，就随手给了一个其他项目的设计图纸。通过我们现场交流，分析利弊，业主这才完全明白设计图纸的重要性，后续除了自行修改的钢料仓外，基本是按照我们的图纸进行施工的。

2019 年 1 月 11 日，参加华川重钙项目开业大典，李兵彦董事长对我说，他们公司和江油市政府对该项目的设计赞不绝口，政府在许多场合都表扬了这条生产线的规划设计，号召本市同行业向华川学习。开业大会期间，就有人主动联系我们要上一条生产线，希望到他们公司讨论下一步的规划。

江油市含增镇石材园区系列项目

江油市的石灰石资源非常丰富，水泥和钙粉生产企业非常多，但基本都是规模小、工艺落后、厂区分散、环保不达标。在主管副市长杨保平的主导下，市政府在含增镇规划了一个石材产业园区，把现有的生产线全部搬迁到园区，不符合产业规定的就地淘汰，建大放小，打造石材产业集群。2017 年 5 月，受江油市科工局的委托，我们对含增镇、香水镇的两个石材产业园进行产业规划，对目前已确定落户的 8 家企业的总体方案和图纸予以审核，并需要提供石材产业园长期规划图及说明、产业园现状规划图及说明、已落户 8 家企业的方案审核报告。

拟入园的 8 家企业产品各异，但共同点就是都采用当地的石灰石，而且都没有固定的矿山。针对这种情况，我们给园区的规划中，提出来组建一个矿山公司和产品检验中心，矿山公司对所有的入园矿石统一管理，块石入场统一破碎、预均化，矿石按照质量和粒径分开堆放，用皮带机分别送到园区各自的储仓中，这样的规划目的就是把脏乱差的料场布置在园区的西北角，避免园区每天都是装运石头的车辆。建一个产品检验中心，也是减少重复投资，又可以增加企业产品的公平、诚信度。对于每一个入园企业，就根据自己的工艺和流程，来生产不同的产品，这些不同质量的产品又可以在市场上进行竞争。既有政府干预，又有企业的自主权，建成后的园区一定是一个环境优美、功能分区明确的现代化园区。

对于入园的 8 家企业，有的已经动工建设，有的已完成了设备采购，但基本都缺乏基本的厂区规划和设计，还是沿用设备厂提工艺、建筑设计院设计土建的模式。为了标准化的合规，我们与每一家公司签署了初步设计合同，对他们原有的工艺路线进行深入的研究和规划。有些产线干脆就没有设环保设备，有些厂连工艺计算书都没有，采购的设备也是五花八门，基本上没有自动化的概念，还是人工仪表操作。针对这些情况，我们的初步设计给他们提出了许多好的建议。

2018 年 11 月杨市长给我打电话，说许多生产线投产后，环保不达标，无法验收，都说是按照卡森的设计施工的。第二天，我们就派吴东业、代礼荣、徐建到几个企业考察，看是不是按照我们的图纸设计的，摸清楚哪些部位还有环保问题，针对性地给他们提出建议，并向杨市长专题汇报。专家组的意见为：一是市政府的程序有问题，仅仅审查了土建施工图，但对工艺等其他专业的施工图没有组织审查，导致几个生产线都没有做施工图设计，企业自己凭感觉组织施工。建议完善相关的审查程序，生产线设计必须由有设计资质的单位做施工图设计，必须设置的环保设备一定不能空缺。二是各个生产线的通病，即都没有找人做生产线的工艺、电气、给排水、环保的工程设计，只是办公楼和厂房的土建找建筑设计院做了施工图设计，导致开机后粉尘飞扬，达不到环保要求。三是几个公司基本按照我们的总体规划进行的施工，但细节上包括收尘器的选型、位置、方式，都没有按照我们初步设计的要求来进一步做施工图设计。针对我们提出的意见，市政府督促每个企业进行环保设备审核，最终每一个都通过了环保验收工作。

江油晶堡骨料和重钙项目

四川晶堡工贸有限公司成立于 2013 年，拥有两座方解石矿山，主要开发方解石资源和开发碳酸钙新材料。在江油市香水石材产业园建设钙业项目，分三期建设，其中一期为 500 万吨环保型砂石骨料智能化砂石骨料生产线，骨料品种包含 20～30mm、10～20mm、40～80mm、5～10mm 米石、砂、石粉等产品；二期为 50 万吨饲料钙和 20 万吨超细钙生产线；三期为碳酸钙新型下游产品生产线。骨料是近几年非常火爆的行业，大量的投资涌入这个行业，原本是小打小闹的产业，由于许多大国企、央企都进入了，占有了资源，就拥有发展的前景。砂石行业原来很不正规，基本都是划河为界，河道上都是密密麻麻的砂石厂。国家取缔河道挖沙后，现在都是规模非常大的产线，一个小时就有几千吨。2020 年 3 月该项目与卡森科技签署工程设计合同，2021 年完成两期项目施工，顺利达产达标。

江油市蜀玉实业公司超微非金属新材料制造项目

项目位于江油高新区新材料产业园，一期建设年产 60 万吨活性氧化钙（含年产 6 万吨轻烧白云石）、年产 10 万吨氢氧化钙、年产约 35 万吨砂石骨料生产线；二期建设年产 10 万吨轻质碳酸钙（含年产 3 万吨活性碳酸钙）、年产 5 万吨纳米碳酸钙生产线。一期建设的 3 条机械化立窑用于煅烧活性石灰，后期会用来生产氢氧化钙和纳米钙生产线；另外一条机械化立窑用于焙烧白云石，每台立窑的生产能力都是 300t/d。一期同时建设两座麦尔兹窑，单套日产活性石灰 600t。2020 年 1 月与卡森科技签署工程设计合同，2021 年 10 月一期工程全部完工投产。

四川珙县鑫锐钙业公司轻钙项目

项目位于宜宾市珙县余箐工业园，占地面积 118 亩（7.8706 公顷），一期建设年产 10 万吨轻质碳酸钙，二期建设年产 20 万吨轻质碳酸钙和 10 万吨纳米碳酸钙。

项目主要设备为 4 座机械化立窑，其中 3 号和 4 号立窑为二期建设，单座立窑生石灰产量 250t/d。采用一台回转式消化机，消化后的料浆进入粗浆池，再进入精浆池陈化，精浆池内的精浆泵送至碳化塔，然后通入高压烟气（来自立窑），反应生成碳酸钙。反应完成后，将料浆放入熟浆池陈化。熟浆泵送至高位槽，然后进入刮刀离心机。离心脱水后的料饼由皮带机输送至回转式列管烘干机进行烘干作业，继续进行干法活化成为成品，再进行包装出厂。2020 年 2 月该项目与卡森签署设计合同，项目工艺也是我们第一次参与研发，为整个钙业产业化打下基础。一期项目于 2021 年年底投入商业运行。

第十二章

华丽转身，锂电材料的设计做成了世界老大

早在2001年初创德嘉公司的时候，我就在公司的发展篇写下了这段话："水泥行业从长远来讲，并不是一个理想的投资增长行业，仅仅是传统工业而已，近几年由于小厂改造和新标准的实施，迫使大量的小厂进行立窑改旋窑，这波行情是德嘉公司蓬勃发展的基石和在市场得以发展的基础。水泥行业的设备，都是以销定产，形不成一个完整的产业链，况且面对的大多数用户的资金状况不太好，容易造成大量的资金积压。在这波行情中完成了原始积累，就应该及时地转向，瞄准科技含量更高的行业，最好能开发出销量大、单一的成品（人人可用，而不是仅仅是水泥厂使用），再建立市场基地规模化的生产。"从公司的发展上，还真的验证了这段话，天下没有不散的筵席，没有长久不衰的行业。

多年来，企业的转型都是互联网思维来进行供给侧结构性改革，比如互联网＋荷花池（成都最大的商品批发市场）＝淘宝，互联网＋野猪儿（成都话，意指没有牌照的出租车）＝滴滴。这就给了我一个启发，如何把水泥的技术延伸到其他行业，比如水泥＋高炉＝镍铁，水泥＋焙烧＝锂辉石，利用我们的强项，来做加法，就可以创出一片天地。

水泥行业的特点就是回转窑和粉磨系统，其实许多工业领域都有这些设备，只是煅烧的原料不同而已，但基本原理都是相同的。早在公司成立的时候就收到四川省冶金设计院高晓军院长的邀请，给他们讲解回转窑的结构形式和原理，并不知道他们用于什么物料的焙烧，直到多年后，才知

道他们的回转窑是用于红土镍矿的冶炼。尽管没有与他们在镍铁项目方面有太多的合作，但在费西院长的牵头下，我们还是为镍铁项目做了几个煤粉制备的总承包项目，也算是我们把水泥的技术延伸到了冶金行业。一个偶然机会，我们进入了锂盐行业的设计，从锂辉石焙烧开始起步，慢慢延伸到焙烧料的酸化、浸出，后来又做到了锂盐的终端产品，还设计了第一套磷酸铁锂产线，从点开始辐射到了全产业链。又通过几次国际锂盐会议，结识了这个行业的上下游企业和专家，SCT 成了国际锂盐行业的一张靓丽的名片，也成就了 Jeremy（儿子常乐的英文名字）在锂盐行业的地位，全球只要有人新建锂盐项目，都会在第一时间想到 SCT，马上就会联系 Jeremy。所以当初乐儿选择在澳洲上大学，真是一个明智的选择，因为澳洲拥有世界上最优质的锂辉石矿，这可是产业链的顶端，也通过澳洲贯穿了整个世界。

首次涉足锂盐行业

2011 年天齐锂业立项要建设 2 万吨的碳酸锂项目，由于锂辉石焙烧与水泥的煅烧非常相似，他们就在国内的水泥设计院中寻找合作伙伴，找了水泥行业的三大院，那个年代水泥项目非常多，而且单条水泥窑都做到了上万吨，2 万吨碳酸锂系统中锂辉石焙烧的料量日产才 600 吨，各大设计院根本没有时间来开发这些工艺和设备，天齐锂业负责项目的陈福怀经理从银河机械的李志刚总经理处打听水泥设计的单位，李志刚就推荐了卡森科技。很快陈福怀就到商鼎国际办公室来谈他们的项目规划，并带来了锂辉石样品。当时对锂辉石完全不懂，只是觉得是采用回转窑煅烧，对于我们而言，应该不是什么困难的事情，就告诉他，我们也不确定会不会做这个项目的设计，但可以去现有的生产线看看。我对于新的研究项目非常感兴趣，当时就在想，如果干好了这个项目，说不定就可以创出一片蓝天。

天齐锂业原有的两条老生产线，都是川大设计院设计的，两条生产线分别是 3000 吨和 5000 吨的碳酸锂。进厂后的锂辉石精矿，露天堆放在空地上，刮风时灰尘满天飞，雨天物料又湿漉漉的。在窑尾设有一个面积很小的堆棚，用铲车把锂辉石运到大倾角皮带机上，直接喂入窑尾，没有任何计量装置。回转窑采用的是传统的中空窑，俗称"直进直出"，废气经过沉降室后再进入收尘器过滤，尾部密封很差，到处都是窑内返出来的锂辉石细粉。焙烧料冷却采用的是淋水式单筒冷却机，系统还是窑头平台的仪表手动操作。整个系统给人的感受，就是破破烂烂、乌烟瘴气，生产工艺落后于水泥行业几乎 30 年，这种中空回转窑，水泥行业早在 20 世纪 90 年代就淘汰了。这种单一物料的焙烧，应该比水泥更加简单，看完后就在想，能否把水泥窑的预热器、篦冷机、多通道燃烧器、DCS 控制系统用到锂辉石的焙烧。当时的生产线还是以烧煤为主，原煤也是简单地堆放在堆棚中，没有像水泥行业那样设计一个预均化系统，煤质均匀了，烧成温度才能够稳定，稳定的烧成制度才是系统成败的关键。现场入窑的锂辉石，如同 20 年前的水泥机立窑系统一样，采用铲车喂料，除了铲车工作时产生的大量烟气，还有料仓料位的不稳定带来的喂料量不均衡，严重影响锂辉石的焙烧稳定性。煤粉不稳定、锂辉石不稳定，必然导致转型率忽高忽低，为了保证一定的转型率必然要降低窑速，导致系统产量上不去。

天齐锂业老生产线的窑头

　　回到成都，多次开会讨论天齐锂业的锂辉石焙烧工艺，用水泥的思维来解决锂辉石的问题。原料决定工艺，工艺决定设备，设备决定效果。就是要从锂辉石的特性来入手研究。典型的锂辉石是花岗岩结构，硬度高、粒度大，物料的休止角大。硬度高就意味着耐磨性高，对设备、耐火材料的要求也高，粗大颗粒对输送、计量、储存设备设施的要求也不一样，大的休止角带来物料输送设备和储库的选择也不一样。针对露天堆放的锂辉石，还要在工艺上消除高水分的影响，这些物性都要经过多次的试验来验证。对于物料的储存，根据水泥生产的经验，就是要考虑物料的不均匀性，力争把锂辉石和原煤都进行预均化处理，稳定入窑物料和原煤质量，以期达到焙烧均衡的目的。由于场地有限，天齐射洪项目仅考虑了原煤的预均化系统，而锂辉石依然采用最原始的堆棚加铲车方案。由于现场狭窄，无法采用水泥厂传统的预均化系统，我们就把公司开发的行车式取料机用于天齐的原煤预均化。这台设备的开发，源于一个土耳其投标项目，当时就感觉到这种形式对于场地狭窄的生产线而言，一定是个好设备，但国内没有现成的设备，我们就潜下心来研发。我们的第一台行车式取料机用于库尔勒水泥项目，就是用于原料的预均化系统。一个稳定的焙烧系统，关键就是需要风煤料的稳定。天齐的原料系统几乎没有计量系统，煤粉和锂辉石都是人工控制流量，完全没有精确计量的概念，所以我们就把水泥行业精确计量的概念用在了锂盐行业。考虑到锂辉石的高水分，结合电厂和水泥厂粘湿物料的计量，把筒仓卸料器用在了锂辉石的中间仓和计量。第二个步骤就是如何设计烧成系统，如何把悬浮预热的概念用于锂辉石系统。预热器来源于水泥行业，就是把回转窑的物料翻转辐射传热改成了悬浮换热，将物料均匀地撒在高温烟气中，使烟气的热量迅速传导至物料，大大提高了物料的传热效率和缩短了反应时间。根据水泥厂的经验，悬浮预热系统相对于中空回转窑，产量可以翻番，如果加上窑尾二次加热（专业术语就是分解炉），系统的产量可以比中空窑高 4 倍。但来自澳洲泰利森的锂辉石，有 20%～30% 的颗粒都超过了 3～5mm，这种毫米级的预热器，在世界上也没有先例，这就是锂辉石采用悬浮预热器的难点。要在预热器系统解决粗颗粒的悬浮问题，还要解决锂辉石磨损耐火砖和浇注料的问题。为此，我们针对如何把锂辉石均匀地撒播在烟气中，在烟气中停留一定的时间，快速完成物料的烘干和预热的问题，把传统工艺的冷物料进窑改成了 300～400℃物料进窑，大大缩短了回转窑的长度，提高了系统的热效率，减少了燃料的消耗，产量也得到大幅度提高。对于冷却系统，老系统采用的是外淋水式的单筒冷却机，物料出料温度依然高于 200℃，二次风温度很低，既影响后续物料的粉磨系统，又影响煤粉的煅烧，系统热耗也很高。这种经过焙烧后的 β 锂辉石完全粉化，物料的细度很细，可否采用水泥的篦冷机来冷却锂辉石。水泥行业从单筒冷却机到篦冷机就是一次革命，现在都发展到了第四代，冷却效率非常高，但熟料的物料形态和焙烧料完全不同，如果采用篦冷机，就需要解决细颗粒物料的漏料问题，还要避免细颗粒被风吹到窑内而影响看火。为此，公司成立科研小组，充分考虑焙烧料的特点，对我们自己研发的十字棒篦冷机进行改进，期望达到预期的效果。

　　对于预热器和篦冷机这两个设备，天齐技术团队多次向集团领导汇报，我们也多次给他们讲解设备的原理和可以达到的效果。当时天齐就分了两种不同的观点，有的坚持要采用原来成熟的工艺，但大部分人支持采用新技术、新工艺，毕竟在产能和能耗上新技术、新工艺有不可比拟的优点。为此，天齐召开了专家论证会，邀请了锂盐和建材等行业的专家就这两台设备进行无记名投票，新技术、新工艺最终以82分获得专家的认可，集团才下文同意在2万吨锂盐项目上采用先进的预热器和篦冷机方案。现在回过头来想想，如果专家否定了这两台设备，那么锂盐项目就再也不会出现预热器和篦冷机。天齐是第一个吃螃蟹的人，而卡森给锂盐行业带来了新技术，这些新技术在天齐生根发芽，有力地推动了锂盐火法技术的革命。

卡森科技设计的第一条锂辉石焙烧项目

2013年3月11日，天齐锂辉石焙烧系统开始调试，卡森科技派孙手棒和李红毅为首的专家组参与系统操作，预热器达到了预期效果，粗颗粒可以在热风中均匀分布，出一级旋风筒的气体温度低于150℃，并消除中空窑系统细分大量外冒的现象，出窑锂辉石质量明显改善，转型率也达到预期目标。运行3天后，篦冷机出现压料现象，加大推动棒的频率，焙烧料还是岿然不动，料越堆越高，最终电机跳闸，篦冷机停摆，调试人员也没有任何办法，系统止料停机，第一次调试被迫终止。这个时候，赣锋锂业的马洪一期正在篦冷机安装，我们紧急通知系统暂停，等待天齐篦冷机改进取得效果后，再继续安装。针对篦冷机出现的棘手问题，公司开了几次会议，最终找到了水泥熟料和锂辉石焙烧料之间的根本差别，完全照搬水泥篦冷机的参数，就不可能达到预期的效果。有了基本的思路，就自己动手、自己花钱请安装公司，把现有的篦冷机拆除，增加一些零部件，修改了一些错误的布置，前前后后花费近百万元。半个月后，改造升级的篦冷机系统重新投料运行，结果一炮打响，验证了我们的思路，一颗悬吊的心也落了下来。细粉篦冷机走出了成功的第一步，交了一次学费，收获了后来几十条生产线的成功。窑尾废气中的细料，以前的系统都是直接喂入回转窑中，由于新鲜料和回灰分别喂入，影响烧成系统，所以在天齐的设计中，增加了一个混料环节，把新鲜料和回灰喂入一台混料机中，混合均匀后，再一起喂入预热器系统。由于没有考虑到锂辉石的高磨蚀性，这台混料机一个月就被磨穿了，后来干脆就把回灰料直接喂入窑尾烟室，把混料机拆除弃之不用。这台设备在最终的工程结算中扣除了全款，也算是一个失败的经验。

天齐是我们的第一个锂辉石焙烧项目，从中摸索到了不同于水泥煅烧的经验，搞清楚了锂辉石的特性，也在经济上付出了惨痛的代价。踏破铁鞋无觅处，得来全不费工夫。铁鞋都磨破了，怎么可能不费工夫？头关不破，二关难攻，世上无难事，只要肯登攀。第一个项目形成了我们独特的锂辉石工艺，第一次采用的设备就有行车式取料机、悬浮预热器、细粉箅冷机、链斗输送机、筒仓卸料器、多通道燃烧器……这就是多年后，中国有色金属协会锂业分会的张江峰秘书长说的那样，卡森介入锂盐行业，给这个行业带来了许多革命性的设计理念。

天齐锂业是卡森科技的第一个锂辉石设计项目，创造了锂行业的多个第一次。有成功的经验，也有失败的教训，为后续的设计积累了大量的经验。

一路走来，天齐的工程经验一直伴随着我们成长。万事开头难，有了第一次，后来的项目也就驾轻就熟、顺理成章，经验就是这样一步步总结得来的，所以做事一定不能因有难度而退却。

首个锂盐 EP 总承包项目

锂辉石焙烧的独特工艺和理念，通过这个行业的朋友圈传遍了大江南北。2011 年年底就接到来自江西省新余市的一个陌生电话，说是赣锋锂业也想了解我们的锂辉石焙烧新工艺，当时不知道除了天齐，还有一个赣锋锂业，自己对这个行业确实了解得太少。多年以后，在做致远锂业的时候，才知道原天齐锂业的总经理姚开林先生在赣锋曾经有短暂的工作经历，就是他告诉赣锋锂业有关卡森的业绩。这就像采蜜的蜜蜂一样，把花粉带到了无处不在的环境，造就了多个花蕾和新枝嫩叶，感谢姚总给我们的无私宣传，成为卡森科技的无名英雄。后来在酒桌上，他也就是淡淡一笑：在赣锋我也就是随意地提起，这么好的工艺，当然就要传播于有用之才，造福锂盐行业。

接到新余的电话后，不几日赣锋就来了袁中强和黄学武两位专家，听取我们在锂辉石焙烧方面的见解，关于如何破解技术上的难题、如何提高转型率，短短几个小时，就与两位专家达成共识。与天齐不同的是，他们接受了篦冷机、筒仓卸料器，并把锂辉石精矿和原煤都做了预均化系统（仍然采用我们的行车式取料机系统），由于后续工段需要蒸汽，所以他们希望把预热器改为余热锅炉。我们又提出把篦冷机的废气也做成余热锅炉，这样就形成了另外一个技术路线，既可以提供预热器，也可以采用余热锅炉系统。关于双方的合作，由于赣锋对火法段非常陌生，我们就建议加大合作范围，除了工程设计，我们还负责主要设备的制造，配合赣锋进行全线设备的采购，并把招投标过程放在卡森科技，让他们全面参与采购过程，这可是赣锋第一次参与正规的招投标过程，为赣锋锂业后续工程积累了丰富的经验。除了设备采购，我们还负责设备监造，把握设备的质量和进度，负责所有设备的安装，把握整体工程的效果，负责所有员工的培训和调试、试生产等技术服务。这种合作模式与总承包有别，是另外意义上的项目管理加关键设备成套，在保证系统效果的前提下，给业主带来最大限度的投资降低。明确了技术路线和合作范围，并在邮件上多次往来，基本确定价格的范围、合同条款等。2011 年 12 月 23 日赶到新余，签署锂辉石焙烧工段的 EP 总承包合同。

卡森科技设计的赣锋锂业新余工厂 1 号线

天齐锂业于 2014 年 5 月斥资 50 亿美元完成对澳大利亚泰利森锂业公司母公司文菲尔德 51% 权益收购，间接控股泰利森锂业，当初中国市场80% 的锂精矿可都是由泰利森供应。收购了世界最大的锂辉石矿山，就意味着控制了锂盐的原料。这个消息对赣锋的影响非常大，赣锋马洪生产线的安装被迫停工了一段时间，项目也延期，等后来基本落实了锂辉石的大体来源，项目才得以重新启动。赣锋项目包括了员工的培训，我们通过理论和实践，短短的几个月就培养出了合格的操作员和维修工人，为赣锋项目顺利投产打下良好的基础。

2011 年两个锂辉石焙烧的成功案例，奠定了我们在锂辉石焙烧领域的领导地位。

能够深耕锂盐项目的基本功

锂盐项目包括了火法段和湿法段两大部分，火法段类同于水泥工艺，而湿法段则是化工工艺。锂盐的工艺，如同我求学的大学，本科大学是水泥为主的济南大学（原山东建材学院），就是锂盐的火法段核心技术的来源，也是我毕业后一直从事的行业；研究生的大学则是化工为主的南京工业大学（原南京化工学院），这是锂盐湿法段的核心技术来源。自己的本科和硕士研究生所在的学校，就是水泥加化工，也正好就是锂盐的火法加湿法，这也许就是上天的安排，冥冥之中会发生的事情，让你受益无穷！

化工工艺就像酿酒一样，每个产线都有自己的诀窍，同样的设备就会有几个档次的差异，每一条线都需要一个工艺包，工艺包传统上来源于高校或者锂盐行业的从业专家，目前的湿法段就有七个以上的化工设计院参与。"参观不准拍照"是这个行业的基本要求，机密的工艺都不希望流露给竞争对手，许多工厂都不允许他请的设计院给竞争对手提供设计。如果到这些工厂参观，基本上就是坐上观光车走马观花，连下车看的机会都不给你。

2021 年 5 月去韩国浦项制铁的锂盐小试工厂参观，这是更加奇葩的一次经历。先到大门接待处，把护照登记上，再用不干胶把手机摄像头给蒙住，注意事项上特别注明，如果出门检查看到这个不干胶有撕裂的痕迹，就会把你列入黑名单，很可能不允许再次进入浦项。从门卫室出来，坐车十分钟到浦项的卫生所测耳温，不得高于 37℃，随行的其他两人超过了 37℃，等待十多分钟温度降下来了再测量第二次。体温合格后，坐车返回门卫室，再一次检查护照、测体温，发放出入证。拿到了出入证，参观的人刷卡进门，司机随车另行刷卡进入。厂区里到处都是摄像头和限速 40 码（1 码 =0.9144 米）的标志，不仅不允许超速，还必须开大灯。好不容易到了小试工厂，还得填表，领取安全帽、耳罩、防尘口罩和防护镜，加上路上自己购买的带铁皮的劳保鞋，可谓全副武装。在去车间的路上，厂里的人强调只能看包装车间，其他一概不准参观。折腾了一个半小时，就花费十分钟看了无关紧要的包装车间。这就是这个行业的规则，保密、保密再保密。我们在首尔谈判中，浦项锂盐的团队不断向我们索取相关资料，我们就是不给，不签合同就不可能给关键的数据和参数，后来浦项的团队还在邮件中说我们对他们太过于防御。

当然，水泥的产品销售半径充其量也就200km，而锂盐的销售则是无限制的。销售半径决定各个企业之间的竞争关系，一个1000km的水泥厂当然就可以互通有无，不仅可以参观，还可以为你培训员工，而锂盐厂永远不会。

技术开放的水泥行业，只要认识一个车间主任，都可以在一个水泥厂待上一天，想看什么看什么，甚至可以拿着尺子测量相关的尺寸，所以水泥厂基本上没有什么所谓的工艺包。火法段由于锂辉石来源不一样，因此工艺过程和设备也不尽相同，但我们没有设置所谓的工艺包，就像水泥工艺一样，完全就是一个开放的领域，这也为我们提供了一个广阔的市场。火法段包括锂辉石焙烧和酸化两个工艺过程，我们在2011年的两个锂盐项目，只做了锂辉石的储存、焙烧、粉磨三个工段，没有涉及酸化工艺。第一阶段的工作基本上就是锂辉石焙烧和粉磨，由化工设计院从酸化开始做设计。2016年是我们在锂盐行业发展的第二个阶段，往下游工艺延伸，先后开发了外燃式和内燃式两种工艺的酸化窑，先后承接了银锂、雅化、能投等产线的设计。在澳洲AVZ公司投资的刚果（金）项目中，我们又把设计延伸到了浸出，把酸化料加水搅拌、过滤，水溶性的硫酸锂就留在了滤液中，通过结晶、烘干等工艺，把液体硫酸锂变成固体硫酸锂，解决了非洲产线中运费奇高的难题。AVZ项目地处刚果（金）的南部，距离非洲东、西海岸都有1500km以上的路程，如果锂辉石精矿作为产品来运输，折合到碳酸锂的成本就非常高，因为$7 \sim 8t$的锂辉石精矿才可以生产1t的碳酸锂，如果做成固体硫酸锂，基本上就是1t硫酸锂制成1t的碳酸锂，从而节省大量的运费。这个固体硫酸锂工艺就是卡森科技的首创，后来日本三井公司投资的巴西锂矿、澳洲Liontown公司，也听取了我们的建议，最终产品就是做成固体硫酸锂，一方面减少产线的碳排放，另外一方面减少物流的数量来降低产品的运输成本，又可以把锂渣填埋到开采区，做到了废物就地排放。浸出的残渣就是所谓的锂渣，原来的锂盐公司都是把锂渣直接卖给水泥厂，作为水泥粉磨的混合材。我们进入这个行业后，为提高锂渣的经济附加值，做了许多努力，一种方法就是利用焙烧料篦冷机的余热来烘干锂渣，低水分的锂渣受到水泥厂的广泛欢迎，会减少他们在水泥粉磨工段增加烘干机的审批难度。我们又参考矿渣超细粉的理念，把锂渣粉磨成高细度的超细粉，直接卖给混凝土搅拌站，进一步提高了锂渣的附加值。在湖南永杉锂盐项目中，又通过皮带机把锂渣直接运输到隔壁的空心砖工厂，作为制砖的原料。德方纳米在云南曲靖的磷酸铁锂生产线，我们把设计范围进一步扩展，从原料做到了产品磷酸铁锂。

在锂盐项目上不断创新

　　锂盐与水泥截然不同的是，锂辉石的来源和物性差别，尽管水泥的煅烧是多组分的物理化学过程，但水泥原料在物化性质上差别很小，可以通过预均化和生料的粉磨，使各种来源的生料具有相近的特性，这也决定了水泥生产工艺大同小异。对锂辉石，一般有浮选矿和重选矿之分，又有澳矿和国产矿的区别。锂辉石的物理特性和化学成分差别很大，水分有从 5% 到 18% 的变化，粒度从微米级到毫米级，在每一个项目中都要针对锂辉石的来源选择不同的处理方案和主机的选型。关键的一点是，水泥工艺是成熟的技术，全国有三大设计院、两大研究院，还有二三十个省级研究单位和十多个高校研究机构，有上万人和几代人的研究，有大量的教科书、设计手册可以参考。而锂辉石焙烧，基本上就是卡森科技独家作战，连焙烧料的传热系数在手册上也查不到，每一个参数都是从实验室逐一探索。我们在几年的时间内，把世界上所有的锂辉石精矿都完整地做完了基础研究试验，每个客户都可以在卡森的展览室看到琳琅满目、来自世界各地的锂辉石。业精于勤荒于嬉，我们的锂盐经验就是这样一点一滴积累起来的。

　　对每个项目，我们都要从锂辉石精矿开始研究，每个项目都要从设计开始就要有创新，每个项目都要总结投产后的生产线经验，根据上一个项目的成败，再在下一个项目中完善提高。

　　在天齐射洪工厂 600t/d 锂辉石焙烧项目中，我们开发了粗颗粒悬浮预热器、细粉篦冷机、行车式取料机、筒仓卸料器、多通道燃烧器等，多个第一次都用在这个项目中，是名副其实的一个创新项目。第一次设计应用了原煤预均化系统，第一次把 DCS 自动控制系统用在了锂盐行业。基于这个项目的设计，我们拿到了锂盐项目的第一个发明专利。原煤的预均化在水泥厂的设计中已经是常态化设计，但锂盐厂的场地狭窄，根本无法采用水泥厂选用的常规预均化系统，我们就把占地面积小的行车式取料机技术用在了锂盐行业，项目取得了很好的成绩。

在赣锋锂业马洪一期 600t/d 锂辉石焙烧项目中，第一次利用窑尾废气和窑头箅冷机的废气设计了低温锅炉，给湿法工段供应蒸汽。装运锂辉石精矿的车是长途运输，基本上都不是自卸汽车，传统的工厂都是采用人工卸车方式，而我们在这个项目第一次采用卡车自动卸料机系统，完全取消了人工卸车。在这个项目中，还第一次把锂辉石储库做成预均化堆场，实现自动进料和自动出料。这种锂辉石自动卸料和带行车取料机的堆场，成了锂盐行业的标配。

在赣锋锂业马洪二期 600t/d 锂辉石焙烧项目中，针对锂辉石卸车坑下面的板式喂料机频繁漏料的问题，我们开发了基于筒仓卸料机原理的双刮板卸料机系统，实践证明特别适用于锂辉石精矿，这台具有卡森知识产权的设备也成了后来锂盐厂的标配。因为出预热器的气体温度较低，不能满足中温脱硝系统的需要，我们又把出二级旋风筒的废气先引入电收尘器，过滤后的净化气体再来脱硝，既保持了预热器的高换热特点，又保证了中温脱硝的气体温度，投产后就收到了良好的效果。这种特色的设计，国内也仅此一家。第一次在箅冷机固定箅床上增加一个保温釜，延长锂辉石高温段的停留时间，提高锂辉石的转型率。保温釜的构思则来自于我们的回转窑烧石灰项目的颗粒料预热器。

融捷锂业创新点有：由于处在成都的三圈城，环保压力很大，设计中除了常规的脱硫、脱硝，还设计了脱白系统，把烟囱中的雾气冷凝，而不会外冒成白色的雾气，避免影响整个园区的形象。为了整个生产线的整洁，业主还要求把所有的车间、设备都用钢结构厂房封闭，从外面看起来就像一个高大上的制造公司，仅仅外露局部的烟囱，工厂的外观非常漂亮，但也加大了设计难度。设计初期，业主提出了一个提高酸化率的建议，把酸化冷却窑出来的酸化料再转运到一个堆场，陈化一段时间，让酸和焙烧料进一步反应。因最终解决不了钢结构的腐蚀问题，在施工图阶段取消了这个装置。

河北吉诚锂业创新点有：针对高湿度锂辉石精矿，为了简化工艺流程，取消了入预热器前的回转式烘干机，高湿度的精矿直接喂入预热器中，为了避免精矿不在系统粘堵，开发了系列设备，保证物料在管道、风管等处畅通无阻。针对高铁锂辉石易在窑内结块，在箅冷机的中段设计了中部辊式高温破碎机，结块料提前在箅冷机中部破碎，破碎后的物料又在尾部继续冷却，消除了传统尾破冷却机出红料的现象，利于后续设备和储库的运行。2021 年年初的始运行中，中置破篦冷机达到了预想的效果，受到业主的高度评价。该项目取得效果后，马上用于盛新锂业等项目的设计，也成为了高铁相、高黏土锂矿的标配。

江西银锂公司焙烧窑系统

致远锂业的创新点有：焙烧冷却机采用了冶金工业的冷渣机，采用水管冷却方式，投产后冷却效果较差，但价格非常低廉，用了几年后，管子的磨损较大。由于入口规格较小，许多板结的物料都被窑口格栅排出去了，特别是国产矿，情况特别严重，需要专门的工人来把结块料用铁钩钩出来，每一班的工人就需要 5 ～ 6 人，不仅增加了劳动强度，而且增大了安全隐患，排出的结块料放置在窑侧，环境也非常不雅。由于以上的原因，我们在致远母公司新建的盛新锂业射洪项目上，用中置篦冷机替代了冷渣机，以期达到预想的效果。在致远项目的设计中，一直给业主推荐我们的筒仓卸料机，但业主考虑低投资，拒绝采纳我们的建议。后来试生产运行中，入窑锂辉石处理非常困难，转过来向我们寻求支援，我们又提出了采用筒仓卸料机的方案。业主没有使用过这种设备，因而在合同中提出，如果这台设备在实际应用过程中不能达到预想的效果，卡森要自行拆除并赔偿他们的损失。最终安装调试后，这台设备运行非常平稳，消除了原来生产中的疑难问题。

湖南永杉锂业创新点有：酸化窑取消断面密封形式，进出口都采用中部缩小、减少外漏风、减少酸雾的量、减少酸雾处理的设备；酸化冷却机取消单筒冷却机，采用水管内螺旋形式的冷却方式，整个设备水平布置，用管道式螺旋来推动物料的移动，与单筒冷却机相比，环境更加友好。

雅化锂业的创新点有：在能投项目的内燃式酸化窑基础上，开发了第一套外热式酸化窑，在窑体的不同区域设置多个燃烧器，根据窑内的状况开启不同的燃烧器，来控制窑内酸化料的温度。为了降低燃气消耗，我们又用换热器把废气的热量回收，把冷空气加热后，又作为燃烧空气使用，提高了系统的燃烧效率。

宜昌容汇锂电新材料有限公司年产 6 万吨电池级碳酸锂、6.8 万吨电池级单水氢氧化锂项目是我们在锂盐行业的第三个总承包工程。李南平董事长是深耕在锂盐行业的资深化工专家，也是我南工大的校友，他和我的经历差不多，我们前后差一年分配到四川工作，离开后又返回四川工作，而他再次返川则是承包了锂盐工厂。容汇集团在江苏海门、九江都有锂盐生产线，宜昌是他们的第三个加工基地，把火法段的 EP 总承包交给我们，完全是基于对我们的信任。截至 2022 年春节，项目土建已经大规模展开，主机设备也已经安排加工。

盛新锂能在印尼投资的盛拓锂能 2×4 万吨锂盐项目，是我们在海外设计的第一个项目，也是单条焙烧窑规模最大的生产线，回转窑的处理能力达到 1200t/d。这条线是盛新锂能在全球锂盐产业的一个重大布局，具有战略性的眼光。海外建厂一方面避开了国内建厂的碳中和、碳达峰一系列环保限制，又可以充分利用海外的锂辉石资源，避免产地国家以中国威胁论来限制锂辉石进入中国，还可以利用青山镍铁在印度尼西亚的人脉关系和印度尼西亚的低价能源、劳动力。在 2021 年，我们派驻两位专家参加现场考察和方案制定，项目的初步设计已经在年底完成，三通一平工作也大规模展开。

我们设计的三十几条锂盐生产线，先后采用了十几种不同的锂辉石，不同锂辉石的物理性质和焙烧过程各有不同，通过我们的调试和后期的技术服务，取得了大量的一手数据，收到了良好的工程经验。根据每一条投产后生产线的经验，又可以用于下一条产线的设计，不断总结、不断提高，占领技术的制高点，真正做到精益求精、勇创新高。优秀的设计和真诚的服务，给我们带来的名望越来越高，许多锂矿业主都慕名而来，国际上绝大部分锂矿项目委托我们做了基础焙烧和酸化试验，根据我们的试验报告，矿主们获知自己锂矿的特点和不足，便于精矿的定价和推广。我们办公室的样品架上堆满了来自世界各地的锂精矿，有非洲的刚果（金）、马里，有欧洲的芬兰、塞尔维亚、葡萄牙、乌克兰、俄罗斯，有美洲的加拿大、美国、巴西，还有澳洲所有的几大锂矿。SCT，就是锂矿焙烧和酸化，乃至整个产线的一个闪光点。

第十三章

妙手回春，天齐锂业江苏公司技改获得巨大成功

　　2014 年 8 月 6 日江苏龙马公司陈总来访，说天齐锂业收购了张家港一条锂业生产线，可能再扩建，具体情况不明。第二天就与天齐的陈福怀、赵本常联系，说是正在收购中，新线问题还没有敲定，他们以为我们关心新项目的设计，其实我们更关注张家港原有生产线的生产情况，毕竟这条生产线是世界最大的工程公司 Hatch 设计的，当初就想有机会看看，可以学到一些不同的知识。搞工艺设计的人总是想从现有的产线得到一些新想法，从而给下一次创作、创新带来一点点灵感，但他们对张家港这边的产线没有透露出来半点信息。后来打听到，天齐收购后，张家港那条生产线一直不太正常，锂辉石焙烧系统的设计产量为 15t/h，但投产以来一直在 9.5t/h 左右徘徊。他们曾经邀请了世界的头牌水泥工程公司丹麦史密斯公司，也邀请了给他们澳洲奎拉拉项目做总承包的 MSP 公司，都没有拿出来天齐可以接受的方案，外国专家认为这套系统最多也就 12 ～ 13t/h，由于 FLS 和 MSP 都不能保证设计产能，技改也就拖了下来。

　　张家港锂辉石焙烧窑的低产量，已经严重地影响了整个产线的正常发挥，每个月都要把射洪工厂焙烧过的锂辉石运到张家港，来满足后续工段的需要。来自澳洲的锂辉石精矿，汽车从港口运到 1830km 的射洪，焙烧后再折回 1830km 运到张家港，物流成本大大增加，生产成本也居高不下。到了 2016 年的时候，天齐下决心对张家港进行外科手术式的技改。生了病，就得找人看病吧！咨询过的 LFS 和 MSP 没有这个能力，也不承诺就

可以把病给治好。天齐锂业内部讨论，都认为只有卡森可以完成这项工作，但高层坚决反对采用卡森，他们还在对我们给赣锋设计的事情耿耿于怀。

到了 4 月 22 日，陈福怀在哈尔滨出差时给我打电话，说张家港项目急需技术改造，希望我们多给他们出主意。没几日，陈福怀、张炳元（张家港的副总经理）和工艺负责人杜明泽到公司交流，介绍了生产线的基本情况，原有的设计是中空回转窑、单筒冷却机，产量一直不达标，远远满足不了后段的 1.75 万吨碳酸锂需要的焙烧料，需要整体改造。只有简单的介绍，我们也无法判别哪里出了问题，总感觉到应该是哪里卡了脖子，要么是流程有问题，要么是某一个环节有问题。

4 月 26 日应邀到张家港现场调研。工厂延续了澳洲公司的管理模式，原始投资商是澳洲的银河锂业，进出工厂的管理非常严格，护目镜、防尘口罩、反光背心、安全帽和靴子一个不能少，所有安全防护设施佩戴整齐，经过安全培训后再进入厂区参观。收购了一个国外公司，也继承了他们的文化和安全管理，这一点非常值得国内公司学习。一眼望去，整个生产线布局还很合理，非常紧凑，没有浪费一丁点土地，工序搭接规范，物料不走回头路。刚刚到窑尾喂料的地方，随手拿起手机照相，工厂的人马上阻止我们拍照，工厂制度就规定不允许任何人拍照，担心技术外露。我马上就告诉陪同的人，你们是请我们把脉的，如果不让照相，我们怎么收集证据来与成都本部的专家一起会审？御医给慈禧太后看病，也得把脉诊断！如果坚持不让照相，我们立马打道回府，接待的人向领导汇报后，允许我们照相，参观才得以继续。

生产线位于长江边上，卸船后的锂辉石可以通过皮带机直接运到露天堆场，这也是国内锂辉石运距最短的一条生产线，可见银河锂业的厂址选择是非常精明的。这个堆场设计有一个缺陷，就是锂辉石露天堆放。现场看到大量的原料都泡在水中，通过铲车送到料斗，铲斗上都在漏水，可见水分有多大，经过简单计量后就用皮带机、提升机喂入回转窑中，雨季原料水分很高，提升机喂料经常堵塞。窑尾废气采用电收尘器，收尘效果极差，烟囱浓烟滚滚，远没有达到排放标准。回转窑到单筒冷却机之间设置了一个阀门，主要功能就是保证冷却机中的细粉不回流到窑中，不影响看火作业。我到现场一看，基本就可以确定这个阀门就是整个系统的病原所在，冷却机的热风进不到窑内，出窑 1000 ℃高温锂辉石的热量白白浪费了，回转窑的燃烧空气通过一个风机鼓入，冷空气条件下的天然气燃烧必然效率极低，这就是该生产线常年不达标的根源之一。此外，回转窑的长径比是按照水泥窑外分解窑选择的，同等直径条件下，长度太短，入窑的冷物料在窑内蒸发和预热的时间就会延长，有限的长度无法保证锂辉石在高温段的停留时间，导致产量常年不达标，台时产量只能达到9.5t。凭借我们的经验，一个下午的访问和调研，脑海中就形成了技改的大致方案。短粗的回转窑，可以新增一个预热器来解决，把物料的水分蒸发和预热放到高效率的预热器中来完成；取消回转窑和冷却机之间的阀门，在单筒冷却机和回转窑之间增加一段换热装置，高温锂辉石先进入换热装置，鼓入高压空气，冷空气和热物料进行热交换，600℃左右的高温空气由窑头罩进入回转窑，极大地提高了天然气的燃烧效率，骤冷的物料再进入原有的淋水式单冷机继续冷却，满足下一道粉磨工序的温度要求。晚上吃饭的时候，把大体的诊断结果告诉了工厂的几位领导，他们听了以后也是半信半疑。

6月13日派人去天齐总部就张家港改造进行了交流，他们希望我们做一个技改方案与MSP的方案进行对比，参加会议的天齐高层基本认可我们的方案，我们也明确可以达到技改的目标。对方提出让我们提供一个去掉关键数据的方案介绍文件，供他们做两家方案的对比，并提供项目预算，以满足他们公司对项目成本的控制。所有工作都是待他们高层最终决定用我们的方案后才能得以实施，我们后续要等设计合同签署且生效后再展开工作。

天齐与所有的咨询公司都有一个技术保密协议，就是约束对方，只能给他们设计，不能把他们项目的成果转让或设计给其他公司。因此，对于张家港项目的技改，天齐依然要求我们不允许按照相同的方案给别人做设计，我们开出了同意此条款的条件，就是每年补偿我们保密费500万元，我们就不再就此技术用于其他生产线，天齐方面拒绝了我们的要求，但天齐高层愿意就此条件继续谈判。

在合同中，我们的袁律师建议写入反垄断竞争的条款，如果国家处罚他们的技术垄断，则他们认罚，与我们无关。几天后，天齐项目负责人张炳元来短信，希望尽快签署保密协议和设计合同，尽快启动项目。他开始着急了，因为这段时间碳酸锂每吨价格涨到了15万元以上，而他们的火法段产能严重制约了他们的产品产量。多方沟通后，保密协议的四个问题得到解决，去掉不允许给其他人设计、违约金30%、产权仅归他们所有、设计图还可以用于他们分公司项目等不合理条款，最终签署保密协议和设计合同。

12月7日在天齐成都总部就总承包合同细节谈判，开出我们的价格和付款方式，双方对价格和付款方式分歧较大，谈判中断。结果第二天就接到电话，愿意继续就价格和付款条件进行谈判，最终在价格、付款方式、验收标准、施工规范、承兑汇票比例、停产时间、罚则等方面达成一致性意见，工期确保 2017 年 6 月 1 日具备点火条件。该项目的难点在于边生产、边施工，停产时间不得超过一个月，否则就要接受重罚。

签署合同后，我们就组织设计、设备开发，并立即分交设备和安装，把钢结构等大宗设备都放在江苏就地采购，减少运距和加快制作进度。在生产线的生产过程中，就开始土建和安装施工，把可以施工的所有设备都按计划就位，减少停产期间设备接口的对接，减少停产时间。

经过卡森项目部的不懈努力，比原计划晚三天点火试生产，投产第三天的产量就达到 12t/h，投产第七天就达到 18t/h，产量整整比技改前翻了一番。产量提高了一倍，而天然气耗量仅仅增加了 20%。由于我们晚三天投产和更换浇注料，项目结算时受到业主的巨额罚款。业主看到的是晚一天投产会损失 300 万元的利润，没有看到我们花费很少的费用就给他们获得了产量翻番的好结果。这就是合同的约定，干好是你应该的，干不好就得认罚。

改造完成后的天齐锂业江苏公司

该项目的顺利达产达标，使卡森科技在锂盐行业的名气大涨，从此奠定了我们在火法段技术的领袖地位，所有的技术指标都远远超过国际大牌咨询公司的水平，在每次国际会议上，我们都把这个经典案例介绍给锂盐的同行们。

在张家港技改项目的前期谈判过程中，天齐锂业同时启动了澳洲珀斯的奎拉拉 2 万吨锂盐项目，天齐高层坚持委托给珀斯的 MSP 公司总承包。该公司是矿山的设计公司，没有锂盐项目的技术储备，为了奎拉拉项目才临时组建了设计和项目管理团队，工艺包完全来自于天齐的技术团队，并分段采用国际招标的方案由各个制造商来提供技术方案和工艺设计。火法段邀请了丹麦 FLS、中国鹏飞等公司，压根就没有联系我们，我们只是受鹏飞的委托，来为鹏飞做技术支持。天齐内部的基层管理人员强烈建议火法段交给卡森公司做，但都被高层拒绝了。

2019 年 2 月在珀斯参加国际锂盐会议期间，MSP 公司老板皮特先生邀请我和常乐去该生产线参观，到了才发现这个产线除了钢结构整洁漂亮，工艺上采用了我们的预热器方案，回转窑以后的工艺基本就是张家港产线的翻版，连我们最终拆除的窑与冷却机之间的阀门还保留着，出淋水式冷却机后采用皮带机直接把焙烧后的锂辉石输送到球磨机中粉磨。参观完后，皮特问我，这个生产线怎么样？我笑了笑，说非常漂亮，特别是建筑风格、楼梯和平台的设计非常有特色，各种安全设施也非常到位，但能不能达标没有给他一个肯定的答复，只是告诉他，投产后如果需要我们调试和技改，我们愿意与他们合作。

当年年底，奎拉拉项目开始调试焙烧窑系统，天齐一帮人都在奎拉拉观战，FLS 设计的火法段事故不断，出冷却机的物料温度很高，多次烧坏了输送机上的皮带，迫使现场喷水降温，水喷多了就会在磨机内部糊球、糊衬板，水喷少了，温度依然很高，不能保证下段工序的正常运行。焙烧系统产量和张家港的 9.5t/h 也差不多，点火不到两个月就被迫停产，直到2021 年都没有恢复生产。2020 年澳洲本土企业 IGO 花费 14 亿美元入股澳洲天齐公司，奎拉拉团队提出再增加 8000 万澳元就可以实现全线的技改和完善。在国内，只花费 7 亿元左右就可以建一条 2 万吨锂盐的整条生产线，在此之前奎拉拉项目已经花去了几十个亿。还有一个就是文化的不同和管理方式的不同，中国团队只能旁站而不能亲自操刀，这也是项目不可能顺利投产的一个症结。

第十四章

旗开得胜，永杉锂业是卡森在锂盐行业总承包的一个亮点

　　湖南永杉锂业有限公司，隶属于宁波杉杉股份，项目位于湖南长沙市望城区铜官循环经济工业园，规划两条年产 1.5 万吨电池级单水氢氧化锂和两条年产 5000 吨电池级碳酸锂、一条年产 5000 吨高纯碳酸锂生产线。

　　2019 年 8 月 5 日原赣锋的总工程师袁中强先生来电，说湖南永杉锂业要上一条年产 4 万吨锂盐项目，鉴于卡森在火法段的众多业绩，永杉希望卡森派人到长沙，就项目的设计或者总承包进行洽谈。

　　不几天，永杉锂业的戴晓宇总经理就到卡森公司考察，希望我们尽快签署设计合同，开展设计工作，设计过程中再就项目的总承包进行洽谈，该项目要求的进度很快，必须下个月具备开工条件，力争在长沙雨季开始前完成地基施工。关于项目的质保，他要求 3 年，并介绍说日本丰田是 5 年，我们承诺可以终身质保，或长期对生产线进行维保服务。

　　双方很快就设计合同条款达成一致性意见，并于 9 月 9 日顺利签署，算是卡森科技获悉项目信息来签署设计合同最快的项目。

　　对于总承包的范围，业主方面提出了三个方案：方案一，卡森总承包范围从锂辉石进料到酸化冷却为止；方案二，卡森总承包，但把酸化窑和酸化冷却、酸化窑热风炉系统由 ×× 公司供货；方案三，酸化部分由 ×× 公司总承包。我们就三个方案的优劣势与业主进行了沟通，我们当然希望是方案一，这样我们可以保证整个项目的质量，恰好股份公司领导也不建议两家总承包，避免扯皮耽误工期，最终敲定按照既定的方案一来签署合

同。希望卡森在技术方案上，要对酸化窑的密封形式进行改进，要把天然气耗量降下来，酸雾的尾气也必须达标排放。

合同谈判多次搁浅

2020 年 2 月 22 日我已经在悉尼过年了，国内的总承包合同还在紧张谈判，永杉提出考核时间为"72 小时 +10 天 +50 天"，实际上就是三次考核，而不是国际上通用的 72 小时达标就视为考核完成。双方最终同意 72 小时考核，但月达产一定要有停机不得高于 6 小时的限制，也就是月运转率达到 99.6%。这是一个非常苛刻的条件，天齐最高也是达到 98% 的月运转率。满足不了这个条件，就不往下谈判，要放弃总承包会谈。第一次会谈无果而终。

经过双方进一步沟通，恢复会谈，2 月 26 日给出我们的最低要求，其一是取消 60 天的停机时间，其二是赔偿高限为 10%。第一条，永杉接受；第二条，永杉坚持回到谈判初期的 20% 赔款，认为他们开始给了我们 20% 的预付款，就应该担负 20% 的赔偿额。沟通后得到答复：（1）接受卡森提出的 72 小时考核；（2）付款取消保函，预付款只能给 10%，违约金上限锁定 10%。总的来说，就是预付款 10%，发货可以付到 80%，也就意味着我们要垫资 70%。因为许多制造厂最低的预付款为 20%，大部分是 30%，双方接受不了这些条款，总承包谈判又一次搁浅。卡森只负责设计及技术服务即可，希望安装阶段我们来现场指导监督、调试阶段我们提供指导、留两个人服务半年。几天时间，熔断两次，可见项目谈判非常艰难。

就业主提出不再进行 EP 总承包的合作，我们就转向只做技术服务了。卡森内部召开技术服务合同评审会议，就竣工图、各阶段的人员派遣、达标达产阶段的可控性进行探讨，调试如果仅仅是指导，就很难保证最终的效果，就会出现个别项目中的意外事件。大家费了洪荒之力谈了几个月，结果只因为一个条款就夭折了，很遗憾，也很无奈。连业主内部的人也在纳闷，好好的谈判，莫名其妙就中断了。为此，我决定给戴晓宇总经理写个短信，求同存异、搁置分歧，力争回到总承包合同的轨道上。

柳暗花明

"戴总，您好！昨天收到小温的汇报，您起草了技术服务合同，希望卡森继续提供技术服务的意愿，心里十分感激，感谢您一直以来对卡森的关心和支持！对于总包合同，我这两天想了很多，觉得对我们双方而言，都非常可惜，毕竟只差临门一脚了。为了这个合同，我们双方都投入了大量的时间和精力，我们去年 12 月份就组织了数场招标，以保证设计进度；您组织了各方面力量和股份公司进行斡旋，对合同条款进行探讨……"

"这段时间在澳洲，去珀斯开了一次锂盐会议，见到许多锂盐、锂矿行业的朋友，ALTURA、三井等公司都知道我们与杉杉签了总承包合同，大家都很看好我们之间的合作，认为我们的合作会成为行业内的典范。而您作为永杉的总经理，一直坚持不懈地支持我们承担总承包工作。如果我们费了洪荒之力，但没有最终走在一起，会引起业内或者贵公司内部的误解。因此，我在想，双方是否可以再诚恳地就最后纠结的几个问题探讨一次，退一步海阔天空，争取能够达成合作意向。您作为总经理，是这个项目的第一责任人，我作为董事长，也愿意再次出山担任项目负责人，对于您我都是一个很好的机会，我们有信心把这个项目做好，给股份公司交一份满意的答卷。"

很快戴晓宇就回了一封信，表达他也有继续合作的愿望："就如我此前和您所说，这个项目怎么定义为成功？就是一次开车成功、一次验收成功，3 个月连续稳定出合格产品，6 个月达产达标。杉杉的管理层，以结果论英雄。我要做的，就是在技术和管理两个方面，当英雄不当狗熊。如果常总看好永杉的团队，看好卡森和永杉的合作，我还是真诚地期待您的信任和支持！为'莫须有'的东西纠结，实无必要！说透彻了，罚您，就是罚我，而且后果更严重。当然，干不好被罚，谁也不能说什么，这取决于您对卡森技术团队的信心，和您的团队在永杉项目上所花费的心血。一分耕耘一分收获，大道至简。我期待的是一次验收合格，大家举杯畅饮；我内心里100% 不愿意处罚卡森，哪怕只有一次，都证明我的失败！毕竟，卡森是我一力举荐，并坚持到现在。"

当天晚上继续电话沟通，一致同意折中方案，增加罚则对于卡森也是一个动力，而且后续我们还要给他留下一些骨干，怎么可能干不好？

合同顺利签署

3 月 3 日双方就相关合同条款达成一致性意见，同意走合同签署流程。
3 月 4 日卡森公司正式签署永杉总包合同，这是迄今为止卡森历史上独立签署的最大单笔合同（除去土耳其水泥项目作为联合体签署的近 4 亿元的合同）。

3 月 17 日我在澳洲过 57 岁生日，收到永杉盖章版本的主合同，合同生效，附件不需要电子签署。所有文件要等我和杨总在"五一"国际劳动节的开工典礼上集中签署。在当天的朋友圈上，发布："今天 57 岁生日，收到业主签发的总承包合同，价值 1.1 亿元，巨大的一个生日礼物，我们一定会按时保质保量完成重任！回想起 2009 年 3 月 20 日 46 岁生日当天在亚的斯亚贝巴与东非控股签署三个重要合同。两次国外过生日，都会收到大礼包，山不在高，有仙则灵。感谢勤奋和敬业的卡森员工，感谢信任和支持卡森的客户！"发完了朋友圈，收到 245 个赞和 182 个评价，又在下午签署了一个价值百万元的重钙项目设计合同，好事成双。

永杉项目的设计合同，两三天的时间就顺利签署；总承包合同的价格谈判，几个小时也就搞定。但总承包合同条款，却磨蹭了近半年时间，其间曾经搁浅了两次。双方合作的意愿还是非常强烈，尽管遇到了坷坷坎坎，但终于有了起点，万事开头难，开头就没有回头箭。

酸化窑选择的故事

选择优秀的分包商就像沙里淘金，这个金是四个九还是成色不足的粗金，完全要看总承包商的技术和商务能力，酸化窑的选择就是一波三折。

为了符合股份公司的流程，永杉就三台回转窑和收尘器进行了公开招标，择优录取后，就由制造厂与卡森签署合同，他们把控主机的选择权，利于后续设备的维护和服务，招标完成后价格直接进我们的合同。这一点，与常规的 EP 总承包是不一样的，我们的话语权少，但责任是一分不少。

关于酸化窑，行业上有几个流派，从燃料上有烧油、烧煤、烧气、烧电，从加热方式上有外加热和内加热，外加热又有热风炉供热和燃烧器直接供热。方式不同，效果各异。作为总承包商，就是要给业主选择一个可靠、能耗低的系统。

业主参观了我们做过的一个 JG 锂盐生产线，感觉焙烧窑和酸化都做得非常好，特别是 ×× 公司的酸化窑在前面两条线基础上做了许多改进，鱼鳞片密封效果也改进很多，能耗指标和工艺布置非常好。该公司给他们的建议是把酸化部分切给他们总承包，就像上个月谈的那样，他们告诉该公司已经与卡森签署了总承包协议，如果卡森同意该公司只能作为设备供货商参与项目的供货，可以同意该公司作为卡森的分包商。同时，业主希望我们仔细研究一下 JG 产线，把成功的经验用到永杉的项目中，优化与提高系统可靠性，打造一个精品项目。对于永杉给鹏飞发了酸化窑中标通知书的事情，可以给鹏飞一个合理的解释。对于业主推荐的酸化窑供货商，我们在技术上是开放的，如果在产量、各种指标上可以满足我们的主合同要求，我们会接受永杉的推荐，建议该公司带着 PPT 和图纸尽快到卡森进行一次技术交流，让工艺和机械专业评价他们的系统是否可以满足要求，通过卡森的专家评审，就可以进入分包商名录。同时，鉴于该公司外包的制造厂加工能力有限，建议 3.5m 的大窑可以在附近的大城市找大型机械制造厂来分交，保证系统的总体质量。

得到业主的"尚方宝剑"，该公司总是以业主的口气，希望近期到成都签署合同。他就不明白，技术都没有谈，哪来的签合同？该公司给 JG 的合同价格很低，但给我们的报价是出奇地高，因此我们商务上坚持必须在 JG 基础上降价。4 月 8 日该公司到卡森介绍技术，专家们认为技术上是可行的，可以满足主合同对酸化系统的要求，但他们提出酸化系统必须由他们来总承包，否则他们不负责整体的质保，而且开的总包价格比我们与永杉谈的价格高得多。酸化窑的价格上，我们知道该公司给其他公司的价格，但他不给我们优惠的价格，甚至比给其他锂盐厂的价格高得多。从法律上来讲，用了该公司的酸化窑，就面临着拿了中标通知书的公司起诉永杉，因为发了中标通知书，就从法律上明确了双方的关系。

对于是否选用该公司的酸化系统，4 月 9 日戴总发了一个基本原则：（1）请卡森判断该公司酸化窑是否有优势，是否符合整体设计指标。是，继续；没有，放弃。（2）价格相当于我们联合招标，做相应设备置换。（3）设计图纸深度、工期，请和该公司确认。行，继续；不行，放弃。（4）性能保证，该公司要给承诺。卡森在技术确认的基础上，把该公司作为设备供应商对待，承担单体设备供应商应承担的罚则。（5）卡森作为总包方，永杉任何人不再参与该公司后续单独讨论。

该公司给了一个很简单的报价，完全没有按照我们的格式。再次让他详细说明，结果第二天以保密为由，什么都不报，就报了一个总价，不给我们承诺任何指标。该公司对业主的报价和对我们的报价，完全是两个态度，对业主的报价可以承诺的技术指标，在对我们的报价上一概不体现，付款方式也是完全不按照招标书要求。对于该公司吹嘘的某个项目指标，我们也侧面打听了，酸化产量不达产，在标准状态下废气也超过了 2000m³/h。

这个公司在技术、商务、进度上都不能保证，为此我们叵断了与该公司的谈判，酸化窑就按照鹏飞的方案来订货。对于酸化冷却，我们也选择了自贡一家公司来对标该公司的冷却窑。自贡德明公司在钒钛渣的冷却做了两条生产线，特点是转速慢、水平布置、材料耐酸、可以水运。而该公司的酸化窑托轮、轮带、大小齿轮、传动都比我们设计的差很多，还用的是水泥行业 30 年前就淘汰了的机械式挡轮。自贡的冷却窑水平布置、没有串动、换热面积大、螺旋状换热管、流速可控、筒体和换热管都采用耐酸的 ND 钢，是优选的酸化冷却窑。最终的系统选用了卡森新型酸化窑和自贡螺旋冷却窑的组合，减少系统漏风量，减少热烟气量，确定了酸化系统的配置。为了研究钛渣和酸化锂渣对材料磨损的差异，公司专门购买了价值不菲的试验设备，来测定两种物料的磨蚀性，结果钒钛渣的磨蚀性比锂渣高 3.7 倍，更加坚定我们采用螺旋冷却窑的决心。这种组合已经被广泛地用在了其他锂盐项目的设计上。

DCS 的选择依然是波澜起伏

一条锂盐生产线，必须采用一个品牌的自控设备，利于操作、管理和后期服务。在 DCS 的选择上，我们两家公司却没有沟通，邀请了不同品牌的供货商。我们的总承包合同中的短名单就是 ABB 和西门子，而参与永杉湿法段招标的还有额外的一家美国公司和两家国产品牌。我们的招标在 8 月份就完成了，经过综合评比，我们选定了天津西门子公司，并签署了供货合同。等我们宣布中标后，永杉却认定美国公司作为中标候选人，他们认为这是石化行业最好的公司，大部分的石化公司都采用这家美国公司的系统。

对于业主的选择，我们也大力支持，就积极向这家美国公司询价，最终得到的是一个天价，比西门子高了近一倍，而且现场服务费也是高得离谱，一个人一天的服务费 3000 元，合同付款也是要求全款才能提货。经过这家美国公司总部的协调，终于在付款方式上做了让步，发货时可以付到 75%，但调试完毕的时间由他们判断，他们认为达到验收条件，就必须 60 天付完 90% 的款，最终的总价只降低了区区几万元。

石化行业普遍采用国外品牌，但近几年国家要求他们全部更换为国产品牌，就是防止国外某些政客随时让他们的企业来拒绝服务等来打压中国公司。鉴于这家美国公司在窑炉行业没有任何业绩，我们非常担心他在系统上出问题，影响整个项目的进程，我们不会选择价高且没有业绩的系统。最终，我们两家确定在锂盐行业业绩最多的国产品牌，以保证系统的可靠性。

关于这家美国公司的问题，又牵涉到一个话题，就是商场上的潜规则。就如每年一度的铁矿石定价，世界上的钢厂只要一家接受铁矿石大佬的价格，其他家就无条件服从。聪明的日本三井公司在日本既有钢铁厂，又在澳洲等地有铁矿石的股份和销售权，经常第一个接受铁矿价格的就是三井钢铁公司，看起来三井钢铁吃了亏，但三井的矿产却大尺度赚钱，这就是墙内红花墙外开。工程系列的 DCS 采购也是一样的，我们在海外总承包合同中一般都有一个供应商短名单，合同生效后，必须在这个短名单中选择。狡诈的供货商如果知道只有他一家在供应商名录，他就会在你询价的时候给一个天价，而且锁定所有的经销商，只允许一个出口对外报价。如果是两家供应商，他们则会勾结起来漫天要价。在永杉项目中，这个公司就是如此嚣张，业主规定湿法段和火法段必须采用一个品牌，如果谁先选择了一个品牌，另外一家必须无条件接受。这个项目公司拿到了湿法段的中标承诺，然后对我们的询价就爱理不理，抛出天价来让你接受。

合同执行过程中的国际化标准

为了设备的质量，永杉高薪聘请台湾的两位高级工程师，全程参与项目技术方案的制定和设备的监制，其中一位还是国际焊接协会的会员，由他们两位把关，这个项目的设备一定是锂盐行业一流的水平。

在业主检查之前，我们的监造团队在全国巡回自检，杜绝一切违反标准和规范的加工。回到埃塞俄比亚国家水泥的预热器的监造上，我们完全疏忽了质量问题和加工场地，当时为了大件设备方便运输，就选择在天津港附近，没有对这家制造厂进行监督检查，导致我亲自带着业主的巴索总经理和印度咨询公司去检查时，预热器做的质量，特别是焊缝非常粗糙，歪歪扭扭、高低起伏，当时我就无地自容，恨不得找个地缝钻进去。后来，为了项目的质量和我们的荣誉，埃塞俄比亚的预热器全部拉到另外一个大公司，回炉重来，这才挽回了损失。

对于设备的制造，国际和行业都有一个标准，但少数企业却根本就不理这一套，口口声声说我们给 KHD 和 FLS 代工的设备都没有你们要求高，你们给的是国内设备的钱，要的却是国际标准的设备。对于回转窑两节筒体的焊接，行业标准规定两节筒体必须开坡口，这个坡口必须在机床上完成。而给我们供货的四家公司，其中三家都是用手工气割作业，为此我们对每一家进行作业前指导，不允许高温气割，必须上床冷加工。没有条件的，需要到厂外委托加工，我们额外给一笔费用；本身有条件的，必须按照规范来开坡口。尽管我们花费了人力和财力，但保证了设备本身的焊接质量。

对于预热器的制造，给监造人员的任务就是，不仅仅看一个焊缝，还要抵制用小块钢板来拼接，这是在我们许多项目上都存在的现象。通过多个项目的实践，预热器这些大片钢板制作的工艺，完全按照我们的要求，看上去就非常美观。永杉项目如此，其他项目一样要经得起业主的检验。

通过我们的努力，对设备加工依然不能放心的企业，就安排一个专家天天盯着，你不懂，我可以免费教你。自贡德明公司就是在我们的机械专家蒋汉九指导下，设备加工工艺完全改变了，公司老总陈德明一见面就感谢我，我们的监造使他们的设备质量上了一个台阶。

为业主多方面的服务

2020 年 4 月 29 日永杉锂业举行盛大的开工仪式，项目按照预定的目标往前进行。我们作为 EP 的总承包商，不仅给他们提供技术服务，还给他解决人才引进等问题。首先给他们推荐了李坦平同学任教的湖南工学院，为永杉做了专场校招，这可是建材和化工、火法和湿法都有学生的学校，完全满足永杉的基本要求。在去永杉参加开工典礼的前一周，邢台的朋友来电话，他们给老挝运营着一个水泥厂，由于疫情中断了，上百人没有了饭碗，希望我给他找出路，正好把这个团队介绍给了永杉，既给永杉解决了熟练工人缺少的问题，又给朋友帮了忙。优秀的、有经验的团队，是项目成功的保证。

卡森主要负责人参加永杉锂业开工大典

项目的施工情况

由于天气和土建公司的原因，工期延误了半年多，我们的安装公司无法在合同约定的时间进场采购，年后正好赶上了 2021 年大宗物资的涨价，每吨钢板从合同签署时的 4000 多元涨到了 6000 多元，安装直接成本增加了 200 多万元。面对这种情况，一般工程都是向业主提出调价，因为是场地问题耽误了承包方的采购进度。我们没有向业主提出一分钱的涨价，但给安装公司增加了费用，尽可能从管理上来消化这部分价差，这就是契约精神，谈好的价格，无论什么原因都自己克服。2021 年 7 月我去永杉项目考察，业主对卡森的服务质量给予了高度评价，授予我们最佳供货商，对我们的服务赞不绝口，对项目副经理江必强也给予了高度赞扬。土建公司由于种种原因，前前后后共更换了四五个项目经理，而我们的项目经理则自始至终得到业主的高度认可。

2021 年的材料涨价，导致设备厂的成本增加，好在我们没有延后支付任何一笔款，所有的设备提货基本没有遇到厂家的提价要求。但对于延迟交货，有些制造商会以二次厂区倒运、长期保管为借口，来抬高提货款的比例。扬州某阀门厂就以此为借口，再三地提出提高付款比例，合同规定收到 70% 的款项就可以发货，但这家公司提出必须达到 80% 才可以提货，现场急着安装阀门，也就同意了他们的无理要求，但 80% 的钱给了他的第二天，又提出必须达到 90% 比例才提货，我们又多支付了 10%。等 90% 的款到账后，这家公司的董事长依然不同意发货，明确表示必须 100% 付款才可以发货。遇到这种明显的违约行为，你可以起诉他，就像绵竹白水泥冻结宜兴某环保公司账号那样，也是与我们遇到的问题一样，合同约定就是 70% 发货，但这家公司借口延迟发货来强调必须全款提货，这就惹怒了水泥厂，绵竹县法院也给力，第二天就冻结了宜兴公司的所有账户，迫使他们按照合同的约定来发货，就是这个没有诚信的公司竟然在投产几年后，还希望我来做工作让业主支付他的余款，早知今日，何必当初！我们这个时候是安装的紧急阶段，没有时间和他打官司，也就退让了，给了 90% 的款，提出来提货，这个老板又来折腾我们，担心我们在质保金上报复他，要求必须全款提货。业务员担心永远失去卡森这个客户，申请了降价 5% 的提议，我们被迫支付了 95% 的款，才提了货。我们没有按时提货，他有一堆的理由，三番五次把我们的阀门挪地方。对于这种不良厂家，只能用以后的项目来治他。国内没有保函，无法通过银行通道来惩罚他。许多厂家完全就是一个赖皮，拿合同的时候笑脸相迎、百般阿谀奉承，一旦拿到了预付款，就换了一种态度。总承包商如何避免这种无赖厂家，只能靠自身的能力。每个项目都会出现类似扬州这个阀门厂的这种情况。许多公司就是缺乏契约精神！

整个10月几乎是阴雨绵绵，没出过几天太阳。我们总承包的火法段大部分是室外大型设备以及很多管道，整个施工严重依赖天气，连续的雨天，根本不敢安排高空作业，像管道焊接、外保温等工作严重拖延。为了赶进度，工人不得不冒着大雨在室外桥架上敷设电缆，令人提心吊胆。

幸运的是任何事都是两面的，天气也一样，整个11月基本是艳阳高照，也给我们最后的突击提供了条件，一个月时间，进度如飞，很快扭转了现场被动的局面，让我们看到了胜利的曙光。

最后冲刺

2021年的国庆节后，我们派驻了培训和调试团队进厂，加上原有的安装管理团队，公司在永杉现场投入了40多人的管理团队。公司安装管理和调试维保两个团队紧密配合，本着以工程顺利达标为共同目标的原则，分工协作、相互支持和帮助，特别是调试维保团队，为按时完成原料入库第一标志性节点，不计得失，承担了全部原料系统的卫生大清扫，提前接手了设备的维保与维修，顺利按时完成原料入库工作，把业主露天堆放的3万多吨锂辉石精矿全部倒运至原料堆场。安装管理团队也积极配合，设备一旦出现故障，两个团队技术人员都会在第一时间赶到现场，共同商讨处理方案，安装管理团队负责组织工具和材料并联系供货商，调试维保团队负责清理现场、组织维修，分工协作，保证设备尽快恢复运转。到工程后期，业主方和各方团队都不得不佩服卡森效率与卡森速度，给永杉大会战的各方留下了深刻的印象。

焙烧窑12月22日10:08点火烘窑，杨峰董事长和我在焙烧窑头平台上发表热情洋溢的讲话，希望双方密切配合，圆满完成调试试生产工作，尽快给湿法段提供合格的酸化熟料。

顺利投料，圆满收官

2022年1月5日上午11:00项目顺利投料，13:55第一批焙烧料顺利出冷却机，转型率高于 98%，真正实现合同签署的承诺，我们的团队不会给业主浪费 1kg 的锂辉石，调试期间没有 1kg 的废料。

就整体项目而言，尽管磕磕绊绊，总体上还是比较顺畅，基本达到了业主的要求。在 2022 年春节期间，湿法段的承包单位几乎没有留一个人在现场，而我们团队的所有人员都坚守岗位，在长沙百年不遇的大雪期间，每天检查设备，消除安装的缺陷，得到了业主的高度评价。

第十五章

放飞锂想，韩国浦项成为第一个海外锂盐全产业链总包项目

初访浦项

韩国浦项钢铁公司（POSCO）是全球最大的钢铁制造厂商之一，也是韩国十大财团之一，分别在韩国浦项市（Pohang）和光阳市（Kwangyang）具有完整的全链条钢铁产线。为了适应时代的发展，浦项制铁规划发展锂盐产业，2030 年计划完成锂盐 22 万吨、镍 10 万吨，正极材料 40 万吨、负极材料 26 万吨的新能源材料生产体系。

2019 年 5 月 8 日，常乐通过澳洲皮尔巴拉矿业的销售副总安纳德联系上了浦项的锂盐首席科学家，他希望尽快到成都看我们设计的工厂和进行一次技术交流。不到一周的时间，浦项就派四个人到卡森进行技术交流，并参观了我们设计的四川能投锂业和雅化锂业生产线。他们在光阳工厂建设了氢氧化锂小试生产线（PosLx），与中国传统的苛性法工艺有所不同，希望我们在商业化生产线中可以合作。

5 月 23 日我和乐儿、手棒应邀到首尔浦项中心大厦回访，介绍了我们的锂盐项目技术特点和相关业绩，双方就环保标准、产品标准进行了讨论，希望我们参与 PosLx PJT 项目上游工段的 EP 总承包，并尽快签署 NDA 保密协议。在火法段的设计和供货上，基本上就是美卓、FLS，还有我们 SCT，欧美公司的报价和工艺说明基本交付给他们了，看到我们在锂盐项

目这么多的业绩，他们很希望我们来参与他们整个项目的投标。

2019 年首次访问浦项集团

澳洲会谈

浦项的前期工作委托给了澳洲 Hatch 公司，2020 年 2 月希望我们去布里斯班与 Hatch 讨论火法段的工艺方案。在布里斯班会谈期间，详细介绍了张家港项目的技改内容、创新点、性能保证等方面；还询问了我们为什么没有参与澳洲奎拉拉和雅保澳洲项目，我们和 Hatch 是一种什么样的合作关系。皮尔巴拉公司参股了光阳氢氧化锂项目，给他们提供的是重选和浮选的混合矿，在焙烧工艺的选择上就要充分考虑这种精矿的特点。

FLS 给浦项做了一个 Flash 速烧工艺，类似于 Polysius 给宝钢做的预热器烧石灰的方案。浦项感觉这种工艺简单、占地面积小、热效率高，在 Hatch 的会议室希望我们就 Flash 工艺发表看法。我告诉他，这种 Flash 工艺在原理上非常好，利用气固的逆流换热，效率非常高，这是回转窑所不能及的，宝钢的石灰项目、氢氧化铝的焙烧上都采用这种工艺。但最大的问题就是，焙烧过程中如果物料团聚或者黏结成团，大颗粒物料就很难悬浮在气体中，最终导致系统失败。一样的工艺，就有两个失败的案例，其一是二十世纪九十年代日本小野田公司在山东淄博投资了一个悬浮煅烧工艺，也是首次在水泥项目上取消回转窑，就是与 FLS 所谓的 Flash 工艺一样的原理，但水泥煅烧生料变成熟料的过程中会有液相出现，导致熟料的颗粒不断增大，不同颗粒的悬浮风速是不一样的，最终粗大颗粒全部把分解炉压死，项目投资了一个多亿，最终以失败而终。2017年淄博这条生产线被山水的老总买了，加了一条回转窑，系统就没有问题了。加拿大北美锂业被宁德时代收购后，邀请我们去技改，该项目最失败的就是焙烧料的管道冷却系统，希望通过颗粒悬浮在管道中来冷却，也是由于焙烧料的颗粒变化太大，被迫在冷却管道下面又增加了一个螺旋输送机，把未经冷却的高温粗颗粒排到了车间外面。通过对Flash工艺的讲解，浦项感觉到卡森在焙烧方面的确有见解和经验，是一个未来可以合作的公司。过了几天，浦项团队在珀斯又与我们不期而遇，他们希望我们深度参与浦项锂盐项目，包括Hatch工作的深化、审核，有可能来总承包他们的锂盐项目。

项目投标过程

为了工作方便，我们在韩国找了一个KTC公司配合我们做前期工作，金社长随时把浦项方面的信息传达给我们。2020年6月投标人提交技术方案；7月项目审批；年底投标，预计2021年1月开工。浦项委托Hatch做PFS，希望我们按照他们的要求投标，但标书非常复杂，短时间内不可能完成，而且还包括许多详细的技术参数。鉴于浦项与赣锋可能签署战略合作，赣锋的分包商都可能直接参与到浦项项目中，我们和江西院最有可能共同完成这个项目的设计。项目最终确定在光阳工业园区，两条2.15万吨氢氧化锂项目同时建设，技术路线分别采用浦项自己研发的PosLx和中国传统苛性工艺。经过大量的调查，浦项决定由我们牵头做传统生产线。2021年3月4日浦项给我们签发LOA，确定SCT独家中标锂盐项目，签署整个项目的EPC。由于韩国的劳务签证非常困难，我们了解到许多大央企都没有办法拿到，我们只能退而求其次来签署EP合同，把土建和安装工程留给浦项建设完成。

首尔谈判

中韩两国有一个疫情期间的商务免隔离的协议，受邀方入境不需要14天的隔离，因此，我们2021年4月27日在韩国入境后为了拿到核酸检测结果被隔离一天，其他时间都可在酒店内参加会议和商务谈判。一个多月的谈判，就是相互了解，就技术方案和合作范围达成一致性意见，推进项目合作协议的签署。

首尔谈判第一次会议

开工仪式

浦项 4.3 万吨锂盐项目开工典礼于 2021 年 5 月 26 日在光阳市举行，包括全南道知事等 50 人参会，我受邀参会，在第一排 VVIP 的位置就座，手握铁锹挖下第一铲土，为项目奠基。主持人介绍 SCT 是项目的总承包商，浦项很多人都在关注 SCT，毕竟这是锂盐产业链的第一个项目。作为传统的钢铁企业，首次进军锂盐材料，并计划在 2030 年建成完整的锂电材料产业链。

会后，应邀去参观了他们在光阳钢铁厂的氢氧化锂小试生产线。

在光阳现场参加项目奠基仪式

光阳项目奠基仪式

项目的痛点

该项目是卡森独立运作的国际项目，按照预付款对等原则，需要开具预付款同等的保函，浦项还要求预付款和履约保函一起开具，这就意味着始终有 10% 的资金缺口。早在几个月前，我们就一直与银行沟通开保函的事情，除了 ×× 银行之外，其他银行都坚持先资产抵押授信，再押上全额的保证金，银行才会开具预付款保函。按照公司的体量，这么大的合同额永远都办不到。通过友人介绍，联系了 ×× 银行，他们感觉项目很好，而且先开具保函，银行也不会有任何风险，这家银行同意敞口开具预付款保函，等收到业主的预付款后，再把这些资金押在银行，相当于收的预付款无法使用，何况还有 10% 的履约保函要提供担保或者现金抵押才能开具，这就是我们民营企业做国际贸易最大的痛点。而国企和央企，体量也和我们差不多，但他们依靠国家的信用，却可以在银行拿到几十上百亿的授信。

要使用这部分预付款，就必须有人给你做担保。在首尔期间，联系了几家北京的大央企，他们都觉得这个项目的付款和业主条件非常好，给我们开保函，严格意义上必须以联合体名义来签署总承包合同，至少在合同条款上明确国内的联合体单位，结果浦项不同意，他认为与合同无关的公司开保函都是无效的。

收到预付款后，我们依然用不到这笔钱，有人就建议由分包商给我们开保函，来释放这笔款，比如回转窑的预付款 200 万元，厂家给我们开

200 万元的预付款保函，银行就同意支付回转窑的预付款。还有一种就是把整个合同都转包给另一家公司，由这家公司来统一给我们开保函，来一次性释放预付款，这些做法都被银行拒绝。银行就是需要担保，有真金白银的担保才给我们增信，有了授信额度，才可以用额度来开保函。这个保函就像锁喉一样，紧紧地卡在我们的脖子上。

好在银行的老行长出面协调一个多年的朋友，他们的大楼没有进行过任何抵押，可以把这个资产盘活抵押给银行，来给我们增信，有了这个抵押，我们就可以方便地开出保函，预付款也就可以支付给下家。为了保证资金不断链，朋友还协调了达州的一家公司给我们融资，不需要任何担保和抵押，大家从这个项目中分利就可以。

项目的难点

完整的 EPC，就是承揽工程范围内的所有事情，从地勘开始到投产试运转。这个项目开始就以 EP 形式固定下来，但浦项担心 EP 和土建和安装工程之间有说不清楚的界限，有可能重叠使项目多花钱，也有可能出现三不管的地方。所以就要求浦项建设（POSCO E&C）与我们签署联合体协议，避免上述事件的发生。POSCO E&C 只负责厂房的钢结构，而必须由我们负责机械钢结构。所谓的机械钢结构，就是凡是与设备相连的钢结构都属于他们定义的钢结构，几乎除了大料场，厂区所有的厂房都属于我们的范围。第一次会谈，POSCO E&C 坚持回转窑的钢结构平台他们都不负责，因为这个走道是为了设备而设的。他们还坚持所有在现场的设备焊接都不归他们负责，都应该由 EP 承包商自己来焊接，他们公司就只有一个扳手，只负责拧螺栓，所有的钢结构必须是 99% 的螺栓连接。对于其他国外项目而言，无法运输的大体积设备都是委托安装公司在现场制作，但这个项目不行，必须由 EP 承包商负责，中国公司来不了，你就得寻找韩国的制造商。而这些制造商的报价高得离谱，一些简单的钢平台、楼梯栏杆的单价都要 3.85 万元 / 吨。

商务谈判高潮迭起

经过数月的谈判，双方落实了 EP 总承包的范围，除了提供韩国标准的设计图纸和技术服务，我们还要提供所有的设备、所有的钢结构（包括钢结构厂房）、所有在中国标准中安装公司应在现场制作的大型罐体和非标准件。EP 范围内，我们作为牵头公司要在设计上分包给其他公司，大尺寸超规格的罐体等要分包给韩国当地安装公司，所有的电气自动化则必须分包给浦项的 E&C 公司，耐火材料也须分包给浦项制铁常用的韩国耐火公司。按照这个范围，2020 年 8 月 3 日我们正式给浦项就中国传统工艺给出了 EP 报价。

给浦项正式报价的第二天，李正植就告诉我们，我们的报价就像一颗炸弹，在浦项内部炸开了锅，认为我们的价格比他们的预算高了三倍，是完全不可以接受的。

平心而论，我们的价格是基于澳洲已经建成的锂盐项目确定的，韩国与澳洲的基建价格水平非常接近，现场的许多费用高得离奇，中国人根本拿不到劳务许可，如果项目成了，必须雇佣大量的当地人，韩国饭店一个服务员每个月的工资都是 1.2 万元人民币，何况那些技术人员。我们通过几个韩国项目，手头倒是有许多当地工程师的资源，但工资水平和保险都是非常高的。这个项目的韩国分包商都是业主指定的，根本没有砍价的空间，风险不可控。

针对项目报价过高的问题，单独给张部长写了一封信，阐明了我们的观点，目前的范围不仅仅是 EP，我们几乎涵盖了所有的工作范围，浦项建设连现场的焊接都不给我们做，我们在现场还要找当地工人来焊接大件设备，如果按照当地的工资水平，就现场焊接一项，都比中国采购一个设备还要贵。

改变思路　重启谈判

自从 8 月 17 日最后一个视频会议后，双方中断了两个月，几乎没有任何联系。中介金社长解释，张部长拿着我们的报价在集团内部到处烧香、汇报，满足各方的需要。

10 月 5 日新闻播报，中断了几年的联系，朝鲜方面终于主动开通了对韩国的通信，南北方恢复交流，即日我们也收到了浦项的官方消息，希望双方继续沟通谈判，两个事件竟然如此巧合！他们内部有个声音，就是两条线要不就只做 PosLx，不要中国传统工艺，这样也就没有 SCT 什么事了。经过两个月的内部沟通，鉴于大家对 PosLx 小试工厂的担心，浦项高层最终下决心就按照原来的方案，传统工艺和他们的工艺各做一条，继续与SCT 的合作谈判。

柳暗花明

静默了在两个月后终于又与浦项团队开会，大家力推"设计＋质保"的合作模式，讨论了设备厂家的推荐、质检、三大平衡和许可文件的递交，我们坚持合同签署就开始工作，但递交任何资料必须收到预付款。会议快结束的时候，许博士接到张部长的电话，他们下午给社长汇报，社长同意了这种合作模式，大家一起欢呼，两个月的暂停键终于解锁，项目柳暗花明。这个模式解决了卡森科技不能开大额保函的痛点，在首尔谈判期间，一直在各个方面来沟通保函，如果像土耳其水泥项目那样，找个央企就轻而易举解决了保函的问题，但浦项拒绝在合同签署单位加入除卡森之外的任何公司，这就排除了一切国企合作的可能性。唯有成都的一个朋友给我鼓劲，告诉我只要把合同签回来就可以了，他把自己价值几个亿的办公楼抵押给银行来给我们开保函，说心里话真是激动得不得了，人家平白无故为什么要给我们开保函，就算是分一杯羹也是精神可嘉。

瓜熟蒂落

明确了合作方式，浦项团队就开始许可、技术指标的谈判。11 月 2 日下午和叶凡、常乐参加了 POSCO 的例会，把上周的会议纪要过了一遍，把三个悬而未决的东西明确了，把产品、环保、硫酸钠的指标做了最终的确认。关于许可文件的递交时间，我们坚持必须签署合同才可以提供，许博士提出让我们先把以前做过的东西给 SUNWOO，让他们开始许可方面的工作，没有项目的许可，当地政府是不允许项目开工的。韩国的建设许可文件非常多，不亚于国内项目文件的数量，要完成这些庞大的文件，就必须把初步设计做完，就土建图纸而言差不多要达到施工图的深度，这对于没有任何合同条款约束情况下就要我们完成这些工作，风险巨大。为了双方都有台阶下，我们让 SUNWOO 提一个最紧迫的文件清单，如果不是很复杂，也不牵涉技术核心，就密切配合浦项的项目审批工作。目前双方的重点就是过合同条款，主合同、附件都需要起草和双方审核，尽早签合同才是目前的重点工作。

明确 2022 年 3 月开工建设，就必须提前两个月做完许可，完成了许可，政府才可能批准建设。而签署这么大一个国际合同，没有两个月是完成不了的。常规的项目，都是先签署合同，双方按照合同的约定进行工作，包括递交给政府的许可文件。项目要求很急，许多工作都是不签合同就要做大量的设计工作，而我们的设计分包方坚持收到款才往下安排。

　　浦项锂盐的设计合同定金，终于收到了，折腾近一年的项目，总算有了一个起点，我们锂盐的第一个海外项目终于落地，设计范围是一个完整的 2.15 万吨氢氧化锂生产线，希望在双方的密切合作下，项目可以顺利进行。

第十六章

玉尺量才，美国雅保锂盐项目的欧美标准和三维设计

本书初稿在 2020 年 9 月初就完成了，正好在这个月的 23 日与雅保管理（上海）有限公司签署了张家港项目 5 万吨氢氧化锂火法段施工图设计合同。雅保是世界锂盐的老大，交给我们一个大项目的工程设计，卡森二十年的回忆录中怎么会没有雅保？因此，马上就增加了雅保锂盐项目，记述了项目过程中的点点滴滴，通过这个项目我们也学会了欧美咨询公司的流程和三维设计。客户的高要求，给了我们前进的动力。目前国内设计院普遍停留在二维设计中（基本上都在二维设计完成后，由 BIM 公司翻模成三维），卡森科技却弯道超车实现全专业的三维设计。

美国雅保公司是全球化工 100 强、锂业务综合实力全球第一的企业，相关产品涉及碳酸锂、氢氧化锂、锂金属等。澳洲泰利森是全球锂辉石品位和储量最大的公司，拥有 710 万吨碳酸锂当量的锂辉石矿（原矿按 2.4% 计），天齐和美国雅保分别拥有泰利森 51% 和 49% 的股权，2021 年天齐把 25% 的泰利森股权出售给了 IGO 公司，从此雅保就是泰利森的最大股东，加上西澳 Wodgina 锂矿 60% 的股权，以及智利 Atacama 和美国内华达的银峰两个盐湖，雅保公司的锂资源位居全球第一。

据产能建设计划，至 2024 年雅保公司将拥有 5 个氢氧化锂生产基地，氢氧化锂年产能扩大至 14 万吨，其中权益产能 10 万吨，碳酸锂产能有望达到 8.6 万吨。雅保旗下的智利 La Negra 锂盐厂（一期、二期）和中国江西新余二期生产线（2.5 万吨氢氧化锂）已在 2019 年内达到理想生产状态；

智利 La Negra 三期、四期（共 4 万吨碳酸锂）和澳洲 Kemerton 氢氧化锂（两条线共 5 万吨氢氧化锂）先后投产，后续还将有西澳 Wodgina 的 5 万吨氢氧化锂合资项目投产。在中国，雅保目前在张家港、眉山均有年产 5 万吨氢氧化锂的布局，并于 2021 年 9 月 30 日以 2 亿美金的价格收购了广西天源新材料年产 2.5 万吨氢氧化锂项目，进一步扩大了其在中国境内的布局。

澳洲初识

2020 年 2 月，在澳大利亚 Perth 的全球锂盐会议上，我代表 SCT 做了锂渣综合处理的主题演讲，引起了雅保澳洲公司的关注，被邀请在雅保澳洲办公室做了深入交流，看我们的火法技术和锂渣处理技术能否用在他们的项目中。

基于对 SCT 技术的认可，2020 年 3 月，雅保澳洲公司的锂业总监代表雅保与 SCT 签署了 NDA（保密协议）。同年 10 月，雅保澳洲公司委托我们对新收购的 Wodgina 精矿做全面试验并给出专业性的建议，他们的生产线既可以利用高品质的泰利森矿，也可以使用 Wodgina 精矿。每接一个新项目，我们都会对业主提供的锂辉石进行系统分析，摸清楚不同原料在回转窑的停留时间、转换温度等参数，为工艺方案和设备选项提供支持。在公司的展柜上堆满了来自世界各地的锂辉石，有美国、加拿大、芬兰、刚果（金）、澳洲、国内不同的精矿，覆盖了全球绝大多数的锂辉石精矿。2015 年，雅保公司完成了一次全球瞩目的外延，整体兼并了锂巨头 Rockwood Holdings，全面切入锂资源开发以及锂化合物生产，构建了目前的"新雅保公司"江锂新材料锂盐厂。

好的开端

2015 年，雅保完成了对 Rockwood 江锂的收购，通过多次技改，使原来的江锂新材料锂盐厂氢氧化锂产能达到 2.5 万吨。原来江锂生产线的火法段，许多主机都买的是二手设备，带病运行，故障率很高，严重制约了工厂产能的发挥。针对火法部分设备的维修，2020 年 11 月，江西雅保委托卡森完成整体大修的概念研究，对整体大修进行规划，分析潜在的技术风险和提高设备的效能。

为了工厂的远期规划，雅保与我们签署了整体大修的研究，同时委托我们做了整体搬迁的研究。大修是近期目标，满足生产的可持续性，搬迁则是保留现有的产线，在厂区外新建一条全新的火法段，一劳永逸地解决设备的老破旧问题。

按照我们的思维，一个技改方案就是摸清现有设备的状态，有的放矢提出解决方案，这在天齐张家港项目中，用了一周的时间就完成整个项目的技改报告，得到天齐江苏公司的高度评价。

2020 年 11 月公司派了以孙手棒为首的一个 4 人工作组进驻江西雅保收集资料，以为会花很少的时间就可以完成整个报告，但业主的项目负责人 Ethan（中文名胡西臣）提出必须提供一个很详细的工作计划，至少在现场工作一个月才可能完成研究报告。人手不够，就必须从成都调遣。当时，孙手棒心想：这个小小的技改项目哪里需要这么长的时间，还需要加派人手，纯粹是在浪费时间，不让我一周走那我就两周后走。为了说服手棒，Ethan 随手在黑板上列出来一个工作计划表，第一周干什么，第二周干什么……，一下列了六周的工作计划，然后告知能在前 5 周把上面的任务完成就算很好了，最后一周的报告完善和翻译工作可以回公司做（报告需要英文版）。

Ethan 要求我们用 Workplan 先把 5 个技改项列出来，我们一听就懵了，什么是"Workplan"？压根就不知道这个软件。这可是国际工程管理公司的常用工具，就是以表格的形式把技改项分成 3 级，逐级细化形成一个比较粗的工作计划表，包括这项工作开展前需要测量哪些数据、出哪些设计图纸、哪些设备需要提前购买，并覆盖施工单位的招标等工作，远比我们常用的软件详细。我们的项目团队，被 Ethan 戏称为"小学生"，但这个团队始终以一个小学生的姿态进行工作，不懂就学、不懂就问，很快就适应了这个工作节奏。

Worklist 的工作，等于将 Workplan 第 3 级的工作项继续细化，按照施工的先后顺序把工作步骤一步一步地拆解出来。起初我们只拆解出来 113 项工作内容，后来经过"再教育"，大家加班加点工作，有时候晚上在酒店一起讨论施工的细节到凌晨一点。经过大家的不懈努力，先后经历 8 个版本的修改完善，最终把工作项拆解成 308 项，算是满足了业主的要求。最终的 Worklist 要反映出每一项工作的量（例如电缆的长度、拆除雨棚的面积等）；这项工作的施工阶段（停机前、停机后、开机后）；每项工作的施工时间，这个施工时间可不是指的多少天而是多少小时。到这里，大家会以为这项工作结束了，但是接下来的费用估算就是从这个表上接着发展。

每一项的工作时间有了，接着要考虑每一项需要多少人，这样总工时就出来了；对应的每一项需要的材料要注明取费依据，再结合前面的预估工程量，就可以算出施工材料的价钱。这样才算是统计出来施工的费用估算，再加上前面需要购买的配件清单价格，才完成了直接费用估算，间接费用Ethan会根据雅保公司的数据库来估算，最后才得到一个比较完整的费用估算表来。为了写Worklist和专项施工方案，还从安装公司紧急借调两个懂施工的项目经理过来，配合我们后续的工作。

走到这一步，才慢慢体会到他们的工作方式和方法，每一步都要有理有据，不像之前我们做项目一样大概罗列一下、估算一下就可以了。这个改造项目虽然不大，但对工期要求是非常紧的。短短的30天工期要做那么多事情，只有前期把计划做得相当详细，才能有很大的把握在规定的时间内完成。后来的技改，基本上是在规定的时间内完成了全部的工作。

大修报告完成后，美国总部对我们做的东西非常满意，表扬了我们这个团队，认可了我们的工作。后来，Ethan经常开玩笑说："你们SCT之前只是穿着短裤、背心的技术工人，登不了大雅之堂（就是没法得到国际项目的认可），经过这次历练，算是让你们穿上了西装、皮鞋展现在国际项目的舞台上了。"

后来的Replace研究项目，也是在Ethan的指导下逐步完成，文件格式和质量基本上与欧美咨询公司接轨。我们以前的海外项目，基本上都是当地国家的标准，许多项目甚至就是中国标准。通过雅保的两个研究报告，就明白了欧美国家的报告编写格式和深度。如果早一点与雅保交流，说不定澳洲的一个锂盐项目会交给我们设计，当初我们写的PPT感觉深度非常到位了，但就是打不动业主，看来是方向上就出问题了。第一次给雅保写的报告，他们就感觉到实用性、针对性不强，大部分是八股文、客套话，我们的格式和他们的要求完全不在一个频道。做了一次小学生，也让我们学到了欧美国家的报告模式，为下一步海外锂盐项目积累了宝贵的经验。但欧美标准也有自身的缺陷，研究阶段花费的时间太长，用他们的报告编制时间，中国公司已经建成了一条生产线，欧美侧重事前控制，中国人习惯时间就是金钱，出现问题随时修正，即使磕磕碰碰也会在短时间内做完项目。

高标准的工程设计

中国的工程设计分初步设计和施工图设计，而欧美国家分FEED和DD

两个阶段，阶段的叫法差不多，但深度的要求相差甚远。FEED 阶段的工作量几乎是中国标准施工图的 70%，工艺要完成除放大图、非标件之外的所有布置图；土建专业根据工艺的变化，做一版施工图深度的图纸。在施工图阶段根据业主的设备订货情况，工艺再修改一版资料图，如果设备资料差别很大，工艺的修改量也是非常大的。这样的 FEED 深度，做出的工程量精确度是非常高的，避免了许多工程项目的调整和不断的造价变化。中国的工程习惯就是速度，边设计、边施工、边审批，而欧美标准的工程大部分时间都花在文件资料的准备上。同样一个工程，如果按照中国标准，整个工程基本就完工了，但按欧美标准还没有完成施工图的设计，这就是两者的区别。

　　3D 设计在欧美已经是标配，而在中国的设计领域才刚刚起步，中国的设计院大多都是采用二维设计加翻模的方式，要么自己组织 BIM 团队，要么就把二维图纸交给外面的 BIM 公司，这是从二维到三维的设计模式，与正规的 3D 设计相差甚远。3D 模式就是在三维条件下画图，真实性非常强，传统的二维设计很难表达复杂的工程构件，即使画出来，对没有见过实物的人也很难想象出真实的物体。三维设计就是完全的实景，可以模拟多种状态，避免设备和土建等构件的碰缺，成品三维在出图的时候可以按照二维来出图。

　　雅保项目的工程设计，在程序上就是严格按照欧美习惯，FEED 加 DD，必须采用 3D 设计。对于 FEED 和 DD，就是一个习惯而已，熟悉他们要求的深度和步骤，可以完全满足业主的要求。但 3D 设计，就是摆在我们面前的一个拦路虎。就单一专业而言，我们机械部十年前就采用 Inventor 来做 3D 设计，锂盐专有的篦冷机、预热器和筒仓卸料器都是 3D 设计的产品，大大减少了制造过程中的设计偏差。为了推广三维设计，我们在十年前就花十几万买了一个 REVIT 的 3D 设计软件，各个专业都借口任务多，最终也只有总图专业、75 岁的况吉元老高工一个人学会了，经常展示给业主，也收到了好的效果，但没有在全公司推广开来。到了雅保项目，业主和咨询公司 Fluor 则要求所有专业必须采用 Plant 3D 和 Navisworks 两个软件。公司几年前就储备了一个 BIM 专业人员杨凡，在建筑的单体设计上发挥了作用，大量的工作用在了效果图和政府报批版的单体建筑图设计方面，在全专业的 3D 设计上则没有进展。

　　我们现有的软件和团队目前都无法满足雅保的工程设计要求。要满足合同的要求，我们必须组建熟练的 3D 设计团队、购买正版的设计软件。买软件很简单，但组建 3D 设计团队的难度很大，市面上的 BIM 公司或者翻模公司基本上都是用于民用建筑的设计，工业项目的设计也仅仅做到了管道的 3D 设计。新的团队既要懂火法工艺，还要有 3D 设计的基本功，这就需要在建材行业寻找合适的人才。在水泥设计方面，天津水泥设计院走在 3D 设计的前列，几年前就组建了几十个人的研发团队，但设计成果也仅用于宣传用的动画版效果图。为了适应市场的变化，我的老单位也从各个部门抽调了几个人，组建了一个 3D 设计团队，但依然停留在研发方面，没有应用于具体的工程设计，没有图纸量，工资自然就很低，严重制约了设计技术的发展。党剑飞是二十年前我在济南大学招聘入院的，先后在计算机站、工艺所等部门工作，最后担任三维设计团队的负责人。通过几次接触，感觉小党对三维设计的认识非常到位，几年的工作就是停留在理论研究上，没有一个工程设计的实战，他自身也需要一个平台来大展宏图。正好因为雅保项目，我们也急需一个学科领头人，双方一拍即合，由小党领衔主帅雅保项目的三维设计。后面又招聘了在 BIM 工作多年的范栩栩，抽调两个做 3D 设计的机械设计人员，很快我们就组建了一个十几个人的 3D 设计团队。2021 年校招的新员工也加入这个团队，直接从三维设计起步，迈过二维设计阶段，很快就上手设计了。

三维设计深度分 30、60 和 90 三个阶段，我们完成了 30 深度后，经过两次雅保和 Fluor 团队的审核，完全达到他们的要求。在基本要求之外，还增加了许多动画演示，模拟运输车辆的行驶路线和卸车过程，为优化总图运输方案提供了运行场景。

携手雅保，打造全球最大的锂盐制造厂

2021 年是卡森和雅保的合作元年，先后有四五个项目在深度合作，既有老生产线的技改，也有新线的设计，还有澳洲项目的报告审核。从合作层面上，SCT 无论是工作进度还是提交的文件质量都得到了雅保团队和 Fluor 管理公司的高度认可。雅保中国区黄松涛副总裁 2021 年 12 月 28 日到卡森回访，转达美国总部对卡森的信任，表示雅保在未来的项目中密切与卡森合作，力争十年内每年投产一条 5 万吨级锂盐项目。

这些项目投产后，雅保的基础锂盐产能会位居世界第一，我们也借助雅保的东风，稳居这个领域的设计先锋。

第三篇
思绪万千

水到渠成

第十七章

生意场上的国民待遇

　　国民待遇原则（national treatment principle）是 WTO 的基本法律原则之一，是指在民事权利方面一个国家给予在其国境内的外国公民和企业与其国内公民、企业同等待遇。在计划经济年代，老外在中国没有受到所谓的国民待遇，入境后必须把外币换成外汇券，拿着外汇券到华侨商场买东西，商场里国民 2 元的东西，卖给老外就是 4 元。这种不公平待遇，我 2006 年去越南顺化也感受到了，水泥厂的工程师陪同我去顺化故宫参观，售票员非得说我是外国人，必须买高价票，说是国家规定。2016 年去古巴，同样遇到了外汇券问题，所有的美元是不可以在市面上买东西的，必须在银行换为外汇券，我们去哈瓦那饭店吃饭也遇到外国人和当地人的价差问题，这与中国多年前是一样的。其实这种现象，在许多发达国家也是存在的，在澳洲买房子，外国人的税率很高，本国人就很低。外国人在新加坡不能购买政府修建的组屋，只能买新的公寓。而在越南和埃塞俄比亚之类的国家，干脆就不允许外国人买土地，也不允许买房子。

　　当然这种国民待遇是区分当地人和外国人的，而一个国家之中，国民之间、企业之间也是有一条看不见却摸得着的鸿沟，那就是所有制。

　　中国人看待生意对象，一定会分一个三六九，对政府、央企、股份公司、私企都会采取不同的态度，同样的一单生意，即使成本价格差不多，但对象不一样，最终的价格却千差万别。许多政府平台公司就明确表示不与私企打交道，不管私企的技术或者能力有多强，他也不与你做生意！有的工业园区，也明确有这种规定，而且坚持要甲级设计单位，无论他的项目是多么的小。这就是所有制歧视！如果买方是政府，就不会担心收不到钱，如果是私企，他一定把你仔细查一个遍。诚然，个别私企也有信誉不高，履约能力不够的情况。以前水泥界很有名的一个安装公司，老板的名言就是中国人是骗不完的，因为中国人太多，信息又相对封闭，造就了这个安装公司每次都可以如法炮制。这个公司刚开始时信誉应该还是不错的，在工期和质量上远胜于一些国企，2000年我的一个项目上就分别选用了一家央企和这个私企，结果这个私企得到了业主的肯定、认可，圆满完成了安装工作，反而这个央企却拖了很长的工期。但后来老板飘飘然，疏于管理，偏离诚信，每个项目都是马马虎虎，低价进入工地、坐地起价，搞得项目业主无所适从，我们承接的哈萨克斯坦、武当、康定这些项目最终都把这个公司给赶跑了。没有几年，这家公司也被法院查封，一个好端端的公司被肢解为多个小公司。这只是一个个例，大多数民营企业还是非常诚信的，都是靠自己的实力来做项目，靠声誉来扩展市场。

北方重工的破产和库尔勒三川水泥的破产，折射出不同所有制下的诚信。北方重工属于地方国企，受到政府的操作和支持，最终给了债权人10%的欠款就把债务一笔勾销。但三川水泥公司却在法院的监管下，每年给债权人一笔费用。

民营企业是参与"一带一路"倡议建设的中坚力量，贸易额占到"一带一路"倡议的六成以上，但由于受到多种因素的制约，民营企业"走出去"的道路还很漫长，集中在几点：

（1）开保函难：国际总承包业务中，承包方要给外方开银行保函，对于许多民企而言，银行要求全额抵押，开100万元的保函，就需要在银行质押100万元的现金或等值实物，而国企则可以通过巨额的授信，不需要质押任何现金。上面提到的北方重工，每年都有50亿元的授信，不需要质押。而我们也走了质押资产来做授信，我们把公司的房产、股东的房产，都由银行指定的评估公司来定价，这种定价机制都是偏向银行的，我们在成都市一环路的铺面，紧邻音乐学院和城市音乐厅，对面又是川大的北门，如果按照市场价出售，单价至少是（5～6）万元/平方米，但评估公司只给出了4万元/平方米的低价，综合了所有可以抵押的资产也就3000万元，到了银行授信时，还要打7折，3000万元的硬资产，也仅仅给了2000万元的授信。从我们的授信过程中，就感觉到银行很注重看你的出身。

（2）融资难、融资贵是制约民企"走出去"的痛点：银行贷款必须有抵押物，筹够了抵押物，资产抵押率也越来越低，贷款额度严重"缩水"，加上各种手续、担保（诸如评估费、审查费、登记费等），实际的融资利息比基本利率高出 50% 以上，这一点与保函是一样的，质押了等值资产，就可以给你贷款。

（3）"一带一路"倡议的对外投资审批手续烦琐：一个好的投资，就是要抓住一个好的时间节点，错过了就没有投资价值。民企要"走出去"做项目投资，就是要发挥民企快速决策的优势。目前，政府担心资金外流、转移资产，对国外投资项目的审查手续格外严格，严重制约了对外投资的热度。为了把控风险，目前国企在外投资很少，国企集中于海外总承包项目上，而大部分的国外投资都是民营企业。

（4）国家政策银行的对外贷款项目，明显歧视民企：这类优质项目，基本是控制在央企层面，而给民企设置了很大的壁垒，民企基本上就接触不到此类项目，都是从央企手上分包过来。

民营企业在内的中国企业是实现这一战略落地的中坚力量。民营企业参与"一带一路"倡议建设，可加快民企"走出去"进程，提高国际竞争力，有效应对经济新常态，且可淡化我国企业海外投资的政府色彩，避免外界过度解读和误解，其独特作用不可替代。

解决这种歧视，也不是几天的事情，估计需要一个时代来过渡。我们也盼望这一天的来临，站在一个起跑线上的比赛，才是公平的。

第十八章

船小掉头也难

随着国内水泥产能的过剩，新开工项目越来越少，水泥设计的业务也会举步维艰，俗话说"船小好掉头"，我们就转型搞点其他领域的项目设计，在此之前我们已经做过石灰窑、金属镁的煅白窑，就是围绕焙烧来做文章。

过去国内的陶粒项目基本都是非常简陋的生产线，几乎没有设计单位参与，投资老板就买个小回转窑，用设备厂提供的土建基础图，进行土建施工、安装。对于前段的原料处理，各个厂家都各具特色，一般不会让人参观，大体上就是原料的来源、配方、成球工艺的不同，这也是陶粒生产线的核心所在。一条年产5万立方米的生产线，也就不到2000万元的投资，相当于作坊式生产，没有任何环保设施，基本可以用乌烟瘴气、乱七八糟来形容当初的陶粒生产线的状况。曾经参观过重庆的一条线，竟然都没有冷却机，出窑的高温陶粒直接就溜到堡坎下面，堆存一段时间后，用铲车运走，再手工装袋包装。四川一家公司连废气处理都没有，出窑废气直接外排到大气中，出窑的陶粒也是没有任何冷却设施，直接用铲车转运。这样的生产线，我们曾经带俄罗斯人去参观，竟然还被拒绝，怕把他们的技术给偷走，幸好没有进去，否则就太难看了。由于陶粒价格不高、用途也不广，没有引起资本的注意，几年前的生产线普遍都是很简陋，自然没有设计院来参与，他也不会花钱来做设计。近几年由于装配式建筑的兴起，陶粒可以做轻质构件，这个行业才逐步走入正轨，浙江湖州一个陶粒公司就是非常现代化的生产线，尽管比不上水泥厂自动化、环保，但相对于原来的作坊式工艺，这个生产线的确上了一个台阶。

　　没有设计院的参与，自然就没有太多的人来研究，也就创造不出更先进的技术和流程。曾经有一年去俄罗斯谈一个陶粒生产线的设备总承包，他带我们去白俄罗斯一个陶粒厂参观，指定就要这种配置的产线。白俄罗斯的陶粒产线，主要原料就是当地的陶土，就是做陶瓷的原料，工厂专门还有一个小试验室，除了做一些陶粒试验，还做一些陶瓷工艺品，送了我们每人一个陶瓷茶具。进场的陶土堆在大的堆棚中存放，喷洒一些液体发泡物，用抓斗来回翻转物料，保证一定的均匀性。最终，通过抓斗把陶土送入板喂机，再喷入用来发泡的重油，喂入高压成型机，把一定湿度的陶土从多孔板中挤出来，形成一个条状体，喂入回转式烘干机中，再通过皮带机进入回转窑焙烧，冷却机采用我们在达钢石灰项目类似的竖式冷却器。这个厂的规模很大，有四条同规模的陶粒生产线，产品都是散装到火车上，销往欧洲其他国家，市场前景还是很大的。

　　陶粒技术最早就是俄罗斯人发明的，但原料还是很苛刻的，基本就是白俄罗斯的陶土，这样势必会增加生产成本，也对生产线的选址带来困难。后来的中国陶粒生产线，基本都是就地取材，大多数都是采用工业副产品或者污染土等，比如广州的华穗陶粒厂就采用珠江清污的淤泥和工业污泥，重庆一个陶粒厂采用的就是工业污染土，再加上污水处理厂的污泥。因此，中国的陶粒厂，产品表面上是陶粒，但成了工业污染物的处理厂。

　　陶粒项目的信息始于与天津龙腾公司的合作，他们曾经在 2008 年就给客户报过回转窑的价格，当初客户是单机采购，我们不知道项目在哪里，也不知道回转窑用来烧什么的。2009 年 9 月，按照新的招标书给他们做了一个烧成系统标书，我们负责回转窑系统的供货、工程设计和技术服务。2010 年 12 月 11 日高立宏来成都，约定近期与张总到公司洽谈，对外合同签约的希望非常大。2011 年 4 月 21 日上午龙腾的高总、张总到公司，就新加坡陶粒生产线进行了交流，他们已经拿到业主的中标通知书。5 月 9 日上午到龙腾公司谈新加坡陶粒，与意大利公司进行交流，确定下步工作安排，此项目马上进入实施阶段。张燕祁在新加坡签署土建分包合同，预计 9 月初开工，马上安排寄原料到公司，我们的分工不变，回国后即与我们谈判。9 月 9 日收到龙腾寄来的样品，他们希望做原料易烧性试验。11 月 1 日成都试验完毕，基本满足生产需求。11 月 2 日张燕祁通知做设计、窑系统的合同，很快进入合同洽谈。2012 年 2 月 2 日张燕祁电话，意大利人把 APC 计算错了，规格偏小，需要重新计算，我们也需要重新核算价格；回转窑土建图纸，新加坡人还需要到成都交流一次。新加坡人把油渣加到原料中，导致窑尾温度可能偏高，影响到后续的收尘系统，他们在合同中约定此事；新加坡人对 72 小时达标就完成也不以为然，担心他们后面就不管了，需要修订他们之间的合同；以上事情做完后，就完善我们的合同，尽快启动此项目。2 月 27 日在龙腾签署新加坡 NEC 陶粒项目总承包合同，负责提供从成型后原料入窑开始至窑头陶粒冷却（不含水浸刮板机）为止的 7t/h 陶粒生产线烧成系统的工程设计、设备供货、安装工程、钢结构、非标及非标设备、技术服务和生产线调试，不包括土建混凝土工程。总承包商将国内制造的设备、非标件在天津港装船，在新加坡车板交货给业主方。龙腾负责我们责任外的一切工作，包括设备、材料的出口手续，国外的海运、陆运、保险、清关等工作，负责制作设备及材料的新加坡进关、运输到工地。意大利公司作为技术支持方，提供烧成系统的技术支持服务，包括整个烧成系统热工计算、废气处理的计算、配套设备的选型计算等，系统废气处理关键设备——反应塔的设备总图、制造图的图纸设计及废气处理的工艺布置，并承担所有技术指标的考核，满足新加坡 NES 公司招标书对各种指标的规定。合同生效后，我们很快完成施工图设计，交付给新加坡公司做土建设计，中国标准的土建图纸在新加坡施工也没有问题，他们审核了图纸，完全满足当地规范。紧张的设备加工后，按照节点，所有设备都在天津港交付给龙腾，紧接着就安排公司的安装管理团队进驻现场。正好老同事唐兴国从埃塞俄比亚回国也退休了，让他在现场带着黄贝管理现场，后期又派蒋汉九、代礼荣等到现场督战，安装整体上还是很快的，但新加坡的安全标准太高，项目预算远远超支。高度超过两米的脚手架必须由专业的公司搭建，工人的安全措施包括安全带、劳保鞋等完全和欧美国家一样，龙腾公司完全没有国际工程的经验，现场基本上都是卡森的工程师在主导。2013 年年初安装完毕，项目进入单机调试，这个燃烧器是意大利人的作品，我们的调试人员形容这个燃烧器就像一个蜡烛，漂移无力，回转窑的尾温根本上不去，龙腾提供的链斗输送机更是故障频繁，更加可怕的是龙腾负责设计的生陶粒球的设备，一直不正常，切割的钢丝线经常断裂，窑前的小仓又在不断地压料，无法进入窑内。这种情况下，我们的大部分人员只能撤回国内，等待龙腾供货设备顺利后再进场调试。4 月 4 日龙腾的小穆要求我们去新加坡调试，本次来的意大利人依然搞不懂，还要再派两个人才调试燃烧器。燃烧器不正常，系统也无法调试。8 月 2 日黄贝回国向我汇报新加坡工程的情况，业主方面的人全部辞职了，龙腾只留下张宏每天开开窑，由于没有原料，整个生产线停产。2014 年新加坡项目已经转让给 TP Utilities Pte. Ltd，该公司负责人陈炳雄来电，说他们公司决定进一步与四川卡森直接合作，以纠正现有的问题，并提供一些技术上的支援。由于问题太多和太复杂，他建议卡森公司到现场做调查，并商讨合作范围。2015 年 7 月 7 日老黄带队去新加坡，检查项目的生产恢复与接管。龙腾团队已经撤离，业主方面的技术、操作人员早已经跑完，急需恢复生产。8 月 5 日与黄楠、代礼荣讨论，陶粒成型后进入回转烘干机中整型、预烘干，再进入窑中，效果会更好。新加坡陶粒项目本来是一个非常小的项目，结果由于多方面的配合不到位，导致项目延续了 7 年时间。该项目的政治意义非常大，原来新加坡填海都是利用越南购买的石灰石，新加坡政府一直想用本地的资源来完成填海工作，NEC 公司就委托相关的研究单位，利用当地的粉煤灰和污水处理厂的污泥来混合、焙烧，制成重质陶粒，变废为宝。对于我们公司而言，没有全面参与项目的研发，没有掌握项目的主动权，前面的原料制备和生陶粒球是由龙腾完成的，他们按照制砖工艺来设计，完全忽视了陶粒球的特殊性，回转窑的燃烧器，龙腾又错误地选择了毫无经验的意大利公司，导致这个系统一直不正常，加上粉煤灰供应不上，没有了原料，整个生产线也就搁置了。本来一个短平快的小项目，做成了马拉松项目，剩余的 200 多万元总包费用也拿不到，龙腾推脱说是业主方的款还没有结清，我们的合同也有瑕疵，合同争议只能通过仲裁，不能通过法院起诉。

卡森设计及总承包的新加坡陶粒生产线

陶粒技术算是一个很古老的工艺，设备上做了多次改进，市场上的需求也不断涌现，我们涉及的陶粒项目信息就有：俄罗斯 CARANTIR-STORY 公司、孟加拉国陶粒项目、上海晁恒投资有限公司东南亚陶粒等。

前前后后一共 29 个项目在谈，有的项目都做到了初步设计深度，也去过俄罗斯、澳洲等项目现场，做过许多报价工作，本来看好的澳洲公司陶粒项目，也最终无果。

对于陶粒项目，我们的短板还是没有摸清项目的真谛，一个新加坡项目也是结局不好，导致我们没有太多的业绩来说服业主接受我们的技术。本来看好的陶粒项目，从水泥行业转到这个行业，最终没有达到好的效果，船小掉头也难。我们根本没有进入陶粒项目的设计领域，这个行业要么自己买设备，随便找个施工队做了基础，自己安装；要么就是设备厂去总承包，设计院也就配一个土建和公用工程的设计。2020 年重庆一个工业污染土制陶粒的项目，基本都到签约环节了，但还是受制于设计费的理解，一个多亿的项目我们报价才几十万，但这个行业就是接受不了正规设计公司的费用，尽管已经是白菜价了，他们的理念中却认为根本不需要设计就可以完成整个项目。

随着装配式建筑的蓬勃发展，但愿陶粒项目也会如期实现现代化生产工艺，这样，我们这些专业的设计院才有用武之地。近些年，听中国混凝土协会的朋友说，他们在与天津水泥院合作，来完善开发系统的陶粒技术，但两三年过去了，还是没有合适的项目在运作，这个行业要扭转脏乱差、老破旧的状况，需要真正专业的设计研究机构来参与。

第十九章

云端寻找商机

　　从做生意的角度，每天都会遇到不同级别的人，计划经济年代坐火车软卧的必须是处级以上的干部，那么你在火车上就会遇到形形色色的达官贵人。1986 年前后我们为了渠江水泥项目，从上海去广州调研，却买不到火车卧铺票，就给院长申请了软卧，结果在上海站列车员不让上车，原因就是没有介绍信和等级证明，灵机一动就拿出工作证给他看，工作证的封面就是国家建材局四川水泥设计院，告诉他这是国家建材局，是中央机关的人，才让上了火车。

　　签署了土耳其水泥项目后，出国基本都是坐商务舱，一方面可以免除长途劳累，另一方面也可以在飞机上碰到合适的人及有用的信息。2008 年由北京去伊斯坦布尔，坐的是商务舱，邻座是中成公司的副总经理顾海涛，他们是从事进出口业务的公司，主要侧重于发电等项目，结果回国的时候，又在伊斯坦布尔的机场遇到了顾总，从此两人结下深厚的革命友谊。

　　2012 年 11 月 30 日由北京去伊斯坦布尔，在多哈转机，在商务舱碰到中土公司尼日利亚分公司的石总，他们在当地接了许多工程项目，但水泥很紧张，就希望自己建一条水泥生产线，来满足项目建设的需要，期望第二年帮他们选址和设计。

　　原来的多哈机场几乎没有廊桥，下飞机都是通过摆渡车到候机楼，商务舱与经济舱的候机楼是分开的，商务舱的候机楼是很大的，吃饭的时候也会碰到往返国内的商人。2012 年 12 月 5 日在多哈机场就碰到在加纳开金矿的戴总，听说我们是做水泥厂设计的，他也急需了解建水泥厂的流程，也想做一条 1000 吨水泥厂，加纳的水泥也是紧缺物资。

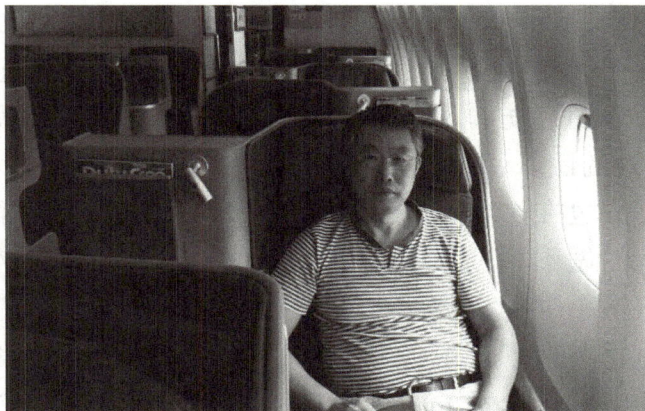

在北京飞往伊斯坦布尔的飞机上（2009 年）

　　2011 年中成集团顾海涛副总裁调到中成的母公司中国投资集团公司（简称国投），担任"走出去"领导小组副组长，节前已经率团到印度尼西亚考察，确定在西巴布亚省投资一条 2500t/d 生产线，项目由中成国际总承包，希望我们做工程设计。中成国际总裁助理崔魁元于 3 月份率团到公司考察，查看我们的实力，了解建厂条件、投资情况等，并邀请我们派专家4 月份到印尼考察。在交谈中，知道他们选择的地方正好是我 2009 年与廊坊张总选择的地方。无巧不成书，这个地方的建设条件，包括石灰石资源、港口等，我在上一次考察中基本了如指掌，这次国投又选址在这里建厂，完全可以利用上一次的成果。

　　2011 年 4 月我们派 5 位专家陪同国投项目部成员，在雅加达到总统府拜访总统顾问、国家计委，印尼方面对国投给予最大的优惠条件。项目落地在西巴省的马哇夸里市，在现场基本确定大概的厂址、原材料码头，并同时建设一个火力发电厂来为水泥厂和当地居民供电，还对距离厂址 100多公里的煤矿进行了调研，落实项目的燃料等。回国后，为该项目撰写了现场考察报告、可研报告、投资建议书，并做了对码头、电厂、地质勘探的协调与技术接口工作。项目内部审批通过后，国投感觉自己一个门外汉来实施水泥项目，估计难度很大，所以就与海螺水泥签约合资建设该项目，工厂规模也改为 3200t/d，工程设计也交给了海螺自己的设计院，我们也就做了一个前期调研、厂址选择和可行性研究报告，为项目的建设打下了良好的基础。

　　2020 年春节前赴悉尼陪家人过年，在飞机上认识邻座的袁闽翔，双方一介绍，发现有很多的共同点，他的儿子也在悉尼，住得与我儿子很近，他也是从成都军区设计院辞职出来自己做了一个民用建筑设计院，一样的经历、一样的专业，我们两个人从此就成了朋友。2020 年疫情都困在了成都，我们两个就天天约着去牧马山高尔夫俱乐部打球，又把双方的高层团队邀请到对方的公司互访，了解各自的业务领域。他们在民用建筑领域做得很好，400 多人的团队，在成都市的设计院中也是很有实力的；而我们精心做建材和化工，也在这些领域做得风生水起。我们做不了的项目，拿给他们来设计，他们做不了的项目，又委托给我们来做，优势互补。老家闻喜县要做一个钢铁小镇的规划，各级领导也在成都筹建闻喜联络站。筹建商会期间，县领导考察了众恒设计公司，老袁也是靠实力拿下了这一个规划项目。几个月以后，自贡的一个设计院给绵阳一个化工企业设计了 2 万多平方米的钢结构厂房，审图公司感觉钢材用量太大，老袁就介绍给了我们，经过我们的优化设计，仅上部的钢结构就节省了 400 多吨钢材，下部的混凝土部分还可以节省 100 多万元的费用。

　　2015 年由悉尼去赞比亚卢萨卡谈水泥项目，在珀斯转机的时候，要在不同的候机楼之间转机，和一个人拼在一起打了一个出租去国际航站楼，这个人有点像亚洲人，就试着问："Can you speak Chinese?"结果是个山东老乡，叫李国成，他就职于一个矿业公司，他这次是去博茨瓦纳等地探矿。于是我们一起在珀斯和约翰内斯堡的商务舱休息室、飞机上就矿业话题聊了很多。澳洲的矿山资源非常丰富，对海外的矿山投资也非常多，他们的观点就是占资源，而不是把矿石做成产品，站在产业链的顶端，就掌握了定价权，所以澳洲的很多公司都在世界各地寻找矿源。就拿我们从事的锂矿而言，非洲的马里、刚果（金）等锂矿项目都掌握在澳洲人手中。短短的时间内了解彼此，为在全球范围的矿业合作打下基础。说来也巧，我们悉尼的分公司与李国成的公司就在同一个写字楼的同一层。2022 年分公司成立的时候，两个人就锂矿、铜加工项目进行了洽谈。

　　高尔夫球场就像商务舱一样，大多数是深耕商界多年的老板，从事的行业也是几乎涵盖所有的领域。刚过四十的孙羽，从电子科大一毕业就做了一个 IT 公司，后来卖给了一个公司，拿到了第一桶金，又做了一家游戏开发公司，仅 500 多人的公司，年产值就高达 25 个亿，由一个敬业的团队来打理公司，他也乐于经常打打球。小我一轮的刘国林，16 岁就自己创业做理发店老板，后来与夫人在绵阳从简单的小洗脚房做起，现在做到了 100 多个连锁店的常乐足道老板，年产值也是几个亿。所以，高尔夫球场仿佛是一个商圈，把这些人脉串起来，也是一个难得的资源。

第二十章

快乐的老板

三流老板，自己接活自己干；二流老板，自己接活团队干；一流老板，团队接活团队干。我在国企上班时候的打野，也就是做一个三流老板，接到活后，深夜都在家里埋头苦干。出来自己做公司的时候，就是二流的老板，自己就是业务员，接到活后拿给团队做。做到后来，就成了所谓的一流老板（自嘲），每天的上午基本上都是泡在高尔夫球场，团队接活、团队干活，公司基本上达到飞机的自动巡航状态，老板就像飞行员一样，依靠程序来自动飞行，这个自动飞翔的程序就是公司的制度，制度设计好了，老板只需要在遇到紧急情况下，把自动程序切换到人工操作模式。巴菲特说过，成功的老板，就是睡觉的时候，还有人给你赚钱。公司做到一定的程度，一定要发挥团队的力量，分权给团队、分利给团队，大家伙给你干，众人拾柴火焰高，一个人的力量毕竟是有限的。费力费时、辛辛苦苦干了许多工作，好处都给了老板，而老板还斤斤计较，这种企业不会长久。

人生就是一团欲望，满足不了就痛苦，满足以后就无聊……于是人就在痛苦和无聊之间徘徊！金钱的驾驭能力比赚钱能力还重要！

任正非夫人埋怨任正非："你没有朋友，也没有爱好。你到底爱什么？"他悠然回答："我爱文件，最高兴的事情就是改文件。"这种极其敬业的老板，值得敬佩，奉献了自己所有的时间和精力，就是为了一个伟大的事业，不上市的华为却做成了行业老大，尽管受到欧美国家的围堵，华为依然立于不败之地。一个国家的繁荣富强、科技进步，就需要这种老板。

相对于任正非而言，我只是一个不入流的老板，但我也喜欢看文件！这就是设计院经历锻炼出来的，为了项目写了许多可研报告，凡是经过我手的报告，基本上没有什么问题。当初成都院大项目的可研等前期报告都出自我的手。作为项目负责人就是汇总各专业的成果，并提炼为"总论"，这可是给上级领导看的部分，报告能否得到批复，总论可是关键，我写的总论总是被评为报告的经典。

许多人喜欢万事都要追求一个结果，而不去管过程如何。人生的结果是死亡，人生的过程却是精彩无限。所以许多时候我们花费了很多时间，甚至努力了许多次，这个项目还是没有找我们设计，当然项目有时候也自身夭折了。但在这些项目的跟踪过程中，却也学了很多东西，也感受了生活的精彩。

我曾经跟不同的公司一起去了俄罗斯很多次，与新疆公司去了贝加尔湖畔、和沈阳公司去了西北部的季诺夫、和北京公司去了叶卡捷琳堡、与天津公司去了莫斯科南部的梁赞和俄罗斯人自己在北京开设的公司一起去了古夫斯基，给俄罗斯相关公司也做过几十个报价书，除了吉林莘达公司孙玉达总经理合作的一个 3000t/d 水泥厂做了初步设计，收了一点费用之外，其他基本都是白忙活。但我们有机会在俄罗斯深度考察，这远比参加一个旅行社要快乐得多，尽管没有拿到像模像样的项目，但我们领略了贝加尔湖广阔无垠的美、感受叶卡捷琳堡极限的雪景，观看红场、克里姆林宫、莫斯科大学等壮观的建筑，这就是一个令人神往的过程。有两次都是在夏季去了俄罗斯的原始森林，原以为那里的夏天没有蚊子的，结果完全相反。北极圈的蚊子更加可恶，它们一个冬天都吃不到东西，好不容易盼来了短暂的夏天，天天面对皮厚毛多的牛羊，可惜就是啃不动，终于来了一群脸上没毛的人类，这就是送上门的佳肴。俄罗斯森林不仅有饥饿的蚊子，还有可怕的大如飞蛾的牛虻，常常一边看现场、一边拿着树枝赶走可怕的蚊子，即使在车里也是被一群群蚊子、牛虻包围群殴，能够从俄罗斯森林的蚊群中跑出来，也算是命大。这种想起来都后怕的事情，经历了，也就刻骨铭心。

所以说，人生不一定都是万事顺利的时候，经历了就是幸福的。即使经历了不同的遭遇，也是很欣慰的。

什么样的人生才称得上是快意、幸福的？是拥有大把的金钱，做左抱右拥、妻妾成群的帝王，还是满足温饱的普通人家？李白说清了这个道理，"人生得意须尽欢，莫使金樽空对月"，不枉人间活，快乐似神仙。苏东坡笔下"竹杖芒鞋轻胜马，谁怕，一蓑烟雨任平生"，潇洒一生、名句万千。

宁德时代创始人曾毓群对锂电行业曾有过形象深刻的概括：美国人发

明了锂电池，日本人把它商业化，韩国人把它做大，中国人把它做到最便宜，并推向全世界。在新能源板块，就划分为原料矿山（含盐湖）、基础锂盐、正负极材料、锂电池、客户端（汽车、手机等）。中国人不仅是把这个行业做到最便宜，还把锂电行业做到了世界老大。我们从事的基础锂盐生产线的工程设计，这在全球也是中国人的天下。基础锂盐，中国占据全球的 80%，我们公司又做了国内产线的 80%，选对了行业，也就成就了一个公司。

一个好老板，就是选对公司的发展方向。俗话说，女怕嫁错郎，男怕入错行。选对了行业，就是选对了方向。在这个行业中做到极致，做到人见人爱、爱不释手，企业也就成功了。2020 年公司年会上，我就宣布，我只管公司的发展，其他事情都由高管团队来分工管理，把责权利给团队，团队才会勇往直前。

第二十一章
著书立作

　　我的老家山西省闻喜县是中国报告文学之乡，很多人退休后的第一件事情就是写回忆录，或者把自己工作一生的文章编辑成册，无论出版还是自行印刷，几乎人手一册，老父亲的书架上就堆满了老同事的回忆录。一本回忆录不仅仅是对自己的一个总结，还是给下一辈的一个启示。一个好学的人，也是善于总结的人，一篇文章就是一个总结。老同事见面的时候，不是拿两瓶酒，而是捧着自己花心血写出来的回忆录，送给对方分享过去工作和生活的经历。送人玫瑰，手有余香，赠人一书，墨香芬芳。

　　我小时候酷爱文学，也给自己起了一个"浩奇"的笔名。曾经悄悄地写了一本小说，主要是描写我在少年体育学校的生活，虚构了几个主角，把少体校的点点滴滴都融在了那本书里，可惜初稿不知道丢到什么地方了。和父亲一起在教育局生活的时候，父亲经常去书店和图书馆给我抱来一捆捆的书，我都一本本地把来之不易的书通读完，那个年代是非常难得的。我刚刚到闻喜中学的时候，整个高一几乎没有什么文化课学习，我们六个班就分了农业班、音乐班和体育班，我在的文艺班也是不读书，天天吹号拉琴，到上高二的时候国家恢复了高考，我们才从初中知识开始恶补，短短的一年多时间，就补习完了初中和高中的所有科目。父亲经常到闻喜中学的图书馆给我借来各种书，让我有机会学习更多的知识。在我准备考大学的时候，当初出了一套高考复习材料，整个闻喜县也没有几本，而父亲就给我买了一本，多亏这些教辅材料，使我顺利考上了大学。

坚实的文学功底，使得我在工作期间就写了许多论文。《实用新技术新设备》是我主编的一本技术研发总结资料，1998 年在成都建材院内部出版，从水泥工艺、机械和电气方面介绍了相关的新技术和新设备，特别是对机立窑改新型干法生产线做了大篇幅的介绍。那个年代基本是立窑和湿法窑的天下，新型干法生产线还是星星点点，完全不是主流的生产线。通过技术、水泥质量的对比，引导立窑企业加速自身淘汰，利用现有的矿山、原材料、市场优势，上大改小，建设现代化的新型干法生产线。为此，我们从原料选择、生料制备、烧成工艺、水泥粉磨等方面整体介绍成都院近年来研发的新技术，汇编成册，引导行业的发展。

《新型干法水泥实用技术全书》于 2006 年 8 月由中国建材工业出版社出版，是由中国水泥协会和中国水泥杂志社组织编写的，我负责第 4 章水泥成品制备技术和第 5 章煤粉制备技术的编写，对水泥粉磨和煤粉粉磨的各种流程、技术、设备进行了汇总，科学地评价了各种流程的优缺点。这本书是一本水泥专业的百科全书，涉及水泥生产的所有环节，几大设计院都抽调专业人员来编写这本全书，我是成都院唯一的编者。

《新型干法水泥厂工艺设计手册》由严生、常捷、程麟主编，中国建材工业出版社 2007 年 1 月出版发行，我编写了第 3 章工厂总平面及运输设计、第 6 章物料的粉磨、第 8 章熟料的煅烧和第 9 章煤粉制备等章节，涵盖水泥工艺的主要工段。长期以来，各设计院始终采用 1978 年 9 月出版的《水泥厂工艺设计手册》，这是历史上中国第一部水泥设计手册，常规的原料配料、辅机计算和设计都非常到位，到现在还摆在许多设计人员的书架上，但水泥厂最核心的煅烧技术在那个年代还处于立窑和湿法窑为主的阶段，对于新型干法窑技术几乎没有提及，而 20 世纪 90 年代后就是新型干法窑为主，缺乏一本新型干法窑技术为主的工具书。2005 年的一天，严生老师从南京到成都来看我，饭桌上谈起设计手册的事情，他在几年前主编了立窑设计手册，马上询问我有无兴趣，我们一起合作编写一本以新型干法窑为核心题材的设计工具书，我们当晚就下决心来操办这件事，由他联系出版社，我们分头行动物色合适的撰稿人，由我主笔来写粉磨和煅烧工段，他来张罗其他章节。经过一年的时间，一本 184 万字、1132 页的水泥工艺手册就编写完成，并于 2007 年出版，得到水泥界的高度评价，成为各个水泥工艺设计师的工具书。

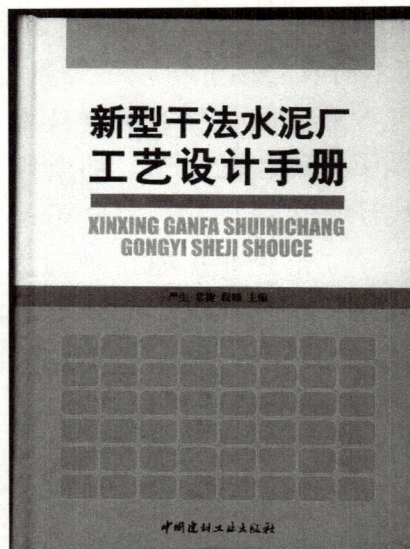

《新型干法水泥厂工艺设计手册》

　　《水泥窑烟气脱硝技术》于 2013 年 1 月由化学工业出版社出版，由卡森科技技术骨干撰写，我和蔡顺华主编。在国家刚刚实施新的环保标准情况下，及时出版了脱硝技术全书，并由当时的中国水泥协会副会长、秘书长孔祥忠作序，"本书由国内资深水泥专家常捷先生等编著，从 NO_x 的产生机理展开叙述，介绍了当前世界上水泥窑烟气脱硝的各种主流技术，并辅以生动的图片和实例，附录中收集了各国水泥厂烟气排放标准和部分脱硝原料的介绍。全书内容生动、翔实，是当前各水泥企业、科研院所了解、学习水泥窑烟气脱硝技术的上佳选择。"

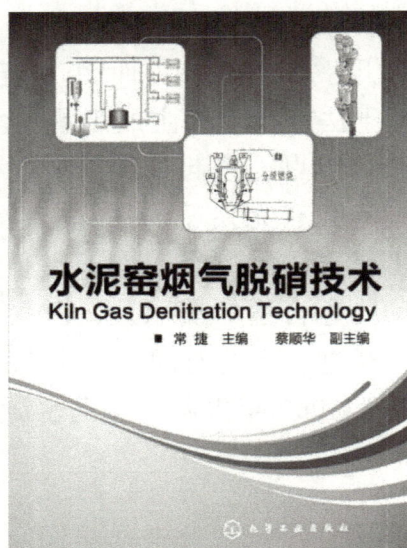

《水泥窑烟气脱硝技术》

　　《思念》是为了纪念母亲逝世三周年，由我主编的一个文集。家里每一个人写一篇文章来纪念最爱的妈妈。在活动发出后，得到全家人的大力支持，积极建言献策，踊跃投稿，从3岁的常卡尔到88岁的老父亲，每个人都认真地写下了与妈妈生活的点点滴滴，都感觉到了妈妈的伟大和浓浓的母爱。每篇文章中重复用得最多的话就是妈妈说的"从小读书不用心，不知书里有黄金；早知书里黄金贵，夜点明灯下苦心"，这句话鞭策了常家几代人为了改变命运而奋斗读书。本次活动，体现了书香门第的传承，体现了以老父亲为中心的大家庭空前的团结。

　　《九十春秋》是纪念老父亲九十大寿的一个专辑，全书分九思集、亲亲集、三友集和儒雅集。"九思集"收集了老父亲的九篇文章，包含他入党到离休生活的内容。为了这本书，父亲由三姐夫温志超陪同，还专程去了一趟他儿时生活的宁夏固原市和第一份工作所在地甘肃省西吉县，写了几篇固原和西吉的游记，感慨时间之快和变化之大。"亲亲集"由全家人每人写一篇文章，回忆与老父亲一起的点滴，从自己成长的过程中感受老父亲的关怀和爱护。"三友集"是老父亲的闻喜县教育界同事们的文章，记录他们在一起工作中的美好一天。闻喜县教育局，以单位的名义写了一篇"恭贺常老局长鲐背之禧"，回忆他对闻喜县教育界的诸多贡献。"儒雅集"则收录了老父亲从80岁到90岁的纪念照片。因为在父亲八十大寿的时候，已专门给他出了一本影集，收录了他从学生时代到80岁的所有珍贵照片。

第二十二章

用脚丈量地球

　　小学五年级的时候，县里办了个少年体育学校，父亲看到我很喜欢体育，就送我去了体校。少体校其实就是业余的少年体育学校，平时还是要在学校读书学习。每天早上上学前和下午放学后，都去体校训练。我练的是中长跑和跳高，每天早上天不亮就起来跑步，即使冰天雪地也必须沿着公路绕县城跑一圈，家里挂的奖状多数是我在各种比赛中获得的。少体校的经历，练就了我健康的体格，以及坚韧不拔、奋力向前的精神。

　　自己创业的初期，实在是太忙了，既当业务员跑项目，又需要看图审图，必要的时候，自己还得亲自操刀来做设计，投产后还需要待在现场督战，几乎没有太多的时间来锻炼。2007 年大部分时间待在本溪做交通水泥的项目管理，还经常回成都管理公司，照看哈萨克斯坦塞米项目的设计，每天的觉都睡不够，没有时间锻炼。2008 年应该是最忙的时候，土耳其项目、埃塞俄比亚项目几个大项目同时在做，欧洲、非洲、东南亚来回飞。紧张的工作和巨大压力下，2008 年 9 月查出了糖尿病。在住院期间，医生再三嘱咐，一定要锻炼，而跑步或者快走则是控制逆转和预防糖尿病最有效的方法。在住院期间，就天天在楼道上快走，反正也病了，就安心养病，不去管工作上那些烦心事。从此以后，就养成了良好的习惯，每天早上快走锻炼，每天的步数不可以低于 1 万步。有时候晚上回到家，发现一天的目标还没有完成，即使很晚了，还是出去转一圈。

　　善始者实繁，克终者盖寡。一开始的信心百倍，到最后的铩羽而归，成功者寥寥无几，而我则是其中坚持最久的一个，善始善终。没有健康的身体，就无法完成繁重的工作。

有一年在德国考察一个项目，下午没有会谈安排，就和友人去莱茵河畔跑步，不知不觉跑到一个私人庄园中，屋主开车拿枪指着我们，问你们为什么闯到我的家里来，我们也很无奈，又没有围墙，哪里知道是什么鬼地方？屋主大声训斥我们，我们也灰溜溜地出去了。想起来很后怕，按照当地法律，私闯民宅他有权利毙了你。逃出庄园，我们沿着莱茵河继续边跑步、边欣赏风景。

2014年去巴黎谈一个摩洛哥水泥项目，每天的日程安排得满满的，根本没有时间去景点转转。我们住在距离凯旋门只有几百米的酒店，每天早上都跑到凯旋门。凯旋门在巴黎的中心位置，有12条大街往外辐射，我就每天走一条大街，天不亮就出发，每天跑大约两个小时，塞纳河、埃菲尔铁塔等景点都是我跑过去的。等我回到酒店吃饭，同行的人才从床上爬起来，当然也没有欣赏到如此美丽的风景。

每到一个机场，无论是转机还是正常的登机，我都会拉着行李箱在机场快走，北京机场和双流机场的所有"犄角旮旯"，都转遍了，目的就是利用有限的时间，不要窝在休息室或者登机口，就是伸展一下、锻炼一下。新建的多哈机场，是常乐做的风洞试验，多次到多哈，就是在快走过程中感受大气、漂亮、宏大的多哈机场。

2017年7月在吉隆坡期间，一天早上7点就出门，按照google地图的指引，花了一个小时走到双子塔，让路人给我拍了几张跳跃的照片。返回酒店的时候，就选择打了出租车，车上跟印度司机说我是走到双子塔的，他非常惊讶怎么可以走这么长的路！

2015年在赞比亚卢萨卡期间，也是坚持每天早上快走，酒店的隔壁就是国家机关。有一天早上，在该国国家计委大院走了一大圈，被警察给轰了出来，他们又不贴牌子，我又不认识该国文字，你能怪我是故意的吗？

2017年9月去缅甸谈MISAN水泥项目，一大早一个人花一个半小时，从酒店快步走到大金塔，到了门口却进不去，门口要收取当地货币，但我口袋里只有美元，售票处也不收美元，就在一个小贩处换了缅币，在大金塔内快速浏览了一遍，又找人拍了几张跳跃的照片，弥补了十年前游览大金塔没有跳跃的遗憾。

由于儿子一家住在悉尼，所以2009年以后的春节都是在悉尼度过的。家门口几百米的地方有一个很大的操场，每天早上都是在这里快走锻炼，顺便拍了许多海边的游艇、海鸟等美丽的风景。但这里同时也是一个大的遛狗场，澳洲人非常喜欢养狗，早上这里就是狗的乐园，而我最害怕的就是狗。2019 年春节的某一天，走到一群狗的旁边，原来都是井水不犯河水，你跑过去，狗狗就是看你一眼而已，但那天不知道什么动作惹怒了它们，几条狗围着我狂吠，吓得我绊倒在了地上，狗主人赶紧把狗给牵住了。尽管有那么多的危险，我还是每天坚持 1 万步的锻炼。行万里路，读万卷书，不亦乐乎。

2020 年 4 月从澳洲回到厦门酒店隔离，幸运地拿到一个两室一厅的套房，第一天早上就一口气跑了 7000 步，儿子给拿了推杆练习器推推杆，还可以挥一挥切杆。第二天，早晨六点开始就听着美妙的唐诗一口气快走了 8500 步（6.11km），平时在操场上走 7000 步就走不动了，封闭循环模式就像小时候看的驴拉磨，戴着眼罩的驴不停地转圈，揭开眼罩，驴就不走了，此时此刻感觉自己就是一头不戴眼罩的驴（但测体温的时候需要戴口罩）。隔离最后一天，盘点隔离 14 天的战果，一共跑了 27 万步，近 200km，日均 14.2km，每天的距离相当于从厦门跑到金门，全部的距离相当于从厦门跑到了台湾。隔离期间每天都把感受发到朋友圈，分享独自一个人在房间的感受。2021 年 6 月从韩国回成都，又隔离了 14 天，早上快走又放起唐诗三百首，仿佛又回到了一年前的厦门，不一样的地方，却是一样的感受，不同的是成都隔离的楼道坐了监视的人，防止相识人之间的串门。

最近一年多，每周的平均步数在 12 万～ 15 万步，平均每天 1.9 万步，一年就是 693 万步，折合 4851 公里，地球的周长为 4 万公里，坚持 8 年就可以绕地球跑一圈了。

除了用脚丈量地球，还有一个就是飞行。每年的飞行距离是巨大的，2014 年飞行次数 59 次，10.88 万公里，到过 3 个国家；2015 年飞行次数 59 次，12.72 万公里，到过 9 个国家；2016 年飞行次数 83 次，22.30 万公里，到过 16 个国家；2017 年飞行次数 62 次，14.03 万公里，到过 10 个国家；2018 年飞行次数 48 次，11.93 万公里，到过 7 个国家；2019 年飞行次数 50 次，15.03 万公里，到过 11 个国家；2020 年飞行次数 27 次，5.46 万公里，到过 2 个国家。除了疫情严重的 2020 年和 2021 年，从 2014 年到 2019 年平均飞行距离为 14.48 万公里，相当于每年平均绕地球 3.62 圈。

除了每天的快走，还有一个习惯就是在世界各地跳跃，记录下美好的瞬间。许多人到了景点，就是摆个姿势，我却是跳跃起来，把人景合一。在冰天雪地的南极，脱掉上衣，光着膀子跳跃，皑皑白雪下彰显男人的风采；在南美洲动乱的游行队伍中间，跳跃着，看得那些人也不知所措，我们可是正儿八经地搞革命，却来了一个搅局的中国老头；在尼泊尔泥泞的道路上，为当地投资商寻找合适的水泥厂厂址，连当地司机也跟着我乱跳；在柬埔寨金边湄公河的游船上，也是一跃而跳，吓得船主说，你不要掉下去了！我在电脑中专门建了一个"跳跃在世界"的文件夹，记录在不同地方跳跃的照片。

　　用脚丈量地球，一步一个脚印地走好自己的人生！

第二十三章

海外淘宝

　　身边许多朋友都喜欢文物，把市场淘来的文物视为宝物，放在博古架、收纳箱、地下室，更有甚者把这些宝物藏在保险柜，反正是爱不释手，隔三岔五地捧在手上欣赏。我却不喜欢文物，总觉得来历不明，不知道是从墓里挖出来的，还是从文物贩子手上买来的。千年文物能够保存很好，八成来自于古墓，因为动乱的年代很难保存如此珍贵的东西。

　　我不喜欢文物，但我喜欢艺术品，特别是全世界各地风格各异的艺术作品，这些都代表着当地的一种文化。无论到哪里，我都会去逛艺术品市场，淘一些自认为有品位、有价值的玩物，不远万里地搬运回来，放到家里、办公室、午休的小房间，每天看着这些宝贝，就有一种满足感、幸福感，这些东西在一千年以后，也是文物，我可是千年文物第一人。

　　2021年清明节前，由于村里的坟地要拆迁，我们就把祖坟给迁移到给母亲购买的坟地去了。把高祖父的墓挖开后，人仅存尸骨，但他一生珍爱的玉佩、玉质烟袋锅却保留完好。这才是130年的光景，也就是清末的事情，高祖父就尸无完骨、荡然无存。2016年老母亲在去世前，把我们兄弟姐妹叫在一起，说她也没有留下什么遗产给大家，就是想把大家给她的金银首饰一件件地物归原主，给大家一个念想，留存妈妈的记忆。人生就是一个过程，百年以后，就变成了空气。人没了，钱也没了，只有你的收藏却实实在在地存在，只要不遇到广岛遭遇过的那样的核爆炸，宝物则会永存在世。

我要做第一手文物的收藏者！

我不爱文物，却挚爱第一手宝物。

　　第一次出国是去美国和加拿大，为重庆水泥厂引进设备搞设计联络；第二次是去德国参加一个国际水泥会议。这两次去的都是发达国家，好像也没有什么买的，当然那个时候也是囊中羞涩，仅仅在德国的酒店里买了一个什么石头，由于不起眼也不珍贵，这块小石头早就不知在何处。第三次是1996年去斯里兰卡谈水泥项目，看到投资商满屋子摆的都是文物、艺术品，几乎就像一个博物馆，院子里还收藏了一辆总统开过的轿车。那个时候起，突然有一种想法，就是在国外旅行、工作中，收集一些独特的艺术品，也像这位绅士一样把家里变成一个微型博物馆。有一天从科伦坡去最南部的加纳，在海边坐底部是玻璃的游船，透过船底的玻璃就可以看到成群的热带鱼群，五颜六色、光彩夺目。在海边遇到了一帮卖木雕的小孩，选了一头画得花花绿绿的大象，这与以前在云南买的大象完全不同，同样一个艺术品，不同的地方、不同的民族，就可以做成完全不同的东西。翻来翻去除了100面值的美元，就是几张港币，给了10港币买了一头大象，小孩一直在问，这个钱可以用吗？这段故事，就是海外淘宝的第一次，二十多年过去了，依然像发生在昨天。

　　2005年去意大利西西里岛，把当地废旧的啤酒酒糟厂改为水泥粉磨站，项目谈完后，又顺道去了一趟德国，住在科隆附近的一个小镇。德国的小镇非常漂亮，街上的房子形状各异，每栋别墅都是很精致的样子，完全不像中国别墅那样千篇一律，每家的阳台都是看点，阳台上放置了许多花花草草，连墙上都是绿茵茵的爬墙草，真的可以推荐那些做美丽村落投资的朋友去感受一下。闲来无事，就和友人一起来到莱茵河畔，坐在岸边一待就是一个下午，河边的石头各式各样，翻来覆去地寻找，终于找到一块很有特色的石头，一面是一只乌龟的样子，一面是汉字的"人"字，这块石头后来一直摆放在家里的博古架上。

　　我在世界各地到处走，每年都需要住几十个酒店，住过的酒店是否也能留一点纪念？酒店里都是一次性用品，牙膏牙刷、洗漱用品、拖鞋、矿泉水，这些都不具备当地文化的特性。想来想去，酒店的信封就是一个收藏品，不同的酒店有不同的信封，而且还是不同的文字。每次住酒店，都首先把信封放到包里，回家后就存放在一个专门的柜子里，长年累月集下了许多信封，就像集邮一样。有的酒店的信封，封面完全是空白的，让前台小妹用当地的文字一笔一画地把酒店名字、地址、电话逐一写下来，比如吉尔吉斯斯坦、秘鲁、智利的许多酒店就是空白信封。有一次在太原开晋商大会，演讲的一位晋商大佬与我的习惯一样，他也是集下了几百个信封，看来世界上还是有"臭"味相投的同路人。

琳琅满目的酒店信封

　　家里的艺术品，来自土耳其的最多，每次都是去伊斯坦布尔的大巴扎去淘，有兽骨做的首饰盒、各种各样的海泡石、蓝眼睛玻璃、茶壶、酒壶、水壶等。其中海泡石则是土耳其特有的艺术品，原石来自于 200m 深处的地下，多孔结构、密度非常小，常常做成烟嘴来除掉烟叶中的尼古丁。有一次，去了原产地埃斯基谢希尔，买了一个非常大的哈里发头像状的烟斗，这可是极品中的极品，珍藏在博古架的显著位置。玻璃做的蓝眼睛摆件，是土耳其人最喜爱的护身符和吉祥物，也叫"恶魔之眼"。当地人相信，被邪恶之神盯上就会有厄运上身，于是他们随时带着模仿恶魔之眼的蓝色眼状护身符，用以吸引邪恶之神的注意，逃避厄运。大部分人家都在大门的入口挂一个蓝眼睛，吸附来自外部的邪恶，类似于中国的照妖镜。我也像土耳其人一样，在家里、午休宿舍、办公室，不同的地方都悬挂着蓝眼睛，其实也就是一个心理安慰而已。土耳其的壶独具一格，各式各样，尤其是中间为陶瓷，上下部为铜制结构，镶嵌在一起。土耳其的陶瓷也是独具特色，与中国的陶瓷风格完全不同，每一件碟子、碗、盘子都色彩斑斓，以蓝色为主，体现地中海之美，件件都有匠人的签名。土耳其据说是世界上喝茶最多的一个国家，街上随时可以看到端着茶具、茶壶的小贩，只要付二三个里拉，随地就可以喝到热乎乎的红茶。红茶茶具由茶杯、托盘组成，每个小托盘上还要放一块方糖。玻璃茶杯做得也精致，基本都是上下大、中间细的形状。

2014 年 3 月在委内瑞拉考察水泥厂期间，周末乘船 3 个小时去了加勒比海中的玛格丽达岛。当时整个国家都在动乱，我们在加拉加斯几乎不敢出门，这个小岛也到处是游行的人群，但治安还好。在一个艺术品商店，两个鹦鹉螺化石摆在橱窗里，非常显眼，老板说这是他们的镇店之宝，是大西洋中的珍品，两个才花了 28000 玻利瓦尔，折合 350 美元左右。回到宾馆在网上查询，国内 1kg 鹦鹉螺化石是 520 元，我买的至少 20kg，也就 1 万元左右。当年 6 月份又去了一趟委内瑞拉，又在商店淘了几件木雕、一个小孩子的石雕坐像，颇具当地风味。

来自大西洋海底的鹦鹉螺化石

印度人喜欢在铜胎外镶嵌各种宝石，这个式样遍布所有的器物，有一次在印度的海得拉巴市，一家艺术品商店门口就立了一个大概 1m 的铜胎宝石佛像，我直接交钱把它带回成都。这件艺术品，身上镶嵌着色泽各异的石头，最常见的就是绿松石，这和西藏的风格几乎一样。后来在西藏的拉萨淘了一个铜胎大罐，当时主人是用来盛钱的，我就感觉此物不平凡，主人不是很愿意出手，几经说服，这件宝物也收入囊中。2016 年去尼泊尔的时候，又淘了类似的艺术品。这类铜胎宝石艺术品，在家里专门放置在一起，就像一个小展览一样。

非洲的木雕，多数是以当地名贵的黑木雕刻的，不是中国人所指的阴沉木乌木，而是非洲独有的外皮是白色、中间是黑色的木头，类似于中国的红木。黑木呈黑褐色，横截面和纵切面都展现出美丽流畅的纹理，木质致密而坚硬，相对密度远高于我们常见的木材，因此丢在水里会一个劲地往下沉。第一次去埃塞俄比亚，却买了一个假货，就是用普通木头做的，然后在外面用黑油漆涂了一遍，没有经验，就上当了。后来知道了，只要是价格低得出奇，一定是假黑木。传统的黑木用手掂量深感沉重，木头的颜色也不是很黑，是棕色和淡黑色之间。2012 年在肯尼亚的一个景点，看到非洲木匠在雕刻着长颈鹿，不知道是假装的还是真的就在那里雕刻，反正就认准这件就是一个真品，正面是一只长颈鹿，反面是一头大象，很是有趣，马上就跟老板说要买这件木雕，但老板很不情愿，估计这也是一个道具，专门给游客显摆雕刻过程的。看我执意要买这件雕刻品，他也不客气地开出了很高的价格 800 美元，最终给他还了一个合理的价格，就把这件东西买下来了。尽管是半成品，但造型却是很独特，关键是真的黑木。

肯尼亚木雕，正面是长颈鹿、反面是大象

古巴除了雪茄非常有名外，当属檀香木，是世界上稀罕的黑檀香木，木头上还散发着淡淡的木香。2016 年 7 月在哈瓦那花了 250CUC（外汇券）买了两件接近 300mm 高的黑檀香木，一个是女人和鱼、一个是女人和马，淡雅清香、雕工精致。在回国的前一天，又在艺术品市场淘了黑珊瑚和玳瑁做的扇子，这两件都是珍品，在其他地方几乎看不到。一个玳瑁做的眼镜架都很昂贵，我买的玳瑁扇子足以做几十个眼镜，这种黑珊瑚也只有古巴才有。

说起木雕，印度尼西亚的做工真正是精细到家，在艺术品市场、雅加达机场都买了许多不同的木雕物件，最值得收藏的就是临起飞前才发现的两个足有 1m 长的、独木镂空的面具，把个别部位镶嵌了许多贝壳，又涂以各种色彩，是完美至极的艺术珍品。

　　这些数不胜数的收藏故事，很难在一篇文章中说得清楚，我准备把每一件宝物都拍照，把每一次的收藏经历写成一个小故事，形成一部专著，介绍世界各地、风格各异的艺术品。

第四篇
功成名就

附录一

预热预分解技术开发工作的回顾

常　捷

（收载于《成都院建院 50 周年论文集》，2003 年 6 月）

　　预热预分解系统是新型干法水泥生产线的重要设备，拥有了预分解技术就占领了该领域的制高点。国内的新型干法技术历经硬件引进、软件引进和自行开发几个阶段，并通过"七五"科技攻关项目——对冀东水泥厂、宁国水泥厂、柳州水泥厂和江西水泥厂四种预分解系统的技术分析与评价，为国内的预分解系统研究打下了良好的基础。本院介入预分解领域的研究，从设备的选型到自主开发共经历了三个阶段，尽管开发过程充满了艰辛，但在开发人员的共同努力下取得了令人欣慰的成果，为成都院的发展做出了应有的贡献。

　　第一阶段，由于本院当时只有少量的项目作支撑，错过了较多的学习和开发机会。在第一阶段的设计中，采用其他设计院或公司的预热器，本院仅仅是设计选型，因而受到了诸多的限制。第一阶段的工程设计有 700t/d 的湔江水泥厂、长治铁三局水泥厂，1000t/d 的滇西水泥厂 1 号、2 号窑，2000t/d 的山西水泥厂和重庆水泥厂，后来流行的 600t/d 规模的预热器系统也都出自上海的宝山型。700t/d 的湔江水泥厂预分解系统工艺布置图从天津院购买、长治铁三局水泥厂的系统从北京院购买；滇西水泥厂的 1 号、2 号窑的窑尾系统是委托其他设计院进行工艺设计，本院仅仅是配套框架的土建设计。山西水泥厂的窑尾预分解系统引进美国富勒公司的 RFC 系统。1992 年在重庆水泥厂初步设计阶段，窑尾的设计方案选用的是 FLS 公司的离线分解炉系统（SLC），由于原国家建材局坚持要求本院采用天津院的 DD 炉系统，因此在 1993 年 11 月施工图设计中直接选用了 DD 炉系统。由于本院没有自己的开发能力，连预分解系统的耐火材料砌筑图由于没有预热器的细部图纸而由设备厂来成套；而天津院千篇一律地在不同的原燃料条件下使用一套DD炉图纸，本院也没有能力对分解炉的尺寸进行合理的调整，因而重庆的预分解系统没有达到应有的效果。因而说，第一阶段成都院由于没有掌握预分解的核心技术，在项目上受到极大的约束。这也是我们下决心自己开发预分解系统的原因。

第二阶段，自主模仿开发。主要是翻阅资料，热工计算对现有的预分解系统进行反求，对有关结构进行修改，形成具有自己特点的预分解系统。该阶段最具代表的是1990年泰国东方水泥厂700t/d预分解系统的开发。当时手头仅有一些零碎的资料，院里组织开发工作小组，昼夜研究技术方案，在大家没有一点经验（包括机械所的设计人员）情况下，摸着石头过河，最终开发出了成都院历史上第一套预分解系统。该系统命名为CDF-700-5A，并转让给设备制造厂。由于泰国方面的原因，东方水泥厂项目下马，使我们失去了一次实践验证的机会。

第三阶段，社会协作式的自主开发。通过反求、冷模试验，对原型进行大量的修改，试验验证后再形成开发成果。在设计上采用自己开发的预分解系统后，很快投入实际生产，开发的思路和成果得到了工程的验证，针对在工程实践中出现的问题再进行二次改进、实验室验证，最终形成具有成都院特色的CDC预分解系统。目前，成都院的CDC预分解系统已经成功地应用于国内外几十条新型干法水泥生产线，取得了优异的工程业绩。

本文主要回顾第三阶段的开发过程，使其他的开发项目从中得到启发，通过大家的努力开发出具有成都院特色的核心技术，为水泥工业的结构调整和成都院的二次创业做贡献。

1. 立项和初期的开发过程

为了在川东水泥厂2000t/d项目中使用本院的预分解技术，1994年3月院里成立了预分解技术开发课题组，课题组由工艺所和机械所人员组成，确定了以山西水泥厂RFC预分解系统为原型、通过理论反求和试验验证的开发思路。在反求阶段，进行了大量的理论计算，反求RFC系统的各种参数和设计思路，并结合《四厂预分解系统研究报告》，对国内现有的2000t/d系统进行了对比，在分解炉和预热器的反求中归纳了当时的发展趋势，开发的初期就定位很高。为了更好地研究山西RFC系统，由厂方委托南京化工学院（现南京工业大学）对 RFC 进行了实验室冷模试验。预热器主要从阻力特性、分离效率、三维流场入手，试验发现山西引进预热器不尽如人意，其主要特点是二心 180° 蜗壳，与当时的三心 270° 有较大的差别，试验表现出各级旋风筒的分离效率很低，如一级筒的冷态效率仅有 92%，二级筒仅有 87%。在山西工程设计期间，Fuller 公司将旋风筒进行了局部改进，改进后的一级筒的冷态效率仅有 94%，二级筒达到 88%。试验的结果使我们放弃了采用山西的预热器部分。对山西分解炉的试验，进行阻力特性、物料停留时间、气体三维流场等项目的分析，发现该分解炉的基本构思与当时国内运行较好的冀东 NSF 系统一致，也与本院第一次开发的 CDF-700-5A 系统相似。在试验中发现，这种结构的分解炉尽管存在一定的缺陷，但经过改进后可以发挥较大的效果，因而将山西的 RFC 分解炉作为我们开发的原型。通过对山西 RFC 系统的反求和冷态模拟，我们从结构形式、旋流强度、各部分风速、加料点和喷煤点的位置等方面提出了改进意见，当时将这种类属于 SF 系列的分解炉命名为 CSF 分解炉（成都院的SF 炉）。设计的炉型主要概括为"径出戴帽加缩口"，即径向出风结构、炉体设置缩口、炉顶设置反混空间，目的是增加物料在炉内的停留时间。为了验证改进后的效果，我们委托南京化工学院（现南京工业大学）对分解炉进行了实验室冷模试验，实验发现：①分解炉的流体阻力系数低于山西和冀东的分解炉，如旋流阻力系数冀东为 103，山西为 74，改进后的川东 CSF 炉仅有 42，因而，CSF 分解炉具有明显的低阻特性；②物料和气体的停留时间比值，冀东厂为 5.5，山西为 3.7，CSF 炉为 5，与山西原型炉相比有明显的提高；③从有机玻璃模型上看到，改进后的分解炉完全消除了 RFC 系统的偏流，流体分布更加均匀；测定的三维流场，在炉体上部物料有较多的回流，消除了 RFC 炉的稀相区。为了开发具有高效低阻特性的预热器，我们先后对国内的预热器进行调研、对比，结合渠江水泥厂引进的 FLS 系统，从旋风筒的蜗壳形式、截面风速、进风口结构、下料口的结构以及各级连接风管的设计，都进行了综合比较。最终采用三心 270℃ 大蜗壳、等角度变高度的五边形进口结构，并借用四川建材学院（现西南科技大学）的热工实验室由课题组成员对 CNC 预热器进行大量的试验，将试验结果与 FLS 的 LP 旋风筒进行对比研究。试验结果表明，CNC 预热器采用三心 270℃ 大蜗壳，气体流动平缓，单级冷态阻力低于 1100Pa，系统工况设计阻力低于 4500Pa；进口采用等角度变高度的五边形结构，向下倾斜的蜗壳顺应流体的运行方向；出风口设置变径的脉动风管，强化物料的分散。

经过一系列的研究和计算，工艺开发人员提出了整个预分解系统的结构框架，由机械专业完成机械制造图，形成具有本院特色的预分解核心技术，并于 1995 年 3 月完成川东水泥厂 2000t/d 预分解系统论证报告。1995 年 4 月在成都召开了由国家建材局科技委、开发中心等单位专家参加的"川东水泥厂 2000t/d 预分解系统技术讨论会"，专家认为系统的结构合理、参数先进，符合当代预分解技术的发展趋势，系统的开发建立在消化引进技术、模拟试验和理论研究的基础上，并综合各水泥厂预分解窑的生产经验和技术特征，系统布置紧凑，热耗、阻力和设备质量等指标先进，可以完全替代引进技术，在工程上应用本开发项目具有合理的经济性。在此次讨论会上，专家们对该系统的命名提出了更好的建议，专家们认为 CSF 代表第三代的 SF 分解炉，但容易产生知识产权的纠纷，建议将我们的分解炉和预分解系统命名为 CDC（ChengDu Calciner），将预热器系统命名为 CNC（Chengdu New Cyclone）。会后，针对专家们提出的建议，我们对川东水泥厂预分解系统的设计进行了修改，对预热器的具体尺寸进行了调整，增加空气炮清堵系统，并对撒料盒的结构进行了局部修改，使其更加完善。

CDC 预分解系统的特点是：①分解炉结构合理、料气停留时间比大、物料停留时间长，特别适合于劣质煤的燃烧；②旋风预热器结构优化，系统阻力低。分解炉归类于 NSF 系列，属于旋流和喷腾流结合的复合流场，强化了物料的分散；炉体结构有了大的变化，具体特征是"径出戴帽加缩口"，即径向出风结构、炉体设置缩口、炉顶设置反混空间，因而料气停留时间比大；C4 级来料从炉体和上升管道两部分加入，降低了上升管道的气体温度，减少了高温区域结皮堵塞的机会；在炉子出口到 C5 的连接风管的设计中，采用延伸的 U 形管结构，将管道区域设置成分解区，延长了物料的总停留时间。

1996 年完成川东水泥厂 2000t/d 预分解机械制造图，同年 5 月 22 日对川东水泥厂钢结构塔架的经济性进行讨论；结合院里当时的设计项目，在 1996 年完成了伊朗克尔曼水泥厂 700t/d 预分解系统的开发，完成华宁水泥厂 600t/d 五级旋风预热器系统的开发。

2. 首台 CNC 预热器的工程实践

第一台成都院拥有知识产权的五级 CNC 预热器系统，应用于云南省华宁县珠山水泥厂 600t/d 扩建工程。该厂地处 1626m 高海拔地区，大气压力

83.4kPa，配套设计的回转窑为 ϕ3.2m×52m，单筒冷却机为 ϕ3.2m×38m，一级筒规格为 3.8m，二、三级旋风筒为 4.3m，四、五级旋风筒为 4.8m。该厂窑系统于 1997 年 2 月 28 日点火，3 月 3 日投料试生产，点火不足半月其窑系统的生产能力就达到 23t/h（552t/d）。1997 年 7 月本院专业人员对华宁预热器试生产情况进行分析，投产试生产阶段的窑运转率为 81%，产量为 23.5t/h；生产的主导问题是窑尾回料量大，窑尾烟室与一级筒出口的温差较小，四级筒翻板阀跑偏，漏风、常常卡死（系统参数见表 1）。院里派出调试小组进驻珠山水泥厂，在厂院专业人员的共同努力下，将上述问题解决，仅半个月就实现窑系统全面达标。

表 1　华宁珠山水泥厂 600t/d 五级旋风预热器试生产操作参数

部位	烟室	C5 出口	C4 出口	C3 出口	C2 出口	C1 出口
温度 /℃	834	770	758	—	536	357
负压 /Pa	232	525	—	1460	1690	2750

注：生料量 38t/h，窑速 0.85r/min，高温风机进口阀门 70%，转速 1400r/min，入窑物料分解率 47%。

　　在珠山水泥厂五级 CNC 预热器成功地投运后，成都院先后设计了云南水泥厂和剑川水泥厂两套预热器系统，都在很短的时间实现达标达产。

3. 首台 CDC 预分解系统的工程实践

　　青海水泥厂 1 号窑是国内最早投产的双立筒预热器生产线，当地海拔高度 2441m，大气压力 564mmHg（1mmHg=133.3224Pa），设计配置了 ϕ4m×60m 回转窑，1977 年 7 月投产，设计生产能力 850t/d，实际生产能力不到 500t/d，烧成热耗高达 1500kcal/kg 熟料。1997 年受厂方委托，成都院对 1 号窑进行技术改造的前期工作和工程设计。为了达到在线改造提高产量的目的，拟将立筒预热器拆除，在立筒的场地新布置一台预分解系统。为了选择更优的设计参数，保证系统更快地达标，1998 年 5 月 26 日在本院召开"青海 1500t/d 预分解系统开发会议"，会议对具体的预热器设计参数进行了归纳和要求，在原川东预分解的基础上优化系统的方案，设计标准按照 1650t/d、热耗 910kcal/kg 熟料、分解炉气体停留时间 3.5s，并对各级旋风筒的结构参数进行了优化。1998 年 9 月 21 日至 23 日在现场召开青海水泥厂 1 号窑改造工程初设审查会，会议对技改工程采用 RSP 还是 CDC 系统进行了技术讨论，为此本院开发课题组人员编制了《青海水泥厂 1500t/d

CDC 预分解系统论证报告》。会议邀请日本日立水泥公司的小野寺先生和国内的预热器专家出席，会议一致认为 CDC 预分解系统与日立公司的 NSF 系统的设计原理相近，具有较好的实用性。该次会议确定采用 CDC 预分解系统用于青海水泥厂 1 号窑的改造，建议针对高原条件对炉体结构进行合理的配置，喂煤点尽可能满足燃烧要求，将开发的旋流室改为大蜗壳形式。1999年 10 月 25 日至 27 日在现场又召开了"青海水泥厂与日本日立公司技术协作会议"，专家们对已投产的 2 号窑的热工诊断和热工标定进行分析，结合 2 号窑的经验对本院预分解系统的施工图设计提出进一步完善的建议。

　　青海水泥厂 1 号窑改造工程于 2001 年 11 月 12 日点火，16 日投料试生产，18 日达到设计能力，12 月 20 日就通过工程验收。操作参数详见表 2。

表 2　青海水泥厂 1 号窑 CDC 预分解系统操作参数

部位	烟室	C4 出口	C1 出口
气体温度 /℃	950 ～ 1150	840 ～ 860	380 ～ 390
负压 /Pa	—	—	3500 ～ 4500
入窑二次风温 /℃	850 ～ 900	入炉三次风温	800 ～ 850
入窑物料表观分解率	>90%	C4 物料入窑温度	830 ～ 850

4. CDC 系统的二次开发

　　2000 年本院先后签订了滇西 3 号窑和金昌水泥厂两条 1000t/d 新型干法生产线、双马 7 号窑湿磨干烧生产线和剑川 600t/d 五级旋风预热器生产线的工程设计合同。为了进一步地完善 CDC 预分解系统的有关参数、提高顶级旋风筒的分离效率，2001 年 3 月与南京工业大学硅酸盐工程研究所签订联合开发新型低阻高效旋风预热器的协议，提高顶级筒的分离效率有利于降低外循环的生料量，降低其流体阻力对系统的阻力降低将贡献很大。通过技术分析，我们对一级筒和二级筒的结构进行了分析，在一级筒的进口加导流板、在锥体部位加设反射锥，降低进口风速，最大风速控制在 18.5m/s，使冷态效率高于 97%。通过实验室冷模试验，新开发的一级高效旋风筒与其他形式相比较，成都院新一级筒的分离效率高达 98%，在目前的预热器顶级筒中分离效率是最高的，在不同风速下的分离效率很稳定，即表现了很好的操作弹性，无论在高产量还是低产量下都能保持较高的分离效率；较前期开发的一级筒的阻力系数降低了 46.3%，单级阻力损失只有 600 ～ 700Pa。新型二级筒的阻力除了略高于 FLS 的 HX 型外，阻力系数都低于国内其他形式的二级旋风筒，而分离效率则高达 95.2%。经过优化一级和二级筒的结构，并将原有的三～五级筒按照新二级筒的参数设计，五级预分解系统的阻力将低于 4000Pa。在 1000t/d 的设计中增加反射锥和导流板，在 2500t/d 的设计中将蜗壳结构进行调整（加大蜗心距），使成都院的预热器更加完善。根据试验结果，我们对正在安装的金昌、滇西 3 号窑等预热器系统进行了必要的局部修改，关键件在成都加工制作后将部件运到现场进行组装。通过对预热器系统的二次开发，使 CDC 预分解系统日趋完善，取得了良好的工程效果。

采用 CDC 分解炉技术，我们对传统的 RSP 系统进行了二次开发，将 CDC 的优点延伸到了其他炉型。滇西水泥厂的 1 号、2 号窑系统分解炉采用 RSP，预热器采用常规的高阻型旋风筒，为了在滇西 3 号窑的设计中改进原有的设计，就必须对预分解系统进行改进。在分解炉的设计中，将 RSP 的 MC 室设计成类似于 CDC 的缩口，使气流进行二次喷腾来增加物料的分散和停留时间，对 SB 和其他结构也进行了合理的改进；放弃原有的预热器，全部采用高效低阻 CNC 型预热器，从而形成成都院的 CDC-R 离线型分解炉，该炉型局部改进后又应用于本院的无烟煤项目。滇西 3 号窑于 2001 年 8 月 26 日点火投料，8 月 31 日通过 72 小时的达标考核，在投产的一周内系统产量就超过了 1200t/d。滇西 3 号窑的成功，验证了 CDC 技术的可靠性，极大地推动了新型干法生产线的建设步伐。

5. CDC 预分解系统的开发硕果累累

2001 年 8 月是 CDC 预分解系统全面飘红的"红 8 月"，先后有双马 7 号窑 1500t/d 湿磨干烧生产线、滇西 3 号窑和金昌水泥厂 1000t/d 新型干法生产线、剑川水泥厂 600t/d 五级预热器系统投产，相继达到设计能力。通过该批项目的现场调试和服务，为 CDC 预分解系统的研究和总结积累了大量的一手资料。

金昌水泥厂 1000t/d 生产线于 2001 年 8 月 5 日投产，13 日实现烧成系统达标，平均产量达到 1100t/d，熟料热耗仅为 3428kJ/kg 熟料。四川双马 7 号窑是配置 $\phi 3.5m \times 54m$ 的三级预分解系统，采用先进的湿磨干烧系统，该生产线于 2001 年 8 月 6 日点火，9 月 16 日实现 72 小时达标，平均产量达到 1620t/d（超过设计能力 8%），烧成热耗 3662kJ/kg 熟料。试生产期间双马窑的参数是：分解炉出口温度为 860 ～ 890℃，C3 下料温度

820 ～ 860℃，窑尾烟室温度 900 ～ 1150℃，三次风温度 750 ～ 850℃；出 C1 废气的 O_2 含量为 3% ～ 4%，CO 小于 0.1%，NO_x 含量 5×10^{-4} ～ 7×10^{-4}。金昌水泥厂的热工参数：C1 风温 330 ～ 350℃，分解炉出口温度 860 ～ 880℃，三次风温 750 ～ 800℃，系统阻力 4500kPa，入窑物料表观分解率超过 95%。

首批投产的项目，除双马 7 号窑、滇 3 号窑外，CDC 分解炉点火后都出现不同程度的烧顶、炉内结皮等非正常现象。金昌水泥厂分解炉结皮严重，蜗壳部分温度偏高甚至烧掉耐火砖，在 3 号燃烧器和三次风进口处结皮最为严重，顶部的耐火材料已经被烧掉（详见图 1），分解炉内出现死烧熟料状的结皮。后来点火的壮山水泥厂也曾经出现过这种问题，从观察孔看去，炉内红彤彤的一片，提前烧结的熟料颗粒冲击内部耐火砖的响声很大。通过现场调研和分析，采取加大 C4 到上升管道的料量、放粗入炉煤粉细度、消除煤粉明火燃烧、降低炉温等措施，分解炉结皮堵塞的问题得到解决，在 2002 年投产的鑫光水泥厂等项目中再没有出现该类问题。在金顶水泥厂 2500t/d 的设计中，将分解炉的一只燃烧器移到分解炉的锥体部分，接近 C4 下料点，炉内光滑，没有一点结皮现象。

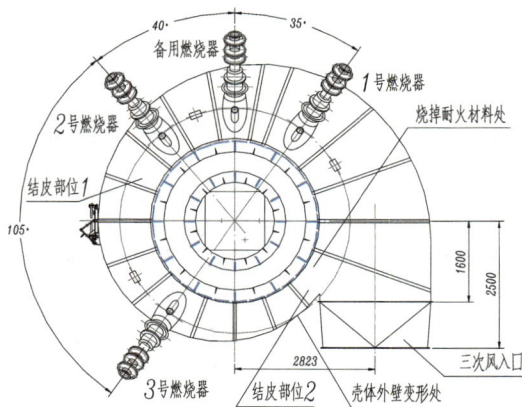

图 1　金昌水泥厂 CDC 分解炉顶部

金顶集团峨眉水泥厂 2500t/d 生产线，采用 CDC 单列五级旋风预热器、$\phi4m \times 58m$ 回转窑、LBTF 空气梁箅冷机。预热器规格 C1 为 2-$\phi4040mm$，C2、C3 为 $\phi6140mm$，C4、C5 为 $\phi6640mm$；CDC 分解炉规格为 $\phi5840mm$，有效炉容 464m³。该系统于 2003 年 1 月 19 日点火试生产，当月达到 2500t/d 的设计能力。操作参数：三次风温 910 ～ 940 ℃、窑尾烟室温度 1050℃、负压 300Pa，分解炉出口温度 880℃，C1 出口温度 310℃、系统阻力小于

4000Pa，窑头喂煤量约 5.3t/h，分解炉喂煤量约 9.2t/h，出篦冷机熟料温度约 90℃，熟料 3d 抗压强度＞ 32MPa，28d 抗压强度＞ 60MPa。

　　本院开发的 CDC 预分解系统，目前已经形成 700t/d、1000t/d、1200t/d、1500t/d、2000t/d、2500t/d、3000t/d 和 5000t/d 各种规模的预分解系统（部分见表 3），成功地应用于几十条新型干法水泥生产线（部分见表 4），并可以根据不同的原燃料、海拔高度等条件进行选择，满足不同用户的要求。

表 3　CDC 预分解系统规格

生产规模	5000t/d	2500t/d	1200t/d	1200t/d
C1	$4-\phi4500mm$	$2-\phi4300mm$	$\phi5000mm$	$\phi5000mm$
C2、C3	$2-\phi6500mm$	$\phi6500mm$	$\phi5300mm$	$\phi5300mm$
C4	$2-\phi6900mm$	$\phi7100mm$	$\phi5700mm$	$2-\phi4100mm$
C5	$2-\phi6900mm$	$\phi7100mm$	$\phi5700mm$	$\phi5700mm$
CDC 分解炉	$\phi7500mm$	$\phi6300mm$	$\phi5200mm$	
CDC-S 分解炉 用于无烟煤系统				MC$\phi4450mm$ SB3200mm

表 4　部分使用成都院预分解系统工程名单

分类	已投产项目	正在设计施工项目
600t/d 五级旋风 预热器系统	华宁珠山水泥厂、云南水泥厂、剑川水泥厂	
700t/d 级 预分解系统		伊朗克尔曼水泥公司
1000t/d 级 预分解系统	滇西3号窑、金昌水泥厂、甘草水泥厂、峨眉山市水泥厂、壮山水泥厂1号窑、大理州水泥厂、大理红山水泥厂、鑫光水泥公司、贵阳水泥厂湿磨干烧窑	万源大巴山水泥公司、重庆富皇水泥公司、重庆小南海水泥公司、焦作中晶集团、习水腾辉水泥公司、自贡鸿化公司、华宁水泥厂、甘肃永通水泥公司、通海秀山水泥公司、甘肃西部水泥公司、新疆米泉水泥厂、壮山水泥公司2号窑、云维公司湿磨干烧窑
1500t/d 级 预分解系统	双马7号湿磨干烧窑、武山水泥厂1号窑改造	贵州水泥厂湿磨干烧窑、巢东股份巢湖水泥分厂湿磨干烧窑
2000t/d 级 预分解系统	青海水泥厂1号窑改造、金顶水泥厂、浙江华强水泥厂	浙江三狮鼎峰公司、开远水泥厂、昆钢华云公司、工源水泥公司、准噶尔集团、萧山长河水泥公司、贵州水城水泥厂
3000t/d 级 预分解系统		烟台东源水泥公司
5000t/d 级 预分解系统		金顶水泥厂二线、烟台东源水泥公司二线

　　为了将预分解技术市场化，成都院在几年前就成立了集信实业公司，专门从事技术的市场化工作，在改制后由院设备成套部负责技术产业化的

实施。经过院里有关人员的努力，CDC 预分解系统已经成为成都院产业化的支柱项目，年销售额近 2000 万元。

6. 附录——开发论证报告及成果

（1）CSF 分解炉冷模试验报告，1994 年 10 月；

（2）2000t/d CSF 预分解系统论证报告，1995 年 3 月；

（3）青海水泥厂 1500t/d CDC 预分解系统论证报告，1998 年 9 月；

（4）新型 CDC 低阻高效旋风预热器的开发研究，2001 年 6 月。

常捷：十年打拼征服水泥世界

（登载于《山西晚报》2014 年 12 月 29 日）

人物简介

常捷，1963 年出生于山西省闻喜县，四川卡森科技有限公司董事长，中国民主建国会四川省委第八支部支委，教授级高级工程师，曾获"国家建材有重要贡献的中青年专家"。1983 年本科毕业于山东建材工业学院（现济南大学）无机非金属专业，1987 年硕士研究生毕业于南京化工学院（现南京工业大学）硅工系，2003 年 9 月开始在西安建筑科技大学在职攻读材料学博士，2009 年肄业。2004 年创建四川卡森科技有限公司，并担任四川晨光工程设计院建材分院院长，兼任济南大学、西南科技大学、成都理工大学教授和硕士生导师，四川省政协经济委员会特邀委员、四川省山西商会常务副会长。2013 年起担任中国电子十一设计研究院技术总监、冶金建材分院院长。主要专著有《实用新技术新设备》《新型干法水泥技术大全》《新型干法水泥厂工艺设计手册》《水泥窑烟气脱硝技术》，并获 9 项国家专利。

引言

这是常捷的故事——一个笃信用科研进步、科学技术创新造福一方、改变世界，为科学研究奉上所有热忱与执着的学者故事，更是一个在十年时间里，从无到有，征服整个"水泥世界"的企业家故事。

在常捷位于成都市高新区新希望国际 B 座 7 层四川卡森科技有限公司的办公室里，书柜正中央摆放着一尊"仗青龙偃月，骑赤兔追风"的关公像，晋商信仰"忠义长秋"。常捷说，作为运城人，关羽是他从小的偶像，用一句现在很流行的话来说，关羽是他"永远的男神"。

而悬挂在办公室墙面上的一幅世界地图，对常捷有着极其特别的意义，因为这是他十年间纵横捭阖、叱咤驰骋的疆场——自 2004 年四川卡森科技有限公司创建至今，由常捷领衔的公司团队设计开发的工程项目已遍及世界各地，公司常年与约 80 个国家保持着频繁的业务往来。

他的人生——诠释了"知识改变命运"

"在我的祖祖辈辈中，除了做生意的，就是搞学问的，而我则是这两者的结合。"在接受记者的采访时，常捷这样评价自己。他一半是挑灯科研，一半是项目施工，一半是书生，一半是商人，是位非常成功的企业家，但他对自己的定位却是学者。他的骨子里从来不以创造财富为目的，最初的原动力只有对兴趣的热爱、对完美的追求和对事业的专注。

常捷的人生是"知识改变命运"的最好诠释。1979 年 7 月高考完，发挥并不理想的常捷终于在闻喜家中盼来了自己的录取通知书，得知被山东建材工业学院水泥工艺专业录取，年少的他对陌生的水泥专业没有一点概念，以为水泥工艺就和雕刻差不多。进入大学后，他并没有像很多大学生一样因为对专业不感兴趣而陷入迷茫，他自学了当时特别喜欢的电子、无线电相关课程。在大三开始上本专业的课程后，他渐渐地热爱上了水泥。而当他迈进杭州水泥厂实习时，破旧的设备、落后的技术、尘土飞扬的生产线最终点燃了常捷学习的无限动力。他的毕业设计，也是他的水泥工艺设计处女作，被河北涉县水泥厂选中应用，常捷最终获得当时含金量十足的优秀设计，并因此被分配到当时全国排名第三、位于四川省江油县的国家建材部四川水泥工业设计院，开始了他二十多年的蜀地生活。

1983 年刚进入设计院的常捷发现水泥建材行业很不景气，与之相关的工厂、科研院所也发展受限。"但在那时我认为在我国改革开放的政策下，大量的基础设施建设都离不开水泥，水泥建材行业迟早会有一个井喷式的发展。"常捷这样说道。于是他决定考研，立志做世界水泥方面的专家，尽自己所能以科技创新推动行业发展、支持祖国建设。他在极其艰苦的条件下，一边参与设计院项目，一边奋发读书，最终考入当时水泥界最权威的院校——南京化工学院。

　　硕士研究生毕业后，常捷回到了已搬至成都、改名为国家建材局成都建材工业设计研究院的原单位，主要从事工程设计和水泥新技术、新装备的研发。当时，我国水泥建材行业的发展正处在引进、消化国外技术的初步阶段，属于自己的核心技术几乎为零，这样的现状深深触动了常捷。于是他勤学、钻研，长期坚持收集和阅读国内外相关领域的文章，同时深入艰苦的施工现场，收集工程设计及装备运行的第一手资料，不断总结工程运用中的经验教训，并将其用于指导工程设计和装备的改良，进而大大提高了自己的技术水平和院里的综合技术实力。如今，成都建材工业设计研究院的绝大部分核心技术都是常捷的科研成果。此外，他还练就了超强的、全面的英语能力，这为他学习国际先进科技成果、开拓海外市场奠定了良好的基础。

他的业绩——早已走出国门面向世界

　　十年前，常捷创办了四川卡森科技有限公司，从事水泥生产线设计及相关工程咨询等业务，凭借多年的积累，通过短短几年的发展，如今已是行业内技术排头兵。

　　创业的过程中，常捷很少从商业经营层面看待问题，不争夺渠道资源，不比拼宣传、广告，前行的方向与所做的选择都来源于一个考量——如何以核心技术造福一方、改变世界。正是当初这样的目标，凭借着过硬的技术，如今每天都有三四个国内、国际公司慕名而来，与常捷进行商业洽谈。

　　"唐代学者赵蕤编写的《反经》中的一个哲学观点——'无形胜有形'给了我很大启发。"常捷很好地把这句哲理与自己的经营之道结合了起来。"公司成立以来从来没有过销售团队，但是全世界都在帮我。"常捷说，卡森科技最核心的竞争力便是强大的自我研发能力，在水泥建材行业做到技术领先。到目前为止，已有实用新型专利 9 项、发明专利 2 项，每年至少开发一个新设备，而由常捷领衔设计研发的预热器、篦冷机则是水泥建材行业中所有工程必不可少的关键设备。

　　卡森科技还创造性地把水泥技术运用到其他行业，公司的业务范围已逐步从水泥行业向活性石灰、陶粒、锂辉石焙烧、红土镍铁冶炼、滑石煅烧、稀土冶炼、磷化工、金属钙和金属镁等行业扩张，供货设备也逐步呈现多样性。设计成果早已遍布中国，东到山东日照、南达广东清远、西有新疆库尔勒、北至黑龙江佳木斯。

其实，卡森科技的业务范围不仅在国内市场不断扩张，在世界上也取得了不俗的成绩。2007 年年底，经过数轮谈判，卡森科技有限公司与中国机械进出口集团公司以联合总包的形式拿下了土耳其 Bilecik 水泥项目（EP），合同金额 5000 多万美元。整个项目由中国机械进出口公司负责国内设备采购以及港口发货，卡森科技有限公司负责设计、设备监造以及整个项目的管理、培训、生产调试等，该项目创造了 18 个月建设期的国外水泥行业最快速度。在成功运作土耳其项目后，卡森科技有限公司凭借扎实的技术、优质的服务，先后在 11 个国家完成了项目的设计、供货以及项目管理工作，并与全球约 80 家公司建立了业务往来。

他的坚持——成就了一个真正的强者

究竟要走多少路，才能如此笑傲江湖？常捷或许可以告诉我们答案。

2014 年 11 月 29 日，常捷在微信朋友圈里晒出了一张手机测步软件的截图，上面记录着"本日步数 20312"。无论常捷身在哪个国家，他都会日行万步，并将此设置成一天中必须完成的目标，将每天的数据记录下来。在巴黎参加国际会议时，两天的时间过去了，其他来自世界各地的专家抱怨没时间走走看看时，他却已经利用早起、晚睡、茶余饭后的时间走过了巴黎的主要街道；辗转几十个小时到达埃塞俄比亚机场后，他还坚持一路跑到偏僻的项目工程现场……"我要用脚丈量土地，一步一个脚印地走好自己的人生。"说到这里，常捷表情坚毅、目光坚定。

常捷总说："要有最野蛮的身体、最文明的头脑和不可征服的精神才有可能成为一个真正的强者。"无疑他是一个真正的强者，而跑步对于他有着非常重要的意义。无论科研著书、挑灯设计，还是到世界上最艰苦的地方实地考察，都需要常捷必须有一个强健的体魄。事业越做越大，生活日益优越的他也需要在长跑中不断挑战身体极限，思索生命的意义，时刻不忘曾经遭遇的苦难、那些和团队一起艰苦奋斗的日子。

○权威访谈——有教育情怀，希望教书育人

山西晚报：您如何看待企业家回馈社会的问题？

　　常捷：我认为企业家应该根据自己的能力、专长选择回馈社会的方式。远在四川创业的我希望将回馈社会与回报家乡相结合。前些年，闻喜县大部分村落都建起了村民文化活动中心等配套设施，而我们常家房村却因村小人少、缺乏资金等原因无法进行建设。我在得知这个情况后便立刻联系了村委会，通过出资及发挥自己的专长，为家乡父老设计了一座实用的村民文化活动中心。这座活动中心已于 2010 年顺利落成，乡亲们非常高兴。

　　山西晚报：您认为现在做得最有意义的一件事是什么呢？

　　常捷：我有着很强的"教育"情怀，还是希望可以教书育人。我现在是济南大学、西南科技大学、成都理工大学的客座教授，每年都要在这些高校进行专题讲座，为即将踏入社会的大学生带去水泥行业的最新发展信息以及一些实用的求职技巧。此外，我还在西南科技大学担任兼职教授、硕士生导师。这些年还完成了几部专著、30 余篇论文。

寄语

　　"穷则思变，艰苦创业。逐利四海，开拓进取"是我心中传统晋商的卓越品质。对于我来说，对晋商精神的传承便是承担起企业的社会责任，善待环境。水泥厂是高污染行业，我们卡森科技致力于在每一个项目的设计里加大环保力度，并为企业提供环保解决方案。这便是我作为新一代晋商能够做的最大贡献。

一个水泥人的世界梦

——记四川卡森科技有限公司董事长常捷

（登载于《中国建材报》2015年1月29日）

在采访常捷之前，就已听过这位水泥人在海外创业的经历，对这位前辈一直怀揣着敬仰与好奇之心。见到他时，其敏捷的思维、儒雅的谈吐、超前的意识及朴实的作风让我仿佛看到了在海外市场纵横捭阖的场面。"穷则思变，艰苦创业；逐利四海，开拓进取"的精神在他的身上体现得淋漓尽致。

创造机会的是勇者

1983年8月，刚刚大学毕业、年仅20岁的常捷被分配到四川省江油县二郎庙镇的四川水泥工业设计院工作。

改革开放初期的四川，水泥行业不是很景气，因此与之相关的工厂、设计院、科研院所也受其影响，效益很一般。刚刚进入工作单位不久的常捷，便敏锐地发现了这一状况，但他认为国家改革开放的政策一定会长期执行，大量的基础建设离不开水泥等基础建材，水泥行业迟早会有一个井喷式的发展。因此，他利用工作空闲时间进行研究生考试复习，并于次年7月被南京化工学院录取，3年的研究生生活为其今后在学术上的建树打下了坚实基础。

研究生毕业后的常捷回到原单位工作，此时的四川水泥工业设计院已搬至成都，并改名为国家建材局成都建材工业设计研究院。当时的成都建材院只有两个研究生，科班出身的常捷被分配至建材院工艺室开发组工作，主要从事水泥新工艺、新技术的研发。当时我们国家正处在引进、消化国外技术的初步阶段，属于自己的核心技术几乎为零。为了能直观地了解国外水泥行业的发展状况，尽快开发出属于我们国家自己的水泥厂核心设备，常捷在短短的半年内完成了出国人员英语培训课程的学习。在美国、加拿大考察、学习期间，他放弃了大量的休息时间，收集资料，为后期的技术引进、设备开发积累了大量的原始资料。

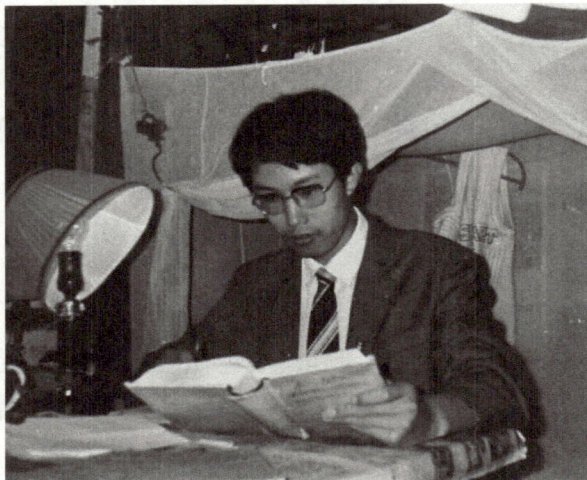

在南京读研究生时期

"创造机会的是勇者，等待机会的是常人，放弃机会的是蠢人。我在设计院工作期间就是抓住并创造一次又一次的机会，才取得了今天的成就。"在谈起成都建材院的工作经历时，常捷感慨颇深。在成都建材院工作期间，常捷从普通的设计人员到担任工艺所副所长、技术中心主任、院长助理，从普通的技术员，到工程师、高级工程师、教授级高级工程师、国家建材局有重要贡献的中青年专家，人生的每次跳跃都是其努力的结果。

走出去才会有路

2003 年 9 月，常捷开始在西安建筑科技大学在职攻读徐德龙院士的材料学博士。由于学习时间紧张，他向成都建材院提出辞职，在攻读博士的同时专心运作其参股的四川卡森科技有限公司，依然从事其熟悉的工程设计和新产品开发工作，而这个阶段正是中国水泥工业发展的高峰期。

"所谓出路，就是走出去才会有路。当时我从设计院辞职的时候，很多人不理解，甚至还有一部分人等着看我的笑话。但我就认准一点，公司、家庭要发展，就必须走出去，不仅要走出设计院，还要走出四川和中国。"在谈到其创业之初的困境时，常捷先生略显沉重地说。

在 2004—2005 年，出于对海外市场的陌生，卡森公司在海外的发展仅仅是通过进出口贸易公司代销一些设备，局限性很大，多数买主集中在东南亚地区，像缅甸的曼德勒工业公司、老挝的中亚水泥公司等。通过两年的出口设备经历及与东南亚业主的交流，常捷敏锐地感觉到海外水泥市场的巨大潜力。虽然国内正处于水泥工业调整发展的时期，但由于竞争对手众多，项目利润始终处于较低水平。于是在 2005 年年会上，常捷大胆地确定了卡森公司"国内市场做业绩，海外市场做利润"的发展战略。

2006—2007 年，卡森公司以从国内大型进出口公司手中分包的形式先后承接了越南陆氏水泥有限公司和哈萨克斯坦塞米水泥有限公司的工程设计及主要热工设备的供货任务，由进出口贸易公司负责商务及设备部分，卡森团队负责工程设计及设备技术把关，但这种合作方式对于卡森团队而言仅仅是项目地点由国内变到了国外，只要按照合同要求及时供图即可，整个操作过程较为简单，而且相应的利润也比较单薄。

根据卡森公司近几年来的海外发展情况，常捷针对性地提出"精细设计、加强研发、联合发展、完善服务"的海外市场发展战略。

作为一个专业的设计公司，其最主要的产品就是设计图纸。由于近年来各水泥设计院设计任务较多，很多设计院出现了粗犷设计的现象，使得国际水泥市场对部分中国水泥设计院意见很大。在这种大环境下，常捷在卡森公司提出"精细设计"的要求，不仅对设计人员提出了更高的要求，而且聘请了多位老专家作为审核、审定人，以保证图纸的设计质量。他们还在国内众多的水泥设计院率先购买三维 CAD 软件，从工艺到土建专业都实现三维设计，消除所有可能出现的设计缺陷，提高工程设计质量。"我经常告诉设计人员，你们做的图不仅是让专业人员看懂，而且要让普通工人也能看懂。"在谈起自己的老本行时，常捷显得尤为自豪。该项措施的实施，虽然短期内使得卡森公司的运营成本略有上升，但高质量的设计图纸却为卡森公司在国际市场上带来了丰硕的收获。

"设计后"服务领跑水泥行业

卡森公司成立之初，是以水泥厂设计及设备供货为主要业务范围，其供货设备也仅为传统的核心设备。在近几年的发展过程中，常捷敏锐地发现水泥工业与其他行业的相通之处，并发现其他工业的很多设备经过改良后也可以有效运用到水泥工业中来。经过仔细论证，常捷亲自挂帅成立了卡森公司技术中心，主要负责新技术及设备的开发。卡森公司技术中心成立 5 年来，消化、研发了多项技术，目前卡森公司的业务范围已逐步从水泥行业向活性石灰、陶粒、锂辉石焙烧、红土镍铁冶炼、滑石煅烧等行业扩展，并在短短的 2013 年和 2014 年就拿到 9 项国家专利，供货设备也逐步呈现多样性。在国内水泥普遍不景气的今年，卡森公司提前实现了业务转向，从传统的水泥转到了其他行业，把水泥技术推广到了诸多行业，并产生了良好效果。随着近年来世界经济的发展，全球掀起了轰轰烈烈的水泥厂建设高潮。很多在国外有着良好关系的大型外贸企业发现这个机会后，纷纷开始涉足水泥行业。外贸企业的第一选择当然是寻求国内知名水泥设计院进行合作，但国内各大水泥设计院均有国企背景和自己的国际贸易团队，实力雄厚，完全可以独立承包项目，因此使得各大外贸企业只能寻求与国内其他水泥设计单位合作。卡森公司凭借近几年在国际市场上的出色表现获得各大外贸公司的青睐；2007 年年底，经过数轮谈判，卡森公司与中国机械进出口集团公司以联合总包的形式拿下了土耳其 Bilccik 水泥项目（EP），合同金额 5000 多万美元。整个项目由中国机械进出口公司负责国内设备采购及港口发货，卡森公司负责设计、设备监造及整个项目的管理、培训、生产调试等，该项目创造了 18 个月建设期的国外水泥行业最快速度。在成功运作土耳其项目后，卡森公司凭借扎实的技术、优质的服务，先后在 11 个国家完成了项目的设计、供货及项目管理工作，并与 80 多个国家的公司建立了业务往来。

　　在水泥厂建设高潮之后，各水泥设计院拼的肯定是服务，而我们卡森人要做的就是将服务做在之前，这样才能领跑其他厂商。在谈起卡森公司的未来时，常捷显得非常慎重。据常捷介绍，"先设计后服务"的战略已经初见成效：2012 年 9 月，卡森公司已与国外水泥公司签订了两年的生产托管协议，代表业主管理水泥的生产运行，把公司的设计业务扩展到"设计后"服务，并在迪拜和澳大利亚的悉尼成立了两个代表处，主要运作水泥工厂的备品备件和技术咨询服务。

一条生产线分时生产白水泥和普通水泥

——四川卡森科技有限公司联产生产工艺填补行业空白

（登载于《中国建材报》2015年6月15日）

由四川卡森科技有限公司负责工程设计与技术服务及关键核心设备供货的绵竹白川特种水泥有限公司 1000t/d 白水泥熟料新型干法白水泥生产线工程顺利通过了达标达产验收，获得了业主方的一致好评。

绵竹白川特种水泥有限公司 1000t/d 白水泥熟料新型干法白水泥生产线工程位于四川省绵竹经济开发区新市工业园内，投资方为绵竹白川特种水泥有限公司，该公司为四川广汉特种水泥有限责任公司控股、自然人参股的有限责任公司。四川广汉特种水泥有限责任公司位于四川省广汉市东西大道，1979 年开始生产白水泥，是全国生产白水泥最早的企业之一，也是西南地区最大的白水泥生产企业。公司现有一条 $\phi 2.7m/2.5m \times 54m$ SP 窑白水泥生产线和一条 $\phi 2.0m/1.8m \times 38m$ 干法中空窑白水泥生产线，年白水泥生产能力 14 万吨，但这些生产线均为落后的生产工艺和技术，热耗高、电耗高、生产成本高、环境污染严重。为改善公司生存环境，减少对环境的污染，响应广汉市城市建设的需要，白川水泥公司决定对落后的白水泥生产技术进行升级改造，并于 2011 年 3 月委托四川卡森科技有限公司签署工程设计及技术服务合同，要求保证白水泥熟料生产能力 800t/d，最大生产能力 1000t/d，年产高品质白水泥约 36 万吨。为了适应市场的变化，设计合同要求该生产线不仅能够生产白水泥，也可以生产普通水泥或其他特种水泥。

生产白水泥熟料的关键因素是原料选择及配料，白水泥熟料使用的原料与普通水泥熟料使用的原料存在较大的差异，要求石灰石品位高、含铁杂质少，还需加入其他高品质的辅助原料，白水泥熟料生料配比中，Fe_2O_3含量很少（熟料中含量控制在 0.5% 以下）。白水泥配料方案为中等 KH、高硅酸率、高铝率，液相量少，需要的煅烧温度高，与普通硅酸水泥熟料煅烧温度 1450℃左右相比，白水泥熟料煅烧需提高 150～200℃，这对熟料煅烧工艺和设备都将造成影响，系统热耗将大幅度增加。

白水泥熟料生产核心技术在于工艺路线、设备的选型和核心设备的设计，特别是漂白工艺是整个白水泥的核心。经过反复论证和比较，主机系统中生料粉磨选用磨蚀量较低的立磨，生产能力 75t/h；煤磨也采用立磨进行粉磨，生产能力 10t/h；水泥粉磨采用带高效选粉机的 $\phi3.2m \times 11m$ 闭路球磨系统，生产能力 60t/h。熟料烧成采用一台 $\phi3.5m \times 54m$ 的回转窑；窑尾预热器系统采用四川卡森科技有限公司开发的专用于白水泥生产的 KSF-W1000 五级旋风预热器及分解炉系统，该预热器及分解炉系统具有物料停留时间长、分解率高、不堵料、收尘效率高、低压损、热效率高的特点，是完全按照白水泥的特性而设计的预分解系统，熟料生产能力 800t/d，最大能力 1000t/d；熟料漂白选用 $\phi3.6m \times 7.5m$ 回转式漂白机；熟料冷却采用第四代箅冷机。为降低系统热耗，在窑尾一级预热器出口增设空气热交换器，利用废气换热产生的洁净空气作为三次风满足分解炉燃烧供氧需要；将窑头箅冷机中热交换产生的约 300℃高温热空气引入窑头罩作为二次风，通过这些优化措施，极大地利用了废气中的余热，有效降低了烧成系统的热耗。通过优化设计，配套设备选型，为确保白水泥生产线的顺利投产打下了坚实的基础。

为了项目的可靠性、先进性，吸取其他项目的经验和教训，卡森科技组建白水泥攻关小组，调研考察了全国所有的白水泥生产线，取得了白水泥生产的一手资料，形成具有卡森科技特色的白水泥技术方案。白川白水泥项目于 2013 年年底开工建设，于 2014 年 9 月底点火投产，通过近 2 个月的试生产调试，于 2014 年 11 月 29 日通过了 3 天达标达产考核。考核结果为：窑系统熟料产量平均达到 813t/d（合同规定的保证指标是 ≥ 800t/d）；熟料热耗 1185kcal/kg 熟料（合同规定的保证指标是 ≤ 1200kcal/kg 熟料）；熟料 3 天抗压强度 42.2MPa（合同规定的保证指标是 ≥ 38MPa）；熟料 28 天抗压强度 60.0MPa（合同规定的保证指标是 ≥ 57MPa）；熟料白度大于 85 度，水泥白度达到 88 度（超过国家标准规定的 87 度）以上，双方于

2014 年 11 月 29 日共同确认生产线达到合同规定的验收条件，完成达标达产验收工作，获得了业主方的高度赞扬。

该生产线建成投产后，成为中国国内仅次于安庆阿尔博 1500t/d 白水泥熟料生产线的第二大规模白水泥生产线，该生产线主要生产 P·W32.5、P·W42.5 及装饰用白水泥，能更好地满足四川、重庆两地白水泥日益增长的市场需求以及无白水泥生产企业的云南、西藏、贵州等地的需求，将为业主方创造良好的经济效益和社会效益。

为了在一条生产线上分时生产白水泥和普通水泥，卡森科技设计了白水泥、普通水泥联产的生产工艺，弥补了白水泥生产线不能生产普通水泥的缺陷，即在白水泥需求的淡季，同一条生产线还可以生产硫铝酸盐水泥或普通硅酸盐水泥。在白水泥生产一定的量后，白川公司将生产一定量的硫铝酸盐水泥来满足成都周边市场的需求。

该生产线的顺利达标达产，表明四川卡森科技有限公司完全掌握了新型干法白水泥生产线的工艺设计及关键设备的开发与供货及设备成套能力，为进一步拓展包括新型干法白水泥在内的特种水泥市场奠定了坚实的基础。

卡森获得的国家专利

序号	专利名称	专利号	类型
1	黑滑石煅烧增白连续生产装置及其生产工艺	201410047625.3	发明专利
2	一种生产锂辉石的装置及制备工艺	201410161151.5	发明专利
3	稀土矿粉焙烧分解系统及其工艺	201510569172.5	发明专利
4	一种干燥固结一体机	201610391664.4	发明专利
5	一种应用于高温管道阀门的阀板结构	201320260348.5	实用新型
6	粗颗粒悬浮预热器风速调节装置	201320781045.8	实用新型
7	带料位调节的卧式混料机	201320781208.2	实用新型
8	旋风预热器的防积灰进风口联接结构	201320836993.7	实用新型
9	用于推料棒式箅式冷却机的推料棒结构	201320837002.7	实用新型
10	预热器迷宫式砂型密封点火烟囱装置	201320837023.9	实用新型
11	回转窑窑尾密封装置	201420062963.X	实用新型
12	一种锂辉石焙烧转型冷却回收生产装置	201420195369.8	实用新型
13	一种生产白水泥的装置	201520159829.6	实用新型
14	稀土矿粉焙烧分解系统	201520694174.2	实用新型
15	一种窑中喂料装置	201720441540.2	实用新型
16	一种带振打装置的酸化回转窑	201720442875.6	实用新型
17	一种箅式过渡冷却装置	201820002160.3	实用新型
18	一种箅冷机推料棒固定结构	201820525094.8	实用新型
19	一种自带捅料装置的翻板阀	201820713460.2	实用新型
20	一种取料机刮板装置	201820924109.8	实用新型
21	一种新型回转窑窑头窑尾复合密封装置	201821818670.4	实用新型
22	一种锂磷铝石焙烧酸化系统	201921344645.1	实用新型

序号	专利名称	专利号	类型
23	一种焙烧窑口推料及打散装置	201921423107.1	实用新型
24	一种推动棒式篦冷机进出口密封结构	202020534916.6	实用新型
25	一种防堵塞的混酸机	202020536468.3	实用新型
26	一种新型轻质钢结构挡土墙	202020575720.9	实用新型
27	一种锂渣高效烘干装置	202020953028.8	实用新型
28	一种锂渣回收处理系统	202020953026.9	实用新型
29	一种碳酸钙生产用滤饼喂料机	202020953021.6	实用新型
30	一种装有气体分布器的碳酸钙碳化塔	202020953025.4	实用新型
31	一种新型酸化回转窑	202021630548.1	实用新型
32	一种降低水泥生产预热器系统局部阻力装置	202120480272.1	实用新型
33	一种中置辊式破碎机	202120848789.1	实用新型
34	一种破碎机的新型转子结构	202120848787.2	实用新型
35	一种高粘湿锂辉石矿粉碎装置	202121620986.4	实用新型
36	一种锂云母焙烧装置	202121623544.5	实用新型
37	一种高粘湿锂辉石矿焙烧反应釜	202121620691.7	实用新型
38	一种预热烘干装置	201620537625.6	实用新型
39	一种固结装置	201620537626.0	实用新型